徐爱国，生于1965年，北京大学法学院教授，法学博士。中国法律史学会常务理事、西方法律思想史专业委员会副会长兼秘书长、北京市法理学会副会长、北京市比较法学会副会长。主要研究领域：西方法律思想史、英美侵权法、外国税法。出版《法学的圣殿：西方法律思想与法学流派》等多部专著和译著，并发表论文多篇。

医疗的法律问诊

徐爱国 著

2018年·北京

图书在版编目(CIP)数据

医疗的法律问诊/徐爱国著.—北京:商务印书馆,2018
ISBN 978-7-100-15883-1

Ⅰ.①医… Ⅱ.①徐… Ⅲ.①卫生法—研究—中国 Ⅳ.①D922.164

中国版本图书馆 CIP 数据核字(2018)第 036297 号

权利保留,侵权必究。

医疗的法律问诊

徐爱国 著

商 务 印 书 馆 出 版
(北京王府井大街36号 邮政编码100710)
商 务 印 书 馆 发 行
北京通州皇家印刷厂印刷
ISBN 978-7-100-15883-1

2018年5月第1版　　开本 880×1230 1/32
2018年5月北京第1次印刷　印张 13½
定价:58.00元

序　言

本书的立意和写作，充满了一系列的机缘巧合。

2016年夏天，偶然的因素加入了北京惠兰医院王泓院长的一个医疗微信群。当时，中国发生了几起颇为激烈的医患关系事件，演化到了暴力相向的程度。医疗改革已经超越医疗界成为社会的热点话题。政府主导派和市场竞争派针锋相对、辩论激烈，微信群里也少不了不同观点之间的辩论和争吵。某天下午三时许，群里又一轮争吵，提到了医疗改革中的法治问题。我不经意地说了一些自己的观点，被人@要求从法律的角度谈谈医改。

对于中国的医疗卫生行业，当时我是比较陌生的，但是，对于国家的起源和结构、政府管理的角色和功能、市场竞争与政府干预的模式，我还是知道的。毕竟，几十年的法学研究，我还能说上一些道理。于是在群里，我无知无畏大放厥词，论及医疗事业改革的路径选择、政府主导和市场主导各自的优劣、医疗卫生事业的法律属性，最后还拿出了亚里士多德的政体理论：政治体制无所谓好坏，每一种政体既有优势的一面，也有不足的一面。一个特定的政体，评判好坏的标准，是看这个制度是否合乎一个民族的特性,是否与民族本性相适应。话说完了,群里一片寂静。我觉得效果很好,我一向认为,精彩的明星演说,听众会报以热烈的掌声;而出彩的学术演讲,会场会陷入沉默。我知道,明星的气场是鼓动和煽情,学者的气场是思考和反省。当我结束发言时,王院长电话进来,对我说:"太好了!请在群里再讲半小时。"

微信群是一个有趣的社交场所,不认识的人可以随心畅谈评论时政,想起波斯纳所说:每个人都喜欢在陌生人面前吹嘘,享受无人较真的自大心和虚荣心。在一个跨界的微信群里,未曾谋面的群友可以成为朋友,也可以成为论敌。后来,去拜访王院长。王院长说,如今的医疗界,懂法的少,守法的更少。她建议我在群里给大家系统地讲法律,她帮我建群,我主讲课程。我觉得很有趣,这为何不可以尝试呢?平时在大学,100多个学生听讲,授课者都有当领袖的感觉。设想在500人的微信群里发表演说,会是什么样的感觉?我答应了王院长。两天的工夫,两个500人的"法律与医疗群"建立了起来,我做了群主。

从2016年8月下旬到12月中旬,生活充满了劳累与刺激。多的时候,一周讲三次,少的时候,一周讲两次。除了吃喝拉撒睡,全部的精力都投到查阅资料、翻译整理、定时上课中。有些材料是原有的知识积累,比如英美侵权法中的医疗过失、外国税法中的财政税收和社会保障;有些文献则是全新的探索,比如西方医疗法律的期刊论文、美国医疗法律的司法案例。

一口气,在群里开了32讲。这就是本书上篇的主体部分,成书的时候取名"医疗法学原理"。

2017年再战。考虑到群里的成员多为实际工作部门的医疗与卫生从业者,他们对于中国医疗法律实践知识的需求,多于外国实践和法律理论的需求。2017年的主题,于是确定为"医疗司法案例选读",总计37则。这就是本书下篇的主要内容。

2016年参加中国法律史学会的年会,在天津站等候回北京的高铁时,与商务印书馆的王兰萍编审聊天。她问我最近忙啥,我说在微信群里给大家讲"医学与法律"。她觉得很有趣,说主题时尚、热点应景,建议我完成书稿后给她看看,看是否能在她那里成书出版。回北京后,我给她寄去了选题报告,不久她寄来了出版合同。

书稿既成,有两点尚需说明。其一,健康、卫生和医疗侧重点不一样,健康是全民的事业、卫生是政府的职责、医疗是医患的交流。本书围绕医疗展开。涉医的行业,有医疗、医药和医保之分,本书只围绕医疗展开。其二,法律与法学无所不包,"医疗法律关系"错综复杂。卫生系统下的医学院以"卫生法学"为主导,传统法学院里则无对应的法学科目,涉医法律的内容散见于各部门法:健康权和患者的权利涉及宪法、医患关系涉及合同法和侵权责任法、医疗管理涉及医疗行政法、医疗保险涉及社会保障法和保险法、医疗犯罪涉及刑法,不一而足。

一本小册子无法全面涉足，只能以医患关系为中心，适当顾及其余。如果本书能够唤起传统法学对于医疗法律的意识，开辟法学院里的"医事法"研究，那么我会心满意足。

本书的出版，首先要感谢北京惠兰医院的王泓院长，没有她的立意和推动，我不可能会想到去研讨"医疗与法律"。每当遇到医疗专门性的知识，都会与她交流探讨，得到她专业的解惑；每当完成一篇，她都帮我编辑美图，定期在群里发布。我曾建议王院长与我联合署名，但被她婉言谢绝。其次要感谢北京大学图书馆的数据库。国外的文献主要参考 lexis-nexis 电子数据库，案例原始材料主要来自北大法宝电子数据库。最后要感谢商务印书馆。本书书名的最后敲定，也是与责任编辑反复切磋后的结果。

徐爱国

2017 年 12 月 24 日

目 录

上篇 医疗法学原理

1 引言 　　　　　　　　　　　　　　　　　　　　003
2 医疗事:私人经营,还是国家经营?　　　　　　　008
3 医疗事:私人经营,还是国家经营?（续）　　　　014
4 医师—患者关系中的财产因素与人身因素　　　　019
5 医学和法学是科学吗?　　　　　　　　　　　　024
6 医疗法律的伦理性　　　　　　　　　　　　　　029
7 医疗法律伦理与商业精神的冲突　　　　　　　　035
8 医疗法律的最低限度道德:医疗刑事犯罪　　　　040
9 面对死亡的医术与法律　　　　　　　　　　　　044
10 面对生命的医术与法律　　　　　　　　　　　　049
11 医患关系（一）——身心健康权利（过失精神损害）　055
12 医患关系（二）　情感健全的权利（陪伴损失）　063
13 医患关系（三）——告知义务　　　　　　　　　070
14 医患关系（四）——病人的同意　　　　　　　　076
15 医患关系（五）——一般模式　　　　　　　　　082
16 医疗纠纷中的标准（一）——专家证人的资格　　089

17	医疗纠纷中的标准(二)——医生的注意标准	096
18	医疗纠纷中的标准(三)——证明标准	103
19	医疗纠纷中的标准(四)——生存概率与医疗过失	109
20	医疗纠纷中的标准(五)——转院标准与地区标准	115
21	医疗产品与医疗服务(一)——一般原理	121
22	医疗产品与医疗服务(二)——处方药品和医疗设备的产品责任	128
23	医疗产品与医疗服务(三)——未尽到警示义务的责任	136
24	医疗产品与医疗服务(四)——医疗服务与准医疗服务	142
25	器官移植的立法与司法	150
26	医疗人体试验的法律责任	158
27	医院与医生的法律关系	166
28	医生的宪法权利——反法律歧视	173
29	助产士是医疗职业人员吗?	179
30	无医疗保险病人的权利	191
31	老兵残疾补助的权利	199
32	病人的宪法权利	204

下篇 医疗司法案例选读

1	人工辅助生育之医疗服务合同纠纷案	215

2	医院不合理用药的法律责任	220
3	医院状告病人索要医药费	224
4	医院的告知与病人的知情权	227
5	医院申请强制驱逐患者案	232
6	医疗告知义务	236
7	先天残疾与不当出生	241
8	不当生命与不当出生	246
9	患者同意与自冒风险	253
10	告知义务与知情选择权	259
11	医疗过失损害赔偿	263
12	精神病人强制医疗案	270
13	体检医院的告知义务	277
14	医疗损害纠纷的抗诉案	283
15	医疗事故损害赔偿抗诉案	289
16	产后肾衰的赔偿及计算	295
17	死亡赔偿金之姐弟继承	301
18	农村与城镇医疗保险待遇	307
19	医疗人身保险中的损失补偿原则	310
20	离职人员退休后的医疗保险费	315
21	民事损害赔偿与工伤医疗赔偿的双赔制	322
22	食品药品监督管理局信息公开案	328
23	邮购药品赔偿纠纷案	334

24	保险基金诈骗罪案	340
25	新农合医保补助金贪污诈骗案	345
26	处置医疗废物的污染环境案二则	350
27	医疗器械行政诉讼案	355
28	医疗器械缺陷致人损害案	361
29	药品的生产和经营许可证制度	368
30	非法渠道采购药品案	374
31	生产销售假药案	379
32	生产和销售药品的非法经营罪	385
33	血液采集中的法律责任	392
34	血液输入的损害赔偿	399
35	组织他人出卖人体器官罪	405
36	出卖人体器官的刑事责任与民事责任	411
37	非法行医罪	417

上篇 医疗法学原理

1 引言

在我们的日常生活中,医疗法律事件天天在发生,但法律与医学之间的桥梁并没有搭建起来。医生不懂得法律,法律人士不懂得医学。这是学科之间的隔阂。法律与医学相似性高,医师与律师都是专业人士,都经过专业的培训,都要拿国家的资格证和执业证。往深处说,专业以科学技术为基础,但是,律师和医师不是直接通过科学和技术从业,提供服务而不是出卖劳动,基于科学技术作出主观的判断,给出行为的指南。从浅处说,两种人的工作场所,都是让人伤心事多,开心少。医院里病人都是哭哭啼啼的,法院里当事人都是伤心欲绝的。因此,在法律里寻找浪漫的爱情故事也不容易。

我们讨论一个案件[①],延伸出法律与医疗的问题吧。话说

---

① Tarasoff v. Regents of University of California, Supreme Court of California, 1976. 17Cal. 3d 425,131 Cal Rptr. 14,551 P2d 334.

一男大学生爱上同学的妹妹，该女孩也是同一大学的学生。男孩喜欢女孩，女孩不喜欢男孩，结果就是悲剧，男孩子抑郁了。男孩子去医院看精神大夫，对大夫说想杀了那女孩子。大夫见事态严重，写了两份报告。一份给了医院院长；一份给了警察局。院长觉得医生多事，把报告扔进了碎纸机；警察则把男孩带进了警察局。

男孩在警察局里表现正常，第二天警察放了男孩。男孩出来后继续找那女孩，没找到。女孩搬了家，而且去巴西休假了。男孩没有停止寻找，当女孩回国后，男孩子找到女孩新的居所，女孩仍然不乐意交往，男孩最后杀了那女孩。

女孩死后，她妈妈状告警察局和医院，要他们赔偿她女儿死亡带来的损失。告警察局的理由是：他们没有采取足够的措施，制止男孩的行为。警察说，警察只有24小时的强制限制自由的时间，当那男孩没有异常时，警察必须放人，因为涉及人权。告医院的理由是：医院知道那男孩子有杀害女孩的想法，医院为什么不采取措施，为什么不通知女孩家属有危险。医院说，医生与病人之间有保守秘密的伦理义务，不能向第三人透露病人的患病信息。

医院对男子准备杀人的企图有义务通知相关人员吗？病人隐私权的限度在哪里？这是本案要解决的问题。

在第一项告警察的诉求中，女孩妈妈撤诉了，因为警察24小时限制人身自由是人权的强性规定，警察放人不存在过错，因为男孩在警察局里的24小时没有表现出异常暴力及倾向。因此警察局不存在着责任。

在第二项告医院的诉讼中，双方展开了激烈的争议，医院说：其一，杀死女孩的人是那男孩子，医院不是加害人，只是杀人事件的第三人，要让医院承担第三人的责任，就得认定医院存在着过失。判断过失要看四个方面的因素，其一，医院对女孩有没有安全保障的注意义务；其二，医院是否尽到了注意的义务；其三，女孩的死亡与医院不通告行为是否存在事实上的因果关系；其四，女孩的死亡与医院的不作为是否有法律上的因果关系。双方辩论最后集中到两点：第一，医院是否有义务通知女孩和她的家人？第二，医生的保密伦理义务是否可以免除医院不通告的责任？

对立的看法是：医院称，如果病人在看病的时候说要杀人，他实际上经常只是想想，不会付诸实践，每天都有很多人要喊着杀总统。

女孩妈妈称：病人说要杀总统，与说要杀她女儿，完全是两个不同性质的行为，因为杀总统实际可能太低；杀她女儿则指向特定的对象，可能性极大。第二点，医院说，保护病人隐私是职业伦理要求，受到法律的保护。病人医院的相互信任关系是医疗的核心，否则没有人会找医生看病。女孩的妈妈说，如果不是指向直接特定对象的杀人行为，医院保守秘密的行为应该得到法律的保护，但是本案件中涉及人命，这个时候不再是单一的保守秘密了,而是涉及社会的公共安全和利益。

最后,法官支持了原告,医院要对原告女儿逝去所造成的损害承担侵权赔偿的责任。

由本案延伸出来的医疗法律问题很多:第一,医生与病人的法律关系是什么?是商业性质的服务合同?医师提供医疗服务,病人支付医疗费用。或者,是信赖关系?病人把自己的健康和生命委托给医生,医生基于病人的信赖为他诊断和治疗。或者是权力关系?医生基于自己的专业技能支配病人,病人对医疗效果不满而诉诸暴力?第二,病人对第三人造成的损害的行为结果承担何种程度的责任?医生明知病人会伤害他的同学,而不采取预防措施或者通告潜在的受害人,医生对第三人是否承担法律责任?病人的健康信息是他的隐私权,为了治病告诉医生自己的隐秘,医生可以向他人透露病人的健康隐私吗?与此相关联,第三,医患关系仅仅是病人和医生之间的个人关系,还是涉及他人的公共关系?病人个人隐私权利与第三人涉及公共利益的生命权,发生冲突的时候,个人隐私权优先,还是第三人公共利益优先?个人的生命健康是个人的事务,还是国家和社会的公共事务?第四,医患关系中,病人的权利是什么?医生的权利是什么?医院的义务是什么?医疗辅助人员的责任由谁来承担?第五,判定医生医疗适当的标准在哪里?是科学技术的客观标准,还是病人认可的主观标准；是专家医生的标准，还是普通医生在相似情形下的一般标准？

本书的内容就是围绕这些问题展开讨论，其中重要的，包括：第一，医患关系的法律性质；第二，医疗事务的个人属性和公共属性；第三，医患关系各方的权利义务及责任；第四，医疗法律议题中标准的设定和判定；第五，医生职业伦理责任的法律属性；第六，生与死、人体试验、器官移植的法律与伦理。

2　医疗事：私人经营，还是国家经营？

医疗商业化与国营化的讨论很激烈。这里不讨论政治和经济，我们讨论历史和比较法。先从两个护士被打的案件，把问题引出来。

案件一：一家精神病院，被告与其他病人发生冲突，护士跑来制止，威胁病人说，你再闹就关你的禁闭。病人火了，拿起桌上的烟灰缸朝护士扔去，护士一躲避，没砸着，但是闪了腰，护士状告病人，让他赔偿损失。

案件二：一个精神病人住家养病，专门请了护工和护士。一天，病人犯病，拆下椅子要打人。家人怕伤着病人自己，想办法把他手上的椅子夺下来，家人和护工站在门口吸引病人注意，护士悄悄地跑到病人身后，病人发现了护士靠近，用力一棒，护士严重受伤。护士状告病人，要病人承担损失。

精神病人要为侵权打人承担赔偿责任，这是英美法的做法。① 两个案件非常相似。被告与原告，场景，行为，都是病人打护士，但是法官判决截然不同。案件一：病人不承担责任。理由是，当精神病人的护士，肯定就有被殴打的风险，做了这个差事，出了事去找医院。案件二：病人要承担责任，因为病人导致了护士的伤害。

接触到这两案的时候，我百思不得其解。法治的基本精神是相似情况相似处理，为什么这两个案件如此相似却结果不同？后来实在找不到原因，就归结为：案件一发生在医院；案件二发生在病人家里。两个案件判决书没有涉及两病人的医疗支付形式。如果以社会保障和医疗支出的角度分析，我们只能推定，案件一中的病人是穷人，住在医院里，靠医疗保障治病；案件二中的病人是有钱人，自己在家享受商业医疗服务。案件一中走的是税收社会保障下的医疗，即我们通常所说国家经营的医疗；案件二中走的是高档的商业医疗，个人定制。

一个国家医疗究竟国营还是私营，也就是大家通常所说，左派靠国家财政转移支付，医疗免费；右派要靠市场，认可

---

① Polmatier v. Russ, Supreme Court of Connecticut, 1988. 206 Conn. 229, 537 A. 2d 468; Anicet v. Gant Florida, Court of Appeals, 1991. 580 So. 2d 273.

管得少的政府是最好的政府，市场有只看不见的手，把所有问题都解决了。

从医疗史的角度看，学者们的意见还是有一致的地方，在国家产生之前，医疗是靠教会提供的，个人医生也多，也乱；国家产生之后，国家全面掌控医疗，把医疗卫生健康都置于自己国家权力的支配之下。

英国发生在公元16—17世纪，就是都铎王朝时代，亨利八世。国王的财政大臣，首相，老克伦维尔，英国光荣革命时期克伦维尔的曾祖父，他把社区的教会财产全充公，变成国王的财产。① 法国发生在路易十四时代，也是法国封建最鼎盛时期。②

还是以英国为例子。很独特的国家，我们说这个民族以自由法治市场闻名，喝着茶聊着天进入现代社会，但是在医疗方面却比我们还社会主义。

当初有内科大夫、外科大夫和药剂师。但是身份严格，

---

① 赵秀荣：《近现代英国政府的医疗立法及其影响》，载《世界历史》2008年第6期；陈叶盛：《英国医疗保障制度现状、问题及改革》，载《兰州学刊》2007年第8期。

② 施瓦耶：《法国医疗公职部门改革——医疗卫生、社会契约与市场》，张春颖等译，载《国际行政学院学报》2010年第5期；张丽、姜凡：《法国近百年来的社会运动与社会保障制度》，载《贵州社会科学》2016年第8期；陈太新：《法国的医疗体系及医疗保险制度》，载《中国卫生质量管理》1998年第6期。

内科大夫服务国王贵族，外科大夫与理发师地位一样，药剂师就是开杂货店的。三种人都行医，结果就乱了，三种大夫之间也相互争夺。最后四任国王收编整治，将其全部纳入国家医疗执业。保持内科大夫最高地位，把理发师排除出去，提升外科大夫地位，把卖杂货和假药的商贩排除出去，还给药剂师开处方权。从亨利八世到血腥玛丽到伊丽莎白，几任国王治理下，颁布了一系列法律。英国最早的医师法就从这里开始。审查医生资格，注册登记，审查管理，培训，都交付有官方意味的专业委员会。开辟了历史上最完整的国家保障医疗。区别于美国的商业模式和德国的社会保障模式。直到今天，到20世纪八九十年代的时候，国家办医的矛盾到了尖锐的程度。那个时候，全世界范围新自由主义出现，也发生在英国，就是撒切尔时代。撒切尔与里根是很好的朋友，都反对共产主义，是颠覆苏联的功臣，在国内也推行市场和自由主义。为了解决财政不足，她在社区征收人头税，结果工党组织发起游行暴动，撒切尔下台。

英国也存在个人定制的商业医疗，但是全民医疗还是国家埋单。他们实行的三级医疗体系与今天我们想做的分级有不少相似之处。当然更像北大老师学生就医，有病只能到北大校医院看，严重了才申请去北医三院，直接去三院北大不报销。

医疗走国字号还是私字号，是世界性的难题。通说是医疗特殊。一是医生特殊，不是简单的商品，患者玩不过医生，就得把他们管起来；二是患者不是个人的事，一个人的身体与健康是国家大事，个人患病医疗不是个人对个人的关系，而是公共卫生。个人买卖可以商业化运作，公共卫生、防疫、瘟疫，必须国家出面。这也是财政税法上所说，靠私人商业投资既靠不住也承担不起，只能靠财政税收方式，集中所有人的钱处理公共的事务。也就是说，医院，如同警察、消防、军队，都是公共产品，只能靠财政税收来养。当然，这种计划是对多数人，民众或者穷人而言，有钱人除外，有钱总能买最好的东西。

从比较税收角度看，我们通常分英美类型、欧洲西部类型、地中海类型和北欧类型。北欧高税收高福利，彻底从摇篮到坟墓，共产主义。英国与美国放在一起是因为都依仗个人所得税。但是在医疗制度方面，英国与美国完全不同，英国共产主义性质使得学者把它放到北欧瑞典一类，美国则以商业保险模式，一枝独秀专分一类，这是个很有趣的现象。

如果再把法国与德国加进来考察，则要回溯到俾斯麦，世界上第一家社会保障税缔造者，医疗保险由雇主与雇员比例承担，开创医疗模式第三类。社会医疗、国家办医与个人办医结合起来。如果将西方国家的模式拿来参照，有几个问题应该区分，不能大一统地一揽子计划，穷人与富人，基本医疗与高端医疗，乡村与城市，医疗与卫生，市场与管制，区分不同层次的问题,采取不同的医疗政策法律。这样,至少我们在讨论问题的时候,可以明白我们讨论的到底是什么,这就是西方人的科学精神吧。分析与对策,区分再区分,使讨论深化。①

---

① Federico de Montalvo, A European Common Framework for Health: A Real Possibility or an Improbable Myth? 14 DePaul J. Health Care L. 189, 2012.

3　医疗事：私人经营，还是国家经营？（续）

完整了解一下医疗保障的各种模式，使我们参照起来会有更全面的认识。中国医改政府派和市场派之间的争论，绕开美国式的商业化，也是不明智的。总体上看，医疗模式可以大体上分为三类：一是英国式的国家/政府主导模式；二是德国式的社会主导模式；三是美国式的商业/私人模式。

首先看政府主导模式，以英国模式为例。"二战"时期，工党让一个医生牵头准备战后社会保障计划。这个医生名叫贝弗利奇，出生在印度。设计出来的计划，包括医疗计划还是政府主导模式。在一个资本主义老牌国家中，实行医疗社会主义肯定会遇到阻力，丘吉尔当时的态度是，战争还没有结束，谈战后重建太早，结果计划没有实行，但是模式流传了下来。贝弗利奇模式就是政府主导模式，地中海国家和北欧是典型。

第二种模式是俾斯麦提出来的，称为社会主导模式。涉及医疗机构，首先有政府的机关，联邦共同委员会，权力不大；其次有社会组织，一是管钱的各基金会，二是管人的医师协会，社会组织的权力大。他们的社会组织不同于我们的社会组织，我们是自上而下的半官方机构，他们是自下而上的民间机构。西方人在比较中西差别的时候就说，中国没有这样的中间层，国家权力直接与个体发生关联。有法学家称，西方社会进入法治社会，东方社会进不了法治社会，多元利益集团存在与否，就是关键的因素。第三层就是医生和医院。

国家机构、自治社会组织和医生构成医疗基本框架，分别代表权力、自治和自由。资金来源于雇员雇工的社会保障费，后来直接叫税。比例分摊、重大事项由基金会和医师协会决定，税费多少，如何预算，如何使用，都由这两机构协商决定。德国与英国不同，德国民族传统是团体社会，个人主义并不突出，采取团体社会的医疗组织也在情理之中。但是，欧洲的情况，不管各国民情如何，还是走计划模式，不走市场模式。

随着人口增加，技术进步，寿命延长，政府和社会办医疗都会有经济的压力。而且，中国人对现今社会体制的埋怨和牢骚，与西方人对医疗制度的抱怨是一样的，因为都实行的是社会主义。官僚制度，集权制度，无效率，浪费严重，缺少个人的创造性，缺乏自由，于是欧洲各国想引进市场运作的方式，来改善集权化的医疗体制。比如，加大基金会之间的竞争，让基金会绕开医师协会直接与医生或者医院签约，区分住院和门诊，改单项收费或者人头支付变为预付，让医院压缩成本保住差价部分。从德国的最新情况看，想通过改革改变俾斯麦的模型，主要方法就是加大机关组织之间的竞争，削弱基金会和医师协会的权力。定价权、税率设定等上交国家，加大医生医院的自主权。但是德国人的评价是，这些改革并没有改变俾斯麦的框架，也还是在政府/社会办医框架下的改善。称欧洲医疗体制是社会主义的最后堡垒。①

最后看第三种模式，也就是商业模式。早期的美国人是负气离开欧洲的，为了自己的宗教信仰和自由，来到了美国，要在新大陆建立自由的国家。每个人靠自己来实现自己的梦想，后来称为美国梦。宪法学者把自由分为两种：一是消极的自由，就是政府不要干涉我；二是积极的自由，政府来促进公民的福利。建国的时候，美国人信奉消极的自由，因此，生病住院是个人的事，不能指望政府。据说，女子可以有怀孕早期流产的权利，但是政府不会支付流产手术费；受伤的

---

① 托马斯·格林格尔、罗尔夫·施姆克：《德国医疗保险体系的渐进式制度变迁——渐行渐远的"俾斯麦模式"》，苏健译，载《江海学刊》2013年第5期；托马斯·格林格尔：《德国医疗改革的范式转变及影响》，苏健译，载《江海学刊》2011年第6期。

人有接受治疗的人身健康权，但是别指望政府给你出治疗费。在这样的指导思想下，是不会有欧洲式的政府医疗模式和社会模式产生的。

但是公共医疗的需求还是有，也发生过瘟疫。圣经上说，人类的灾难无非饥饿、瘟疫和战争，后两个都与医疗有关。最早出现的医疗模式是医生们提出的商业保险方式，所谓蓝十字与蓝盾。商业保险与社会保险的差异是，前者是私人选择，后者是国家强制。有钱人喜欢商业保险，因此通过医疗保险花钱用在自己身上。通过国家税收就会用在穷人身上。在美国人的概念里，穷人穷是他不努力，富人没有必要帮助穷人。商业模式对医疗各环节的人都是有利的，病人选择自己喜欢的保险公司和医生，医生可以选择为有钱人服务，保险公司可以挣钱，还可以参与医院的管理。经济学上双赢或者多赢的局面形成。

但弱势人群和政府是不满意的。首先，穷人、老人、残疾人、孕妇、单亲妇女，或者退休了没有社会保障，或者太穷买不起保险，人数有的估计有四千万。其次不满的是政府：理由一，一个国家贫富悬殊太严重会出事，亚里士多德的说法是，悬殊太大就会发生革命；理由二，美国人花在医疗上的钱太多，GDP都用到看病上，那其他的公共事业经费哪里来？因此政府开始创立政府社会保障计划，也就是对老人退休的"medicare 计划"和对穷人的"Medicaid 计划"①。前者由联邦出钱,后者由联邦和州共同出钱、州管理,此项计划历经 50 年,从 1912 年至 1965 年,直到今天也没完全解决问题。②

医疗保障制度类型与政治意识形态无直接关系,起决定性的估计还是与历史习惯、传统相关。市场和政府主导各有优缺点,医疗改革是拿新的技术完善旧的框架。医疗涉及每个人的生活,改变起来不容易。新的制度会伴随有新的问题。从国家治理与社会治理角度说,也要承认市场派的勇气和尝试:明知山有虎,偏向虎山行。一个社会也需要不同的声音,以及不同的模式。引用亚里士多德和孟德斯鸠的说法,一个制度好坏,标准是看这个制度是否合乎这个社会人们的习惯和风俗。

---

① David Orentlicher, Rights to Healthcare in the United States: Inherently Unstable, 38 American Journal of Law and Medicine 326 (2012).

② 高芳英:《美国医疗保健服务体系的形成、发展与改革》,载《史学集刊》2010 年第 6 期;王亚晨:《美国医疗改革的历史、问题与启示》,载《国外医学·卫生经济分册》2015 年第 32 卷第 4 期;何佳馨:《法、美健康保险法之模式及中国的借鉴》,载《政治与法律》2009 年第 12 期。

4　医师—患者关系中的财产因素与人身因素

医疗法律，是医学与法学的结合。医学博大精深，法学同样包罗万象，这样，如何展开讨论医疗与法学议题，也不是件容易的事。法学院必修课里，不存在医疗卫生法学；医学院里的卫生法学，以国家卫生行政主管部门规章为核心。法学院与医学院的法律及法学教育，尚未出现融合的迹象。

以法学院法学教育的模式来看医疗法学，那么医疗法学如同经济法、社会法或财税法一样，都是综合的法律部门，既有国家权力干预类型的医疗行政法，也有私人合意和损害赔偿类型的民事合同和侵权法，又有社会保障和医疗保险类型的社会法，还有以刑罚为惩罚方式的犯罪法或刑法。此处的议题，是从传统民法角度看医疗法律。医师与病人的纠纷，同时涉及传统民法中的财产法和人身法。我们通过一个具体的案件来观察。

医生从病人的细胞中确立了细胞株，细胞株有着广泛的商业价值。我们要探讨的法律问题是：细胞株的产权属于谁？开发而成的药产品，谁有收益权？

案件的事实大致如此：病人去医院看病，抽血，抽骨髓，及其他物质。医生们判定为"毛发细胞白血病"。医生们认为这个病人的细胞具有典型性，如果研究开发，前途看好。主治医生是本案件主要被告。他对病人说，如果将病人的脾脏切除，可以减缓病情的恶化程度。病人听从了医生的建议，同意切除脾脏，签订了书面的同意书。

但是，医生做了另外的安排，他与助手在切除手术之前就安排了实验室。助手是医院聘用的研究员。病人切除脾脏后，他们两人就把病人的脾脏放到了自己的研究室。医生没有告诉病人他们要做科学研究，也没说此研究中包含的商业利益。

医生对医院的报告中提到，他的这个实验与病人没有关系。病人在切除手术之后的七年里，定期到医院检查，医生还是这一个，每次检查的时候，都从病人身上抽取血液、血清、皮肤、骨髓、精液。切除手术后的第三年，医生和研究员成功确立了细胞株。

按照学术期刊论文估计，此细胞株开发出来的淋巴球激活素市场价值达到 30 亿元，医生、研究员和医院申请了专利，医生和研究员是发明人，医院是专利受让人。在医院帮助下，医生与遗传学协会合作开发，协会给医生带薪的顾问职位，医生持有协会 7.5 万的普通股，另外按照协会的利润比例分成，三年给予其 33 万元的报酬及其他福利。研究员则得到机会，花 70% 的时间在医院继续研究此课题。接着，制药商也加入，许诺给医生追加 11 万元。这个时候，病人知道了细胞株来自他的身体，于是提起了诉讼。

原告病人列举了五个被告：医生、研究员、医院、遗传学协会和制药商。提出了十三条民事指控，其中包括：财产侵占、违反信赖关系、违反告知义务、隐私权、欺骗和欺诈、不当得利、不实陈述，等等。

案件前后经过了三级法院，病人原告来来回回不断改变诉讼请求。病人决定与法院建议中，两种诉讼要求一直被提起。是追究被告违反信赖义务和告知义务呢，还是追究被告财产侵占。病人希望让被告承担财产侵占的责任，因为最终的产品都来自自己的细胞，每一颗药剂都有他的财产成分在里面。病人称，医生在整个研究开发过程中，都没告诉他利用了他的细胞。但是五个被告都否认自己承担法律责任，每一方理由都不一样。医生说，我是在从事科学研究，虽然没有告诉病人，但是科学研究对病人最终是有益处的。研究员说，自己只是医院的雇员，要承担责任是雇主医院的事。遗传所和药商说，我们根本不知道医生是这样做出成果来的。

法院做了详细的分析，分两大问题和两类被告。首先，对于医生违反信赖义务和未尽告知义务，法院说，医生此项过失是成立的。因为医生有两处失误：一是进行科学研究之前没有告诉病人用他的身体材料；二是此项研究有医生个人的商业利益，医生个人的商业利益与病人有关联，他有义务公告和告诉病人并得到病人的同意授权。医生都没有做到，此两项指控成立。

其次，财产侵占。五被告侵犯了病人的财产权吗？病人的细胞属于病人，每个人对自己的身体完整具有人身权。细胞离开了身体，它属于谁？同类的问题是，医学上切除物所有权归谁？以及流产后的婴儿、研究膜、尸体，等等。

细胞与细胞株有什么样的区别？细胞株还属于细胞的生理主人吗？法官说，这些问题法律都没有规定。按照现有的法律，只涉及医院在处理医疗废弃物的时候要如何安全和无害化，没有涉及人体废弃器官的物权归属。这样，就得看科学的说法。遗传学以及基因研究，都对人类做出了贡献。淋巴球长在这个病人身上与长在任何一个人身上都是一样的。从细胞到细胞株，不是原材料的自然生成，而是科技人员的技术专利。这也是专利法的根本目标所在。

最后，法官分析了公共政策，在判定医生违反信赖义务和告知义务，与判定被告侵占病人"财产"之间，法律上所导致的结果是不一样的。判定前者，只涉及被告的过失，是被告违反职业道德，适当补偿病人就可以了。判定后者，则涉及"侵占"的严格责任，只要经过手的任何人都要对病人承担赔偿的而且是持久的责任。法官说，两者判定发生冲突的时候，我们就需要作出选择。为了科学研究，为了开发新的药品是有利于全人类的事业。因此，法院判定医生承担违反信赖义务和不告知义务的责任，不承担财产侵占的责任。

在涉及研究员和医院的地方，法官说，这两被告与病人之间不存在信赖的义务，要让他们承担责任的话，会涉及医院"雇主"的责任和研究员"合谋"的责任，这称为第二层次的责任，但是病人没有提出指控，因此没有必要追究。在遗传学所和药商问题上，他们不承担信赖义务和不告知义务，只有可能承担财产侵占的责任。但是，如上分析的缘故，为了保护医疗和制造业，不宜判定财产侵占的严格责任，这两被告不承担责任。[①]

案件的基本情况就是如此，留给我们思考的问题有：第一，中国现在的情况如何？医院在处理胎盘、流产婴儿，甚至尸体的时候，发生纠纷该如何处理？第二，医生的道德边界在哪里？

[①] John Moore v. The Regents of the University of California et al. No. S006987, 51 Cal. 3d 120; 793 P. 2d 479; 271 Cal. Rptr. 146; 16 A. L. R. 5th 903; 15 U. S. P. Q. 2D (BNA) 1753, 1990.

5　医学和法学是科学吗？

一个税法教授讲授税法，学生有经济学的、有法学的。课堂上的表现，经济类的学生比法学的学生突出，因为经济系的学生会计算，毛收入、抵扣、减税、税率等，都是需要计算的；法学院学生数学差，需要经济系的学生帮忙。但是，最后的考试成绩，法学院的学生比经济系学生的分数高。教授总结的原因是：法学如同医学，它不是科学，需要判断。

虽然这个观点并非为法学界多数人认同，但是指出了法学的特点，指出了法学与医学的相似性。

当然，最早讨论医学和法学关系的，要回溯到柏拉图和亚里士多德。柏拉图说，在一个理想的国家，人治好还是法治好？他举了医生的例子，一个医生要出国，出国之前看了一个病人，按照他的病情给他开了药方，让病人在医生出国前按照药方吃药。后来，由于各种原因，医生提前回国，重新看视他的病人,发现病情发生了变化。医生面临的问题是:让病人继续按照原药方吃药呢,还是给病人开新药?柏拉图的看法很明确,肯定要开新药,因为医生看病不能按照医学的教科书,而是要按照他的经验。① 他说国王治理国家也是如此,如果国王有聪明才智,权力加智慧解决一切问题;如果依照法律统治,法律反而束缚国王。因此他赞成哲学王的统治,反对法治。

到了亚里士多德的时候,他爱他的老师,但是他更爱真理。他提倡法治反对人治。原因很多,人治是个人的统治,个人难免有感情,感情用事容易出错;而法律是众人的统治,众人的智慧超过一个人的智慧,而且不受到感情的影响。亚里士多德也用医生看病作为例子,他说好医生从来不给自己看病,其中的原因就是要排除自己的感情和偏好。② 这里西方历史上第一次讨论人治法治问题,是从医生看病问题上展开的。

从表面上看,法学与医学的关系是明确直白的。把法律纳入到医学,就有法医学和司法精神学;把医学纳入到法学,就有卫生法学。其实是人类生活的两个面相。法律如同草原

---

① 柏拉图:《政治家——论君主的技艺(逻辑上的)》,黄克剑译,北京广播学院出版社1994年版,第95页。
② 亚里士多德:《政治学》,吴寿彭译,商务印书馆1965年版,第163、169页。

上的草，草原下面是人类生活，其中就包括生命健康及其相关的人与人之间的关系。如果我们把法律当作社会控制和管理的工具的话，在实体上两者是一致的，法学与医学的区分只是形式上的。病人签署告知同意书，这是合同；细胞株属于病人还是属于医生，这是财产法；医生没有通知那个被杀女大学生的家属，属于侵权法。医疗社会保障，收钱部分是税法，花钱部分是财政法。科学对医学和法学的冲击，是现代的事情。人类社会进入现代，科学起着决定性的作用。这点，医学和法学人士不会有太大的分歧。

人类的认识能力有限，因此有两分法：人类可以认识的部分，我们纳入到科学；无法认识的部分，我们纳入到神学。科学与神学是人类认识的两个极端，之间存在的就有医学和法学。可以用科学解释的，我们运用科学；不能用科学解释的，我们用神学。中国人不喜欢用神学这个词，我们可以用其他词来替代，比如人文、社会情感、巫术、神奇、奇迹等。

反过来会有什么情形？可以思考。一个反智主义者反对科学，是件很有趣的社会现象。医学界是否反对神学？没做过调查，至少血液小循环发现者的经历说明了一些问题。西班牙塞尔维特的主要兴趣是神学，但是靠行医谋生。他反对天主教的三位一体说，被火刑处死。因此，医生反对迷信反对宗教是可以理解的。但是也有相反的例子。公元400—500年间，有个女子患了乳腺癌，一个医生建议她做切除手术；

另外一个医生说采用希波克拉底的思路,如果病治不好,就不要再手术了,这样可以活得长久些。她听从了后者的意见。后来她做了个梦,梦里有人告诉她复活节那天去洗礼节,让第一个出来的女子在她患病的部位画十字。她这样做了,最后她的病好了,于是她感谢上帝。这个故事记载于古罗马神学家奥古斯丁的《上帝之城》一书中。[①]

今天看来,会觉得简单可笑,但是在中世纪早期,在神学和医学之间,神学比医学更受到重视。包括圣经里面记载的故事,都涉及医学与神学的关系。耶稣让死人复活、让瘫痪者复原、让麻风病人痊愈,难道耶稣是个医生?同样,神学对法学的影响也同样存在,在科学解决不了法律问题的地方,也靠神学,或者人文或人情。一个女子住院期间,被人强暴怀孕,生下一子,儿子长大后无父受到歧视,一气之下把医院告了,称由于医院保安措施不到位,让他母亲受暴,生下他这个不该出生之人,让他在人间受苦。没有现存的法律解决这个问题。法官分析了多个方面。首先,他母亲被强暴的时候,还没有他,他不是强暴的受害人,因此他没有起诉的权利。更重要的是,我们如何看待生命,如何看待生命的价值。一个单亲家的孩子,穷困,受歧视,痛苦,伤心,

---

① 奥古斯丁:《上帝之城》(下卷),王晓朝译,人民出版社2006年版,第1104页。

失望,这是我们不愿意活下去的理由吗?要回答这个问题,就必须讨论生命的本质,而最好的回答,就是宗教。法官说,有健全的身体,有富足的生活,当然很好,但是这绝对不是生命的意义。一个人活在世界上,有痛苦,有挣扎,能爱,被人爱,这才是生命的价值和意义,这才是基督教给予西方文化的遗产。最后,法官不支持该子的诉讼请求。[1]

因此,医学和法学有类似性,看病和判案不仅仅依赖科学,更需要人文的情怀。科学很好,但是人类有自身的局限,不可穷尽自然和宇宙。而且人与自然不同,自然可以成为科学研究的客观对象,但是医学和法学讨论的都是人的问题,或者是单个的人,病人或者当事人;或者是人类的群体,卫生或者法律的一般对象。人是否可以被科学完全征服,有待于脑科学家和精神病学家;人类社会是否能被科学阐释明白,有待于社会学和行为科学。在我们承认人类很弱小很脆弱的时代,我们应该对未知的世界保持一颗敬畏的心。医生和法官是任何一个社会的中坚,当其作出各自判断的时候,责任重大,影响深远。

---

[1] William v. State of New York,1965,260 NYS 2D 953.

6 医疗法律的伦理性

围绕着医改,讨论得最热烈、分歧最大的有两点:一是医改的政府化和市场化;一是医生的道德。讨论医生的道德,其实,有必要区分道德和伦理,在一般意义上两者是可以通用的,如果要区分的话,道德更多指向个体的善恶,伦理则指向人际交流中的善恶。

道德与法律是可以区分开来的,有法学学派直接说,道德是道德,法律是法律,恶法也可以是法律。但是,法律道德论延续了几千年。面对法律道德的虚无主义,道德学者细分了道德层次。比较高的道德,称为愿望的道德,比如自由平等人权。比较低的道德,称为义务的道德,比如法律的公开,法律不溯及既往。违反高级的道德,会遭到人们的同情;违反低级的道德,会遭到人们的谴责。[①] 把这道德的区分运用

---

① 富勒:《法律的道德性》,郑戈译,商务印书馆2005年版,第12页。

到法律领域，那么法律与高级的道德可以无涉，法律不能够要求人们做不到的事。法律与低级道德的关系，则是两者的重合区域。违反基本的道德也要受到法律的惩罚，这种道德的义务同样是法律的义务。其中医生的道德、法官的道德、律师的道德，也构成法律的一个组成部分，就是职业伦理。

医生与病人的关系在法律上如何界定，法律学者有不同的说法。有的说是父子关系，有的说是朋友关系，有的说是信托的关系，有的说是服务的买卖关系，等等。信托关系是最广泛的说法，也就是我们通常说的信赖关系。病人信赖医生，把秘密告诉他，让医生为自己诊断。信赖关系的形成基于几个原因：其一，专业的优势；其二，权力优势；其三，身体优势。医生与病人不平等的关系，决定了医生对待病人应该像父亲对待孩子那样。不平等的关系导致了病人对医生的依赖，对于这样的依赖，才有了希波克拉底的誓言。要为病人着想，要有信心，要对得起病人的信任。仁术仁心的概念也由此而来。

当然，用法律上的信赖关系或者信托关系来解释医生病人的关系也不十分准确。一个财主把果园托付给管家，管家拿财主的财产讨好负债人，管家就违反了信托的义务。信托需要有三方当事人。管家要对财主讲诚信，要为财主的利益服务，并以此获得报酬。因此，不得为自己和他人牟利。医患关系中只涉及双方的关系，只取了医生对病人的诚信义务，不得为了自己的利益来牺牲病人的利益。这样特殊的关系，在法律中广泛存在。比如师傅与学徒，老师与学生，经纪人与投资人。一方在专业优势超过另外一方时，信托人或者代理人必须保证受托人的利益。这种说法延续到了18—19世纪。

当工业革命到来的时候，利己主义、自由主义、功利主义取代了传统的利他主义、社群主义。希波克拉底是利他的，这种利他主义在金钱面前不堪一击。与之伴随的是医生病人的关系从不平等转向了平等。医生与病人不再是不平等的关系，而是两个人格平等的个体。医生对待病人不再是像父亲，而是像朋友。有学者称之为康德的模式。在医患关系问题上，于是产生了告知同意的义务。病人应该得到充分的信息通告义务，病人参与到治疗的活动中来。医生要开药动手术的时候应得到病人的同意，否则就是一种侵权。犹太人塔木德对医患关系的说法，可以看出两者身份变化带来的关系变化。他说，生病的时候，医生是神明；看病的时候，医生是恩人；痊愈的时候，医生是路人；账单的时候，医生是瘟神。[1] 通常不生病的时候，医生与患者没有关联，他们是平等的。前两句，医生地位占优势，医生得到尊重，医生也表现出高的善德。最后一句，医生与病人的关系发生逆转，医生与患者的

---

[1] 《塔木德》，赛妮娅编译，重庆出版社2008年版，第150页。

道德都变得低下了。其中,身份地位的变化与金钱的参与,是导致医生伦理变化的重要因素。

可以说,医生的道德从高尚走下神坛被社会诟病,有两个原因是必须指出的:其一,从前的医生是个体的从医者,如何对待病人,医生自己说了算,医生是绝对的权威。现代社会,不管是政府模式还是商业模式,医生的地位下降了,在对待病人问题上,医生权威不再。政府、保险公司、医师协会、药商、器械商业都决定着医生治疗的方式。资本运作、新的技术都在改变医生的执业伦理。[1] 医生从绝对的权威演变成了一个守门人。各方神仙都管制着医生,医生没有自主权,还要面对病痛的患者。没有了权威,没有了回报,医生不可能表现出绝对高尚的道德。

其二,金钱的腐蚀。从前,医生看病,财主给钱多,穷人给点口粮给几刀肉,如同私塾里的先生。除了这些实际的财富外,医生还有无形的财富获得,比如尊严、自信、权威和名声。这些隐形的福利算不算医生的所得?应该是算的。通常以税法为例子,中国人习惯算实际现金所得,挣多少钱,就交多少税,现金所得之外的财富不在计算之内。比如单位

---

[1] Michael J. Malinowski, Capitaton, Advances in Medical Technology, and the Advent of a New Era in Medical Ethics, 22 Am. J. L. and Med. 331, 1996.

提供的公车，收到的礼物，享受的招待。在西方国家中，这些都要换算成数字纳入到个人收入中。一个典型的例子，尼克松总统休假，坐着空军一号去度假，带着自己的妻子和未成年的孩子。第一夫人带上了自己的闺蜜。总统夫妇和未成年孩子享受总统待遇，是符合规定的。第一夫人的闺蜜享受了搭乘空军一号，算不算她的所得？是否应该申报个人所得税？中国人不计较这个，但是美国国会是计较的。当时，这个事件也是水门事件之后为难尼克松总统的一个事件。

回到主题上，医生从前获得直接的报酬之后还有隐形的福利，比如刚才所说的尊严、地位、自尊。当社会进入到市场社会和官僚体制之后，医生的尊严没有那么突出了，衡量人的地位包括医生地位的重要标尺就是钱。既然如此，医生就没有了成为善人的内在动力。在这个时候，医生传统意义上善德的丧失就不可以避免。还有一点，也须特别指出，就是医生经营商业活动的合法限度问题。医疗的政府模式也好，市场模式也好，金钱都是不可缺少的。传统社会中，医生是不能够从事与自己医疗相关的商业活动的。但是，随着市场意识的渗透，医生也开始经商，专业术语叫"自我转诊"，就是把自己的病人转到自己有经济利益的医疗实体中去，公司明示的行为规范而已。

商业与传统的善德永远是对立的。如果医生把病人变成自己谋利的工具，必将带来法律和医生伦理的变化。医生曾经是道德的楷模，如今衰落了。衰落的原因有二：一是医生的权威下降，不再是病人的神明；二是商业社会对传统道德的冲击。当金钱变成衡量一个医生主要标准的时候，医生道德的下降不可避免。在这样的情况下，如何从法律的层面划定一个尺度就成为必要。在行政责任、民事责任和刑事责任中，按照医生违反医生伦理要求的程度，配置不同的法律责任，以保证医生最低限度的道德，是医疗改革中的重要一环。

7　医疗法律伦理与商业精神的冲突

法律与道德问题，头绪太多，内容太多。我们有必要更深入一步，讨论医师职业的商业伦理问题。

医师伦理是医师道德的最低要求，违反这个基本的道德要求就会遭到惩罚，法律上称为责任。这个责任有职业内部的处罚，比如医院的警告、处分、开除；也有卫生行政部门的处罚，比如撤销医师资格或者执业资格，这个责任法律上又可称为行政处罚。

除了执业团体内部的惩罚外，还涉及外部的处罚，这就是法律的惩罚。通常我们归纳为民事侵权责任和刑事的责任。医生违反信赖义务，不披露信息，不保护病人隐私，可能被判定损害赔偿。如果医师的违法行为危害了社会，超越了医生与病人的关系，那么就会遭到国家的惩罚，这就是刑罚。

有些医生的行为判定为非法或者犯罪，是容易的，比如拿回扣、套国家资金、受贿、诈骗等。但是有些行为则在法律上是模糊的，典型的就是医生涉及的商业行为。医生利用自己的职业优势，将自己的病人转诊到自己有股份的医疗机构，法律责任如何界定？这是一个世界性的难题。

我们上篇说，商业的发展与人的道德下降是成正比例关系的。也许会有不同的意见，但是通说是这样的。典型的，大家喜欢运用亚当·斯密的说法。他是18世纪的苏格兰人，是市场经济学之父，他的学术著作两本：一个谈道德，《道德情操论》；一个讲经济，《国富论》。商业与道德的比喻，就是说，一个面包师做面包，绝对不是为了穷人充饥，而是为了自己的钱袋子。大家更熟悉的法国思想家卢梭，他的说法是，科学与文明的进步，意味着人类道德的败坏。在国家产生之前，人类生活在自由平等有爱心同情心的状态下。当私有制出现之后，人类苦难的历程就开始了。其中的转折点就是财产的公有制转变为私有制，由"大家的"变成了"你的"和"我的"。因此，金钱意味为自私，商人趋利不讲道德，成为了道德家们通常的口号。莎士比亚的《威尼斯商人》，就是基督教对犹太教贪婪自私的抨击。

但是，另外一个方面，新兴的商人也不愿意承担不道德的罪名。他们也有自己的看法，只不过他们的道德观与天主教的道德观不同而已。比如说，商业活动挣钱的同时可以解决穷人就业问题，社会财富也得以增加，也对社会有贡献。

做慈善也需要钱，古代医院是由慈善机构行使的，要做善事也得需要有人捐钱。因此，商业的道德性一直存在着争议，迄今也没有解决。商业具有攻击性，讲究道德的医师也不能够避免，在职业道德主义与商业趋利主义之间，永远都会有挣扎。

法律医学学者有时候区分为医生的职业主义与实业主义。一个争议性的问题是，医生可以从事与自己职业相关的商业活动吗？或者，商业活动在医疗活动中渗透到何种程度合适？正反意见都存在。反对的意见有二：一是会导致过度医疗；二是违背职业伦理。医生在病人问题上角色很特殊，他可以同时是医疗行为的供给者、需求者和制造者。他对病人有控制力，可以制造需求，把病人转诊到自己的诊所机构，比如流动手术中心、成像中心、耐用设备公司等，然后再从这些公司中得到回报。因为医生是这些公司合伙或有限合伙的投资人，或者与这些机构有合作的合同关系，把病人带入可以增加自己的收入，结果就很容易导致过度医疗。因此，反对医疗商业化的人当中，传统道德观的医师和学者居多。

支持医生从事商业的理由有五点：第一，商业竞争的有利结果。垄断会导致腐败，竞争才可以提升质量，有了竞争，那些不重质量的医院和医生就会失去病人，收入利润随之下降。第二，资本的公平投资机会。特别是市场经济发达的国家，资本投入和收益是有利于社会的。我们说美国社会保障医疗改革，增加政府的分量，即便如此，美国议员们也要强调，必须采用商业的模式。第三，医生对于商业的投资有先天的优势。他知道需要什么样的医疗服务项目，可以及时发现医疗服务的短板，在这个领域，他才是最好的商业投资者。第四，医生的职业水平和他商业内在的激励，也会让他减少商业的成本，从而降低医疗的费用。第五，商业可以促进技术的更新换代，从而促进医疗水平的提高。

争论没有结果，谁也说服不了谁。两个基本原则都要顾及：一是医生还是要讲职业伦理的，医生病人之间的信赖关系不能破坏，这是医疗事业的核心；二是商业侵入不可避免，商人也不是只恶不善。折中的法律原则就是在医师职业主义和实业主义之间找到平衡点。根据不同的医疗行为和不同的医生行为，设定不同的法律门槛和界限。第一类，有些医疗行为是不可以走商业模式的，比如家庭静脉输液，违反了会受到法律的严惩。但是也有特定的例外，比如大型的有医疗资质的公司，比如医疗不发达的乡村地区。第二类，医生可以从事商业的活动，但是受到限制，得有医师伦理的指导。比如，告知自己的病人，明示转诊医院有自己的股份或者商业利益，让病人去选择，同时病人也可以选择其他的商业机构。第三类，对医生从事的商业活动设定投资比例限制或者收入的最高限制。在医生投资公司合伙和有限合伙的地方，在抵押信托的地方，医生的投资比例不超过 5%—10%，年收入不超过25000美元之类。第四类是第二类和第三类的结合，称为结构性的限制。既设定医生的投资比例，也要求他们向病人和第三方支付者公开。①

也有实际的案件：美国有个医生与一家图像成像公司有合作关系，他把自己的病人转诊到这家公司，公司向社保讨要费用，钱到账后，将其中的一部分给了医生，医生被起诉。他的行为是合理的商业行为呢，还是违反医师道德的行为？公司给医生钱的理由是，医生提供了"解释"的服务，分两笔，一是到公司之前，对病人的病情解释；二是成像之后给病人解释结果的行为。法官没有支持这样的说法，因为医生还是违反了伦理义务。虽然从当事人自己的解释上看是合理的报酬，但是从实质上讲，还是医生得到的回扣。因为医生商业行为的危险性，有时候可以处罚金25000美元，不超过5年的监禁，驱出社会保障计划。因此，官方和学者都在设计"安全港"，但似乎尚未有完满的结果。

---

① Theodore N. McDowell, Jr., Physician Self Referral Arrangements: Legitimate Business or Unethical "entrepreneurialism", 15 Am. J. L. and Med. 61, 1989.

8 医疗法律的最低限度道德：医疗刑事犯罪

我们先看一个案件。[①] 被告是一名整骨医生，也擅长心脏医学。他在一家医院供职，担任教员。另外他开了一家心脏医疗有限公司，出任公司主席。公司的业务是为医生提供诊断服务，公司使用一种霍尔特监视器设备，设备可以24小时穿在病人身上，将心脏活动记录在胶带上。

公司做的是 medicare 业务，被告将病人带到公司，也邀请其他医生带病人来检查。看完病人后，把账单寄给 medicare 机构，后者支付医疗费用。在前面谈到美国医疗模式的时候，我们介绍过 medicare 项目，也就是美国政府主导下的公共医疗，帮助退休的老人，经费来源是社会保障税，由雇员和雇主按比例承担。因为来自于税收，因此具有公共

[①] United States of America v. Alvin Greber, Criminal No 83-00414, 1985 U. S. Dist.；760 F. 2d 68；1985 U. S. App July 10, 1985.

财政的性质，在功能上和性质上也类似于我们的社保基金。

钱所在，也是商业活动所在。本案中的被告做的也是这项业务。为了保证 medicare 资金不被滥用和欺诈，美国政府专门制定了相关的法律。从 20 世纪 70 年代到 80 年代，法律责任越来越重，惩罚趋向于严重。20 世纪 70 年代的时候，违反法律属于不当行为，罚以 1.5 万美元罚金，驱出 care 项目；到 20 世纪 80 年代的时候，加大行政执法力度，加上了监禁，违反者可以判处不超过 5 年的监禁。

正是在这样的背景下，检察官起诉了被告，提起的是刑事诉讼，检察官指控被告 23 宗罪，归纳为三类罪名。一是邮件欺诈，就是用邮寄的方式实施欺诈行为，典型例子是张三偷了同屋者的信用卡和汽车，大吃大喝，刷同屋的卡，商家拿着签单找信用卡的银行。本案件中被告给 care 邮寄了大量的监测病人的账单，有些是根本没有的检测，有些是不需要这项检测的病人受到的检测。

二是虚假陈述，就是出具假的文件欺骗别人，让他人受损。典型例子是，张三想要与李四做买卖，但是不知道李四的经济实力，这个时候，某会计师事务所为李四出具了虚假的资金证明材料，张三相信了，最后受损，会计师事务所的行为就是虚假陈述。本案中被告给 care 提供了治疗病人的报告，申请 care 返还费用，其中，按照规定该设备使用 8 小时以上才可以申请费用，但是，被告的实践中很多不够 8 小时。

三是 care 欺诈，就是骗取社保的行为。具体的事件就是上篇说的，有其他医生介绍病人来被告公司检测 care 的钱到账后，被告给转诊医生"解释费用"。按照法律规定，给转诊医生的费用不得超过返还费用的 40%，每个病人不超过 65 元。被告给转诊医生的钱超过了这个数，被告也承认，给转诊医生更多的钱，主要的目的是想让医生以后带来更多的病人，算是引诱将来收入的做法。

一审法院判定 23 项指控中 20 项成立，三个罪名都成立。被告邮件欺诈，被判处 6 个月的监禁；虚假陈述和社保欺诈，判处缓刑。

被告不服一审的判决，提起了上诉，上诉审中，被告对邮件欺诈不存异议，但是对后两个罪名提出异议。在给转诊医生多金指控中，他说，他支付给医生的费用是医生应该得到的"报酬"，医生得到报酬，并不是回扣。报酬可以是付出的服务，也可以是付出的时间。转诊医生在病人检测前给病人解释病情，在检测后给病人解释结果，这是医生的付出。被告支付给医生报酬，是合法的行为，不应该是骗保的诈骗行为。法官分析了合理报酬和回扣的差别，认定超过了合理报酬的给付就是一种贿赂。而且，按照法律规定，支付给医生的报酬应该单独列项，否则就是骗取社保的行为。而且，社保欺诈法的立法目的，就是为了防止对社保资金的骗取和滥用。被告给予医生的"报酬"虽然采取了解释费用的名义，但是主观上还是想谋取将来更多的利益,从立法目的上看被告实施的行为,就是法律要打击的行为。同时,法官引用先例作了进一步说明。在先前另外一个案件中,一家血液检测公司付给脊骨推拿师费用,公司把推拿师搜集、包装、运输样品的工作都算是医生的处理费用,法官认定这就是典型的骗取保费和滥用保费的行为,判定被告 care 欺诈的罪名成立。

分析先例之后,二审法官在本案件中,还是支持一审法院的判决,被告社保欺诈罪名成立。

9　面对死亡的医术与法律

生命权，算是法律保护的最基本权利。人人生而平等，享受生命、自由和财产的权利，这是17世纪以来法律最响亮的口号，最后都写进了各国的宪法。三大权利之中，生命权是首要的，排在第一位。

医生的天职是捍卫生命和健康，生命是否可以算是医生职业的核心？从人的出生到死亡，都离不开医生或者充当医生角色的人。法律处理生命现象，则只是法律所处理社会事务的一个方面。生命、医术和法律就可以连接起来了。三者之间的问题在于，医术可以改变人的生命，这就为法律出了难题。一个快要死的人，医生把他救了过来，但是脑死亡了，成为了植物人，生与死就难以界定了。有极端的医生说，植物人与活人从医学的角度讲，不是一个人，而是两个人。如此假定，那么就给法律出了难题。如果妻子车祸后成为了植物人，那么要是丈夫又与另外一个女人好上了，他在法律上要承担重婚的罪名吗？医生很任性，可以改变人的生死，法律就永远赶不上医学技术的步伐，因为法律是滞后的、保守的、维护原有社会秩序的。法官们经常感叹，医学发展太快，法律赶不上科技的步伐。

古代社会，学者对生命的看法，是自然主义的，生与死是个自然的过程。西塞罗说，生命是一条河，生死是个自然的过程，不必要奇怪。庄子的妻子死了，他还鼓盆而歌。古代社会的法律，对死亡也没觉得是个法律的难题。家长死了，并不改变家庭内部的和外部的财产关系，儿子继承家父权，取代家父，法律与生活照常进行。还是由于科学技术的发展改变了生命的轨迹，乃至于生命的意义，法律的难题就出现了。

一个人车祸之后，成了植物人，靠人工呼吸机和灌食活着，谁可以决定拔掉人工设备，让病人自然生存或者死亡？先说一个典型的例子。一位30岁的女子发生车祸，被甩出车外10多米，脸朝下掉在水沟里，4分钟后，急救医生赶到，发现已经无脉搏和心跳，给她做急救，恢复心跳和呼吸后送往医院，医生怀疑肝脏破裂，大脑缺氧，到医院后该女子心跳和呼吸恢复正常，但是由于大脑缺氧时间过长，已经不可逆地损坏了。后期的恢复也在进行，但成效不大。再后来，该女子搬进了州医院，全部费用由州政府承担。丈夫离婚，父母向医院提出要求，拒绝给病人进行干预，要求医院停止治疗。医院说，这必须得到法官的命令才可以拔管。父母向法院申请，法院听证会后同意父母的要求，可以停止治疗，其中有个理由是，车祸前女子与自己同屋聊天曾经说过，宁愿选择死，拒绝像植物人那样活着。一审法官发出司法令，同意拔管放弃继续治疗。父母同意命令的结果，但是对法官的理由不认可，医生则对司法令持反对态度。

父母和医院都提起了上诉。父母的理由基于两点：一是基于隐私权，她女儿可以拒绝个人干预；二是基于告知同意权，可以拒绝治疗。隐私权的含义在于不受到他人骚扰的权利，或者说独处的权利。医院通过人工的方式往鼻子和胃里插管，就是干涉了独处权的隐私。告知同意权是强调个人自治，只有通过我的同意，才能对我的身体动手术，否则就是对我身体完整性的侵犯，就是伤害。该女子说过如果半死不活就不想活，医院为什么要不顾她的意志对她进行干预呢？医院的理由是，国家医疗的基本要求就是要维持生命，生命具有神圣性。国家的生命哲学就是保持生命、保护无辜第三人生命、避免杀人和自杀，维护医学伦理的完整性。

就本案件来说，病人虽然神志不清，但是她没有死亡，而且医生预测，这样保持灌食水，她还可以活30年，也就是说，她还不是晚期的病人。在这样的情况下，放弃对她的治疗，就是扼杀生命。双方各有理由，归结到一点就是，在个人愿意赴死和国家保全生命之间,哪个优先?对此问题,法学家和法官之间分歧也很大。二审七名法官,四名支持医院、三名支持父母,到联邦最高法院,以微弱多数维持了二审法院的判决。①

这个判决只是美国众多判决中的一个,很难说是绝对的标准。在众多各异的判决结果中,学者也总结出了一系列的分析模式和基本原则。第一,区分晚期植物人和非晚期植物人。在前一种情况下,家属或者监护人放弃治疗,都可以得到法官的认可,但是在非晚期植物人情况下,法官判定差异大。第二,在国家利益保全生命和个人意愿放弃治疗冲突的情况下,以个人意愿优先。第三,在考察个人意愿的时候,法律判定很是为难,如果一个病人可以理智表达自己的意愿,这个好办;但是如果病人已经成了植物人,他的意愿将难以判定,他曾经的话语,或者他家属的说辞都很难确认。上述案件中,其实法官没有采信她生前朋友的说法,因为她设定的前提是"半死不活"才放弃治疗。而法官认为,病人生活在呼吸机下无痛苦,很安详,因此不能推断她拒绝治疗。第四,在具体的案件中,法官列举了三个标准:一是"主观标

---

① Cruzan et al. v. Director, Missouri Department of Health, et al., No. 88-1503, 497 U. S. 261; 110 S. Ct. 2841; 111 L. Ed. 2d 224; 58U. S. L. W. 4916, 1990.

准",就是病人清楚且有说服力地说如果成为植物人就放弃治疗,这是最强的标准。二是"限制性的客观"标准,如果病人受到的痛苦大于活着的乐趣,也可以放弃治疗。三是"纯客观"的标准,如果继续治疗明显反人道,就可以放弃治疗。第五,病人的监护人是否有权利决定病人放弃治疗。这也是一个难题,法律并无规定,因此必须重新回到考察病人自己的主观意愿上。病人家属监护人可以是爱他们的家人,充满了爱心;也可以是放弃包袱满足自己愿望有私心的人。

学者在分析此问题的时候,引进了一个哲学的名词:父权或者自治。帮他人决定生死,是父权制的表现,而在现代社会尊重生命的环境下,最好还是由病人自己决定。因此,新的做法是让病人在健康的时候写一份声明"living will",由此预先作出如果成为植物人是否放弃治疗的决定。[①] 另外,法官在此类案件中,呼吁立法来解决这个问题。因为立法可以按照人们的意愿予以规定,而且可以慢慢地设立法律。而司法不同,它要及时处理面临的问题,不能等待。这也是上述案件中,二审法院采取保守方式,反对放弃治疗的一个理由。

[①] Ben A. Rich, The Values History: A New Standard of Care, 40 Emory L. J. 1109, 1991.

10　面对生命的医术与法律

继续生命、医术和法律的话题。上篇我们谈的是死亡，这篇我们聊出生。法律上讲，人的权利能力始于出生止于死亡，生与死之间，生是快乐，死是哀怨，像是古希腊的戏剧，悲剧的力量重于喜剧。因此，我们先讲死亡后讲出生。胎儿的法律权利问题，以及医术导致胎儿死亡的法律纠纷处理方式，是我们想要讨论的内容。

一个人的生命从何时起算，一直是法律的难题。最早是在古罗马法中，法学家们争论不已。有的说，生命开始于孩子的第一声哭啼；有的说，开始于孩子与母体的分离。开始的时间不同，法律权利享有也不同。如果说孩子的出生源自与母体分离时的活体，那么母体中的胎儿就不是完整意义上的人，并不享受法律上的权利。但是腹中的胎儿是即将出生的婴儿，没有法律提前预设保护，婴儿降生后的权利就得不到保护。比如，胎儿在妈妈肚子里，父亲死了，如果不给胎儿继承权，对即将出生的婴儿是不公平的。法律于是采取预先措施，立法保护胎儿的继承权。胎儿不是人，但是享受人的法律权利，法律上称为法律的拟制，把胎儿拟制为人。

在生的问题上，医学与法律的关系可以分为三类：一是不该出来的出来了；二是该出来的没出来；三是该健康出来的却残疾地出来了。每种情况下，法律责任都不同。先看第一种，不该出来的出来了。有这样一个案件：母亲住院被强暴，儿子长大之后告医院。或者类似的案件，母亲未婚先孕，生下单亲的孩子，孩子长大后起诉母亲，称自己是不该出生的人。此类案件，有名的判词来自霍姆斯，他是20世纪美国最伟大的大法官、大法学家。大法官不支持孩子，主要的理由有二：一是孩子的权利能力。他没有起诉的资格，因为母亲被强暴，或者受精卵形成的时候，他还不是一个人，或者他并不是母亲受到侵害的受害人，既然没有权利能力，也就没有法律诉讼的资格。二是考虑到公共政策，如果一个人觉得生活不幸就去状告母亲或者他人，必定会发生滥诉的现象，司法诉讼是要付出成本的，而且也不利于社会风气。此类诉讼后来被称为不当生命的诉讼。到20世纪70年代之后，法律认可了这种诉讼。

当然，原告是否胜诉则要具体分析。不该出来的出来了，另外一个情形是，夫妻两人婚后不想马上要孩子，于是找大夫请教避孕方式，夫妻按照医生建议的方法避孕，但是失败了，妻子怀上了孩子，于是夫妻状告医生，因为妻子怀孕会增加家庭的负担，减少家庭的收入。这个类型最悲伤的故事，是私人堕胎师的黑暗历史。西方社会，有基督教的宗教背景，按照天主教的教义，孩子是上帝的礼物，并不属于父母。极端的说法是，精子与卵子结合的那一刻，神奇就发生了，一个生命就有了，因此，堕胎就是杀人。这也是西方社会禁止堕胎的宗教理由。但是，总有不愿意孩子到这个世界上来的母亲，典型的就是少女不小心怀孕。自己还是孩子，如果再生下孩子，年轻女子将永远无出头之日。但是，医生与医院都不做堕胎手术，黑助产师职业由此产生。这个群体或者是医生，或者是护士。法律对他们的惩罚是严厉的，会被以谋杀罪的罪名判处监禁。但是，要做堕胎手术的人多，黑色产链兴旺，堕胎师很有钱。其中也有不乏同情心和善良的堕胎师，他们的确是同情年轻怀孕的女子，虽然官方把他们称为巫师，称为与魔鬼有交易和勾当的女巫。19世纪七八十年代以后，堕胎的问题开始进入法律严肃讨论的时代。母亲有没有权利堕胎，官司一直打到了联邦最高法院。极端的两个阵线，一是自由主义者；一是天主教徒。自由主义者支持母亲有堕胎的权利，每个人都有保持自己身体完整性的权利，我的肚子我做主，我可以选择生，也可以选择不生。保守主义者则坚持基督教教义，堕胎就是杀人，反对堕胎。法院最后采取了中间的妥协态度。首先，母亲有身体的完整性，有自由，有权选择合适自己的生活方式，有堕胎的权利；另外一个方面，胎儿毕竟不是物，可以随意处置，胎儿未来的生命也要得到保护。法院划定了可以堕胎和不可以堕胎的时间段，这个时间的划定当然依赖于医生的判断，前三月可以堕胎，后三月不可以堕胎，中间三月原则上不得堕胎。

再看第二种，该出生的没出来。墙头很多包生男孩的小广告，假定夫妻两人相信了江湖医生的话，花了不少钱，就是没生儿子，告江湖医生，法律应该怎么办？高端一点的，人工生殖试管婴儿，从父母体内提取精子卵子，医生过失没有成功，谁承担责任？没使用的精子卵子或者受精卵，产权归谁？父母，还是医院？医生把不用的受精卵废弃或者另作他用有何责任？这些都存在着诸多法律问题。

最后看第三类，该健康出生的，却残疾地出来了。一对夫妻在医院生孩子，通常生产前要做一个羊膜穿刺的测试，从羊水中取液检查胎儿的状况，可以提前发现胎儿的基因缺陷，而且副作用很小。但是，医生既没有征求夫妻俩意见，也没有给孕妇做这个测试，生出来的孩子先天残疾，唐氏综合征，于是夫妻状告医院。第一，母亲以自己的名义作为原告状告医院过失，如果医院提前做测试，发现胎儿有问题，她就会做流产手术；但是，医生没有告知，医院存在过失，让她生出残疾的孩子，使身心受伤，法律上称为"不当生产"。第二，母亲代表刚出生的女儿状告医院，称医院的过失，让她这个不该出生的人来到这个世界，因为先天残疾，不能够享受到健康人那样的幸福和快乐，法律上称为"不当生命"。

一审法院驳回了原告的两项诉讼请求，原告上诉，二审法院对两项请求分别作出了分析。对于母亲的诉求，母亲是高龄产妇，当时为38岁，生产面临众多的风险，医生是否应该告知这些风险，并建议她做羊膜穿刺的测试呢？不告知是否违反通常医疗惯例呢？法官没有正面回答这个问题。法官说，夫妻并没有指控医生增加了母亲的风险，而是指责医生没有给她更多的建议和选择，因此，夫妻受到的损害赔偿要考虑两点：其一，如何判定赔偿的标准；其二，相关的公共政策。女子在怀孕的头三月，可以选择流产，已经被最高法院以及社会公众所认可，法院也承认不当生产的诉讼请求。麻烦的是如何设定赔偿的标准，包括医疗的费用，养育教育和监管孩子的费用，生下一个痴呆孩子带来的痛苦等。法官说，母亲应该得到支持，但对于孩子的"不当生命"的诉讼请求，法官不支持。从法律的立场上讲，孩子并未因为出生而受到损害，一则，她的唐氏综合征是基因的缘故，而非医生的过失。二则，社会的信仰是，生命总比无生命更加珍贵，是否残疾与生命无关，只与生命的质量有关，生命的神圣性指的是生命，而非生命的质量。从医生职业角度说，医生是生命的保全者，没有人是完美的，每个人都或多或少地有缺陷，这不妨碍我们参与这个世界提供给我们的各种活动。尽管这残疾的孩子患有唐氏综合征，但是，因为降生，能爱能被爱，感受幸福和快乐，生命存在的价值远大于她遭受的痛苦。因此，残疾孩子没有提起不当生命诉讼的权利，法律支持了母亲不支持女儿。①

总结一下，生与死，都是沉重的话题。往深处说，都是宗教的说教，正由于沉重，才显得生命的价值。我们不是全知全能的神，我们是凡人，病人如此，医生也是如此。看过不少的司法判决，其中法官在判决书中带有浓厚宗教情绪的，只见于关于生与死的判决。阿奎纳说，与有信仰的人谈宗教，那是幸福；与没信仰的人谈宗教，那是一种折磨。我们都是无神论者，在处理生死法律关系的时候，能做到理性的分析、合理的判断，就对得起人的尊严了。

---

① Sharon Esther Berman and Shirley Berman v. Ronald Allan and Michael Attardi, A-111, 80 N. J. 421; 404 A. 2d 8, 1979.

11 医患关系（一）
——身心健康权利（过失精神损害）

医患关系和病人的权利，是医疗法律中的一个重要议题。

医患关系如何界定，学者们莫衷一是，通常归纳为三种关系：一为服务合同关系。病患与医生地位平等，病人购买医生的医疗服务，医患关系就是平等主体之间的民事法律关系。二为信托关系。病人委托医生为自己看病，病人是上帝，医生是代理人，代理人对委托人承担信赖的法律义务。代理人与被代理人的地位是不平等的，代理人要忠于被代理人，被代理人处于优先的地位，两者之间的地位是不平等的，医生对病人承担信赖责任。病人是医生的上帝，病人高于医生。三为职业人员对非职业人员的关系。一个对生命和健康有着系统的认识、接受过完整的职业训练，另外一个则对于健康只有基于常识的认识。知识就是力量，医生与病人的关系，就是统治者对于被统治者的关系、支配者对于被支配者的关系。

第一种关系最简单,一方买,一方卖,市场交换可解决。第二种关系是法学界的通说,既有金钱关系,比如付出和报酬;又有道义关系,比如忠诚与信赖[①]。第三种关系也简单,是权力关系,是生活的现实,属于前法律时代的状况。

我个人的倾向还是由第三种说法向第二种关系的转化。从现实的社会生活角度说,医生对病人就是职业者对非职业者的关系,前者对后者有压迫的力量。也正是在这个意义上,我们才呼唤病人权利的保护,才有了法律意义上的信托关系,通过法律来改变医患之间的不平等关系。法律就是一种矫正,通过矫正达到平等。

医患关系抽象地讨论会过于空洞,从病人的权利角度考察医患关系会更直观。我们先看一个有趣的案件。妻子被误诊,丈夫受委屈,状告医院。妻子去医院常规体检,医生误诊,说她染上了梅毒,实际上她并没有染上梅毒。

医生对她进行梅毒的治疗,服用大量的青霉素。她说因为医生的诊断,让她遭受身体和精神的伤害,以及神经系统

[①] Marc A. Rodwin, Strains in the Fiduciary Metaphor: Divided Physician Loyalties and Obligations in a Changing Health-care System, 21 Am. J. L. and Med. 241, 1995.

上的损伤。医生也怀疑丈夫染上了梅毒,让妻子劝说丈夫也做个检查。结果丈夫也查血,看自己是否染上了梅毒,看自己是不是妻子的传染源。检查的结果是丈夫没有梅毒。

医生的过失诊断和治疗,使妻子变得焦虑和多疑,怀疑她的丈夫有婚外性行为,夫妻两人关系变得紧张和敌意,导致他们婚姻产生裂痕并开始进入解除婚姻的程序。由于医生的过失,实际上发生了两个法律关系:一是妻子告医院,医生的误诊导致她身心损失;二是丈夫因为妻子的误诊导致他的损失。妻子告医院相对简单,这里谈的是丈夫告医院,法律上比较复杂。丈夫以自己的名义告医院,提出两个诉讼请求,一是医生对妻子的过失诊断,导致丈夫的精神损害;二是医生的误诊导致他婚姻的危机。[1]

在第一个诉讼请求中,丈夫说,被告应该知道他们的诊断,说他妻子患上梅毒,丈夫也可能染上梅毒,导致他遭受了极端的情感痛苦。而且,他为了挽救婚姻,咨询费用也花了不少。医院的说法是,病人是妻子,丈夫并不是,医院对妻子的误诊承担过失的责任,对丈夫没有注意的义务。而且丈夫只是受到委屈,他并没有实际的损害,医院对丈夫的精神损失无法预料。

---

[1] Stephen H. Molien v. Kaiser Foundation Hospitals et al., 27 Cal. 3d 916; 616 P. 2d 813; 167 Cal. Rptr. 831; 16 A. L. R. 4th 518. 1980.

此类法律诉讼我们称为"医生过失的行为导致了第三人的精神损害"。法律术语为"对第三人的过失精神损害"。这是一个复合的诉讼请求,可以拆解为三:一是"精神损害";二是医生对病人丈夫的损害("被告对第三人的责任");三是被告"过失"的行为。

首先说精神损害,从法律史的角度看,早期的损害赔偿只发生在有形的损害情形。张三殴打李四,张三威胁李四,张三把李四关在屋子里限制他的人身自由。在这三种情况下,如果伴随有原告受到精神损害,可以附带地提起赔偿要求。也就是说,早期的法律,纯粹的精神损害不能独立提出,它具有寄生的特性。或者说,早期的法律不认可精神损害是一种实际的损害,只有当有身体的物理表征的时候,精神损害才出现在法律世界,精神损害具有寄生的性质。

比如,三个男人对一个女人在20—25分钟的时间里高声吼叫,愤怒训斥。女子此后焦虑不安,经常哭泣,眼睛红肿发痒,因为皮肤奇痒而经常挠破脸颊,不能照顾她的孩子,身体萎靡、身上全是红斑,法官认可了男人对女人构成精神损害。法官的说法是,人分身与心,神经系统是人体器官的生理现象,而非心理现象。受伤害的是身体,而不是心理。

事情的转折发生在精神分析的产生,后来发展出精神病学。有人推演到19世纪,有人追溯到弗洛伊德潜意识的分析。到 20 世纪 30 年代的时候，法律开始认可严重的精神损害是一种独立的侵权行为。也就是说，没有身体的伤害表象，严重的心理创伤也可以得到法律的赔偿。但是，法官们也作了严格的限定：要求被告的行为是粗暴的和恶劣的；被告主观上是故意的和轻率的；原告受到的损害是严重的；被告的行为与原告的损害之间存在因果关系。

其次，我们看法律上，行为人对第三人的责任，也就是医生对病人丈夫的责任。法律上讲，医生只对自己病人的直接损害承担法律责任，对丈夫只有间接的关系，法律赔偿不及于间接损失。教授们经常引用的例子是，一位怀孕的母亲在自己家的阳台上，等待自己的孩子从学校归来。学校离家中间有草坪和公路，远远地她看见儿子骑着车穿过草坪，横过马路，不幸的是正好有车从马路上经过，轿车撞上了自行车，孩子被撞飞。

妈妈在阳台上看到了全过程，看见儿子被撞飞，倒在地上，妈妈一时昏厥。被送到医院后，已导致流产，其身心遭到严重损害。妈妈状告司机，因司机交通肇事行为导致了自己的流产。

这里，加害人是司机，直接受害人是孩子，妈妈是第三人，加害人对妈妈的责任就是对第三人导致的精神损害。这个案件中，法官没有支持母亲，因为司机只对孩子有注意义务，对远在阳台上的妈妈没有注意的义务。否则，司机的责任就过于宽泛了。

这个原理运用到医生误诊妻子案件中,问题就是,过失医生对丈夫有注意的义务吗?以及,被告能够合理地预见丈夫受到的损害吗?医生对妻子的误诊行为与丈夫精神损害结果之间有法律上的因果关系吗?

通常,加害人对第三人不承担责任。但是由于此类案件的特殊性,法院发展出了特殊的规则。过失方要承担责任,要求一,原告处在现场区域,这是空间条件;要求二,事故发生时,原告在现场,这是时间要素;要求三,原告与直接受害人之间的特殊关系,如母亲与未成年孩子,妻子与丈夫,可以认定为特殊的关系。因为母亲永远与自己的孩子在一起,因为夫妻为一体。小姨和外甥,叔叔与侄子,不可以认定为特殊的关系,如果特殊关系过于宽泛,法律的打击面就太广了。

本案中,医生过失发生在医生与妻子之间,严格地讲,误诊的时候,丈夫没在医院,空间要素不具备,他是事后才知道的,时间要素也不具备,但是关系特殊,他们是夫妻关系。更特殊的是,医生对妻子的误诊是性病,性病的传染来自性关系。

法官说,此类案件中,决定的因素是事故与损害是否可以合理地预见。本案件中,特殊的关系和特殊的病种,法律上应该判定,医生对妻子的梅毒误诊,会导致丈夫的损害,或者说，医生误诊导致丈夫受到损害，是可以合理预见的。因此，医院对丈夫承担过失的责任。

最后，医院的误诊，是一种过失的行为，故意的行为导致精神损害，法官支持被告是容易的，但是如果被告是过失，能产生精神损害吗？也就是说，问题在于，医生对妻子的过失诊断，是否会导致病人家属的精神损害？

通常，精神损害要求被告的故意，但是在医疗关系中，很难说医生故意伤害病人。那样的话就是故意伤害了，不属于现在说的情况。过失导致人的精神损害，有它的特殊性，比故意伤害要求更严格。

总结一下，要构成过失地对病人丈夫的精神损害，要考察：其一，医生对病人的丈夫有法律上的注意义务吗？其二，这样的义务界限在哪里？梅毒的诊断和夫妻关系的特殊性在哪里？其三，这种责任的扩展危险在哪里？

拿这些标准来考察本案，法官认为，丈夫被怀疑是妻子梅毒的病源，导致了夫妻间的猜忌，危害了婚姻的关系，可以认定丈夫遭受了精神的损害。法学家在分析此类案件的时候，通常认为一定要限定责任的程度。过失导致第三人精神损害，特别强调时间、空间和人际关系的特殊性。特别是特殊的人际关系，夫妻之间是可以的，母亲与未成年子女是可以的，但是，父亲与儿子之间可以吗？

从法律上讲，母亲与未成年孩子的关系，父亲与子女的关系，在法律地位上是一样的。但是在具体的环境下，母子关系又不同于父子关系。因为母亲表现为爱，父亲表现为严，自古有"男人有泪不轻弹"一说，具体问题就需要具体分析了。

12　医患关系（二）
——情感健全的权利（陪伴损失）

我们接着谈丈夫告医院的第二项诉讼请求。

这就是"配偶的陪伴损失"。在家庭关系中，既有财产的关系，又有人身关系。康德的说法是，带有财产性质的人身关系。婚姻家庭关系中，重要的是家庭成员之间的爱。丈夫离开妻子，妻子离开丈夫，导致婚姻另外一方的爱的丧失，这种损失是否可以通过法律来救济？

婚姻法只解决婚姻缔结和解除，只涉及婚内财产的分离，但是不涉及财产的赔偿。我们不能把不相爱的人通过法律来强迫他们在一起，但是，可以让受到损害的一方得到财产的补偿，这就是"配偶陪伴损失"的由来。

陪伴损失还可以扩展到家庭中的其他成员，比如父母与子女。老来丧子的夫妻，是否可以让子女死亡的责任人承担责任呢？这就是我们本篇要涉及的两类问题：一是夫妻之间的陪伴损失；二是父母与子女之间的陪伴损失。

先看第一类，配偶的陪伴损失。

在医生误诊病人患梅毒案件的第二个诉讼请求中，丈夫说，医生的误诊导致了他婚姻的紧张，使他失去了妻子对他的爱、陪伴、爱护、交往、性关系、安慰、支持和伺候。

夫妻相互扶助的义务，是婚姻本来的含义。相互爱戴，夫妻一体，亲密无间，互相信任。一旦夫妻一方疏离，离开自己的伴侣投向他人怀抱，就违反了夫妻之间神圣的契约。我们通常讲的婚姻有了第三者，就属于此类情形。

丈夫不陪伴妻子，而去陪情人，妻子就有配偶陪伴的损失。反过来也一样，妻子去陪情人，丈夫就产生配偶陪伴的损失。

按照我国的婚姻法，如果出现了第三者，责任仅仅及于夫妻双方，离婚的时候应该保护受伤的那一方。但是，进一步，被抛弃的一方是否能够状告"小三"呢？比如，丈夫出轨，妻子能不能告"小三"破坏婚姻，让"小三"赔偿妻子？我们国家的法律没有规定。婚姻法和侵权法都没有作出规定。

如果妻子能够提起对第三者的侵权之诉，这样，婚姻法就延伸到了侵权法。婚姻法只处理婚姻的存续和离婚财产的问题，而侵权法则可以请求惩罚性赔偿，受害人得到的补偿数额可以增加。

另外，婚姻法只涉及夫妻双方的财产关系，而侵权法则可以向第三人索要赔偿。

从法律设计的角度说，在第三者问题上，加上侵权责任，是有利于婚姻中的弱势一方的。早期的法律，此类诉讼是可以的，古代人对婚姻的重视程度超过现代社会，对婚姻的破坏，会危及社会秩序。

在西方古代社会和现代社会早期，配偶的陪伴损失是法律所认可的。但是，到了现代社会，夫妻陪伴损失的诉讼趋于减少，甚至消失。即使发生，也通常发生在丈夫状告妻子的情人，很少发生在妻子状告"小三"。这里的原因不在法律，而在社会本身，因为通常情况下，妻子的情人肯定是有钱的，丈夫的情人总是贫困的，向有钱人索赔，才有诉讼的动力。

曾经就此问题问过一位日本的法学教授，日本有没有妻子状告丈夫情人的？日本教授说，从前不会，因为日本妻子不工作，没有经济来源，告丈夫及情人，失去婚姻，会使她经济状况更加恶化。

现在的情况似乎发生了变化，妻子也有告丈夫情人的，因为丈夫的那个情人也许是个有钱人，比如酒吧里的女郎。失去了丈夫，为得到大笔的赔偿，提起夫妻陪伴损失之诉，不失为一项选择。

说到正题上来，因为夫妻陪伴损失的侵权之诉，在形式上男女平等，但是在现实生活中，女人还是忍气吞声，导致对于真实的受害人，夫妻陪伴损失诉讼最后只保护了男人，无法保护女人。

当女性主义兴起的时候，她们呼吁取消夫妻陪伴损失的诉讼形式，她们称夫妻陪伴损失之诉，是让女人流泪之诉。这样，夫妻陪伴损失的诉讼，在法律世界慢慢消失了，被称为一种古老的诉讼。

在本案中，丈夫提起了这个古老的诉讼，其实很有意思。不同的是，在本案中，并不是妻子有外遇，使丈夫觉得失去了妻子的陪伴，而是医生的梅毒误诊，导致了婚姻的危机，失去了妻子的信任和亲密关系。

此类案件的难点在于，妻子和丈夫受到的伤害，是否有程度上的限制？或者说，夫妻两人只是精神的伤害，而无身体的严重创伤。

在类似的一个案件中，丈夫头被重达600磅的管子砸伤，导致其永久性瘫痪，法院支持了他的妻子。在该案中，配偶陪伴损失的认定，要求受害人遭受严重的身体伤害。

在本案中，误诊的妻子并没有遭到"严重伤害或者成为残疾"，医院认为本案不足以构成夫妻配偶损失，因为轻微的身体伤害和情感创伤不足以支持配偶损失的诉求。

法官说，既然纯粹的精神损害都可以单独提起诉讼，那么在配偶损失案件中，也没有必要强调身体的伤害。法官还说，我们不仅将陪伴损失包含无形的联合、安慰、爱护和陪伴，而且还承认夫妻之间的道德支持。

因此，配偶心理健康伤害也会剥夺另外一方婚姻所提供的陪伴和道德支持，而这不亚于性关系的重要性。

法官说，陪伴损失是否存在，是个证明和证据的问题。如果伤害是精神的而非身体的，原告的证明责任要困难一些：过失、因果关系、伤害的程度。这由陪审团决定，此类案件都存在一个陪审团。

法官的结论是，医生对妻子的误诊，导致了夫妻关系的恶化，破坏了夫妻间的感情，受到损害的丈夫有权获得配偶损失的权利。

再看第二类，父母子女之间的陪伴损失。

丹尼尔是一名18岁的男孩，他因右手伤住进了被告的医疗中心，在那里接受手术。在手术后的恢复期，他陷入昏厥，昏厥期长达10天，醒过来后大脑严重受损。丹尼尔的余生将需要进行全面的看护。在他昏厥前后，父母都在医院里看护着儿子。除了丹尼尔本人的诉讼外，丹尼尔的父母也以自己的名义提起了诉讼，状告该医疗中心。

该夫妇提出的诉讼请求有：第一，被告的过失使他们受到的精神损害；第二，"陪伴的损失"，也就是该父母因失去儿子的陪伴而发生的损失。

这个案件与妻子梅毒误诊案件非常近似，但是结果却完全相反。

父母状告医院过失导致精神损害,法院不予支持。前面我们讲构成侵权的要件有时间、空间和特殊关系。本案件中,时间与空间条件不符合。儿子发生医疗事故的时候,父母并不在现场。儿子可以以自己的名义提起赔偿诉讼,父母不能再行起诉。

在陪伴损失诉求中,法官说,陪伴损失的诉讼请求基于一种人身的关系,它的含义是,人身关系的一方受到了侵权行为的损害,另外一方通过诉讼的方式寻求赔偿。这种赔偿的理由是他们双方之间"陪伴、社交、合作和情感交流"的损失。

法官说,一般而言,存在着两种陪伴的损失,一是配偶之间的陪伴损失,二是父母和未成年子女之间的陪伴损失。就这个案件而言,涉及的问题是父母和成年子女之间是否存在一种陪伴损失。

法官的结论是不存在。[①]

法官分析道,在早期的普通法中,法律的确承认基于父母和子女之间这种关系的诉讼,但是这种权利要求主要集中在两个方面:一个是子女对父母的"服务"价值,二是父母

[①] Daniel Boucher, Torla Boucher and James Boucher v. Dixie Medical Center, No. 900476, 850 P. 2d 1179; 194 Utah Adv. Rep. 3, 1992.

为子女付出的医疗费用。而且，这里的子女应该是未成年的子女，而不是成年的子女。

现代法律的发展对普通法的原则作出了许多的修改，这种陪伴损失的诉讼现在基本上已不复存在。

这里有一个有趣的问题是，妻子误诊，丈夫能得到陪伴损失；儿子受伤，父母不能够得到陪伴损失，原因在哪里？夫妻关系亲，还是父母子女关系亲？

应该说，东方人的亲密关系与西方人的亲密关系不同。中国重视父子关系，家庭是血脉的延续，但是，西方人更加重视夫妻关系。儿子死了，中国父亲很伤心；妻子死了，西方丈夫很伤心。这也许是此类案件中，中西方人的不同反应吧。

两宗案件的结果不同，表明在西方语境下，配偶之间的感情可得到较高的保障程度，父母与成年子女之间的感情关系可得到较低程度的保护。

13　医患关系（三）
——告知义务

本篇我们讨论一个耳熟能详的话题：医患关系中的告知与同意义务，或者称知情同意权利。

告知与同意，实际上是两个方面的内容：医生对病人的告知义务；病人对医生手术和治疗的同意。

先谈谈医生对于病人的告知义务。现代法律，都是以个人自治的哲学为基础的，每个人都有身体完整性的权利，不经他的同意不应该受到他人的侵犯，这称之为人身的不可侵犯性。这种身体的侵犯，内容上很广泛，张三殴打李四，肯定是对身体的侵犯；一个法官喜欢自己的秘书，趁着秘书打盹的时候，亲了秘书一口，秘书告发法官，未经秘书同意而亲她，法官也认定这是一种对身体的侵犯。

这里又涉及我们曾经说过的法律中的父权主义和个人主

义。在医患关系中，如果医生是病人的父亲，医生可以帮助病人决定如何治疗，医生的判断更优于病人个人的判断。如果医生与病人是平等的关系，那么医生不能代替病人作出判断，他只能提出建议，让病人自己决定，这是医患关系中的个人主义和平等主义。

即使在医生看来是危险的、不理智的行为和结果，病人也有权利决定是放弃治疗还是接受治疗。如果医生不能以合适的方式向病人提供充分的信息，导致病人的损害，那么医生就可能构成一种过失行为。

医生告知义务的理由，还是因为医生受到过严格的训练，有丰富的经验。因此，医生有责任以合适的方式提供给病人重要的医疗信息，使病人作出理智的决定，决定接受治疗，还是放弃治疗。

医生给病人的信息范围与程度，法律标准是"具有实质性意义的信息"，具体尺度是一个中等有资格的医生能够或者应该掌握的信息。医生能够知道或者应该知道的信息内容，一般由专家来鉴定与证明。

所谓对病人具有"实质性"意义的信息，包括病人状况性质、所涉危险的性质和可能性、可合理预期的利益、医生预测的能力限制、手术的不可逆转性，以及可供选择的其他方式等。当然，给出充分的信息，并不意味着提供医生所知道的所有信息，也不包括病人通常已经知道的信息，比如手术中存在的内在危险。

另外一个方面,医患关系是相对的,尽管病人有知情权,但也要承认在特定情况下,医生也有不通告的情形。比如,如果通告病人信息,可能导致病人病情的复杂化,或者导致病人不适合治疗,在这样的情况下,医生有权利对病人保守秘密。但是这项权利要受到细则的限制,否则它会破坏告知义务规则本身。

这里有两个术语:一是"应该知道但没有被告知",二是"实质性"。这个未告知的危险是否具有实质性,由司法审判机关来调查,这是一个医学问题。

在法庭上,原告必须表明:如果他得到了适当的信息,那么他或者在相似情况下的任何理智之人,都会理性地决定是否接受治疗。

我们举个案例来更清楚地分析一下。原告在被告的医院里做美容手术切除颈部肿块,在手术过程中,她的舌下神经被切除,手术的结果导致她舌头功能永久性损坏或全部丧失。原告将医院和三个医生告上了法庭,认为他们在手术前没有告知她失去舌头功能的危险性。原告称她手术的目的是美容,失去舌功能就手术而言是一种实质性和可预料性的危险。她称,如果她事先知道手术的危险,她就不会同意做这个手术。对医生所做的手术本身,原告没有提出异议。法官支持了原告,认定被告医生没有履行充分的告知义务,在实质性的信息上。医生没尽到责任。[1]

"实质性"是一个抽象的概念,在具体案件中差别很大,在医疗信息方面,这是个医学问题。在涉及医学之外的地方,如何判定"实质性"信息也是个难题。比如"病人大概能活多久"这是实质性信息吗?

我们再看一案。[2] 在一次手术中,医生发现病人患上了胰腺瘤,与病人妻子交换意见之后,医生切除了所有可视肿瘤。病理学报告显示,该肿瘤已为恶性,这种癌症存活率非常低,大概只有5%。病人并不知道这些,后来病人夫妇去看肿瘤专家,肿瘤专家告诉他们,外科医生不可能解决全部的癌症,癌细胞可能会通过血液或者淋巴系统扩散。

肿瘤专家让病人填写了一份十八页的答问卷,其中有一个问题是:病人是否想知道严重疾病的"真实"情况?病人的回答是"是"。看完病人的病理报告,肿瘤专家认为他活不过五年,但是他没有告诉病人。病人接受肿瘤专家的化疗及治疗,八个月后,肿瘤专家认定癌细胞已经扩散,他告诉病人化疗已经不起作用了。肿瘤专家的看法是,病人只能够活很短的时间,恐怕就只有几个月,这次他告诉了病人。

---

[1] Harnish v. Children's Hospital Medical Center, Supreme Court of Massachusetts, 1982. 387 Mass. 152, 439 N. E. 2d 240.

[2] Arato v. Avedon, California Court of Appeal, 1992. 8 Cal. App. 4th 1473, 11 Cal. Rptr. 2d 169.

三个月后病人死亡，病人夫人和子女将肿瘤专家告上了法庭。原告认为，被告违反了一种医生对病人的信赖责任，这种责任要求医生将实质性影响病人权利和利益的所有事实，全部和公正地揭示出来。原告称，假定病人夫妇早点知道病人的真实状况，他们就会以不同的方式来安排他们的事业和个人事务，病人也许会放弃耗时又痛苦的化疗，他们会重新写遗嘱来避免不利的税率，他们会卖掉或者另找人来打理病人的生意，他们不会签署两份需要病人在健康状态下完成的商业交易合同。

初审法院庭审的焦点集中在"告知病人生命期望值"的标准上，也就是告诉病人可以活多久。陪审团认定，肿瘤医生已经告知了所有必要的信息，这些信息可以帮助病人对于治疗方案作出决定；而对其他告知的义务，陪审团并没有得到指令去裁定。

陪审团作出了有利于被告的判定，原告上诉。

在二审时，法官说，医生告知义务不仅仅局限于治疗的危险信息，而是"广泛得足以包括"某些与病人健康无关的个人事务。这些事务可能是研究性的，也可能是商业性的，因为这些事务可能会影响他的职业判断。

但是被告争辩说，医生没有义务给病人提供生命期望值的统计信息，"生命期望值的统计信息"与病人"决定是否接受化疗和辐射治疗"无关。

法官不同意医生的说法。法官认为，没有癌症严重程度和存活率的一般信息，病人就没有办法来明智地评估已经掌握的信息。特别是在治疗具有严重的副作用和最终成功率很低的时候，这个问题更加突出。部分的信息公开可能构成虚假陈述，也可能引起误导，病人不会生活在真空里，他们可能从其他的来源得到不可靠的信息及错误的信息，当病人要求得知真实情况的时候，医生有责任提供准确的和专家性的信息。

法官支持了病人家属，原告应该得到赔偿，这些赔偿不仅包括病人的治疗费用，而且还包括时间的损失和不能够明确推算出来的身体衰弱损失。这个案件中，法官支持了病人。会有争议的是"病人能活多久"，算是影响病人作出治疗决定的"实质性"信息吗？

14 医患关系（四）
——病人的同意

知情同意的另外一个侧面，就是"病人的同意"。在医生与病人的关系中，医生有告知的义务，病人有同意或者不同意的权利。诉讼发生了，"病人同意"经常被医生拿来作为抗辩的理由。

病人同意而免除医生的责任，其中的原理是，每个人对自己的身体有绝对的权利，他可以拒绝医生的任何治疗方案。即使是他得了不治之症，他也有权利选择治疗或者不治疗。如果医生没有得到病人的同意，那么医生就是对病人的一种人身伤害。

经典的说法是美国大法官卡多佐的一个判词。他说，每个成年的、心智健全的人都有权决定如何处理他自己的身体。一个外科医生，未经病人同意就对他动手术，就是在实施一种人身伤害。就英国的情况来看，1993年贵族院确认了这样一个原则，即使最后结果是死亡，一个成年人也有绝对的权利拒绝治疗。

所谓受害人同意，是指受害人同意被告实施某种行为，结果导致了损害的发生。比如，张三练"金钟罩"的武功，也就是要练就刀枪不入的不坏之身，他觉得自己已经练成，就让李四拿刀往他头上砍，以此来验证一下他的武功水平。李四手起刀落，张三头破血流。张三状告李四人身伤害，李四以张三"受害人同意"作为抗辩理由，李四不承担责任。

一般而言"受害人同意"是较充分的抗辩理由，可以排除被告的责任。但是，在实际的案件中，情况没有那么简单，"受害人同意"是不容易确定的事情。

一个法律教授举的开心的例子是：男甲为新相识的女乙准备了温馨晚餐，烛光晚宴加上法国上等葡萄酒。饭后，两人坐在沙发上听着浪漫音乐，品尝着本尼狄克烈性酒和白兰地。戏剧中经常出现的一幕于是发生，男甲挪近女乙，张着嘴深情凝视，接着一个吻，男甲搂住了女乙的脖子。只听得咔嚓一声，女乙的脖子骨折。女乙把男甲告到了法庭，男甲的理由是：女乙同意，男甲免责。

这里的问题是：男甲的所作所为是在女乙的同意下进行的吗？在这种案件中，有时不得不区分真实的同意和非真实的同意。特别是在原告和被告关系特殊的场合，这个问题尤其复杂,这些关系包括:医生和病人,雇主和雇员,以及教师和学生等。

讲一个有趣的案件。[①] 病人去看口腔医生。病人到了医生的办公室后,填写了一份详细表格并签上了名。表格上有这样一段文字:"我同意:只要 xxx 医生觉得有必要,他就可以动手术或者实施治疗。只要他认为对我是最好的,他就可以实施局部或者全身的麻醉。"

检查后,医生建议病人拔掉 11 颗牙,病人也同意拔掉 11 颗牙。几天后,病人到医院签署了"同意手术"的表,其中有这样一段文字:"我授权 X 医生在他的指导之下对我 Y 进行拔牙手术。除了已经确定的手术外,我还同意:当上述医生或者他的副手或助手在手术的过程中,认为确有必要或者的确合理,无论是否可以预见,他们都可以对我进行手术或者治疗。"

手术之前,医生又检查了病人的病历记录,认为其全部 27 颗牙都应该拔掉。结果是,医生在这个手术中拔掉了原告所有的牙。原告以"人身伤害"和"过失"把医生告上了法庭,理由是在没有征得他同意的情况下,医生多拔了他的牙。

医生在法庭上说:在手术前告诉过原告,他全部的牙都

[①] Bailey v. Belinfante Court of Appeals of Georgia, 1975. 135 Ga. App. 574, 218 S. E. 2d 289.

需要拔掉,原告当时的答复是"你是医生"。在这番话之前,原告已经服用过了"手术前的药品"。但是原告在法庭上却说,他并不记得他在手术之前见过医生。

初审法院作出了有利于被告的判决,原告上诉。上诉法院主审法官认为,上诉人的异议是拔牙的数量,而不是拔牙工作本身。上诉人也承认医生拔牙的工作是出色的,而且证据也没有显示医生的手术存在任何的过失,因此,控告医生"过失"不成立。在这点上,初审法官作出了有利于被告的判决,上诉法官认为这并不存在错误。

对于"人身伤害"的指控,法官说,上诉人的理由是医生在没有得到他"同意"的情况下拔掉了他的所有牙,而这就是一种对他人身的伤害。

法官分别作出了分析。原告说他从来都没有同意拔掉他那另外16颗牙;而被告说,原告签署的两份同意表格显示他已经有明确的授权,授权医生进行他认为合适的手术。

法官说,对于第一份同意表格,原告是在没有见到医生之前签字的,因此在医生对他进行手术之前,他都有权利撤销他的授权。陪审团应该认定,医生和病人随后以拔11颗牙的协议,完全撤销了先前的一般授权。

医生争辩说,在拔掉另外16颗牙的时候,他征求过病人的意见,得到的答复是"你是医生"。医生认为这个答复实际上是一种口头的授权,而病人说他在手术前根本就没有见到过医生,而且他也不记得他与医生有过这样的对话。

法官说,这是一个事实的问题,应该由陪审团解决这个问题。陪审团的意见是,对于这16颗牙,上诉人既没有明示也没有暗示同意拔掉。如果他没有同意,那么医生拔掉这16颗牙就是一种"技术性的人身伤害"。法官最后说,因为实质性的事实都存在着冲突的认识,所以初审法官判定被告胜诉是不当的。

最后的结论是:撤销原判决。也就是说,法官认为医生不存在过失;但是可以构成对病人的人身伤害,伤害的原因是未征得病人同意,多拔了他的牙。

在该案件中,还要分析这样几个问题。其一,医生与病人前后签订了两份手术同意书,后一份同意书取代了前一份同意书。而引起纠纷的则是麻醉后手术前的"口头授权",可以思考的是"口头授权是病人的同意吗"?其二,医生和病人对口头授权,说法不一,无法确定的事实,就得请陪审团来裁定。陪审团是社区里的普通人,他们的判断更符合当地普通人的判断,似乎更合乎客观的状况,不带有"专家的偏见"。陪审团认定是病人没有授权并同意,法官判定医生伤害了病人。

病人同意,是医生免责的有力抗辩理由,如果认定病人同意,那么医生不承担责任。

除了病人同意之外,较为弱的抗辩理由,还有"病人自愿承担风险"和"病人的与有过失"。

病人未经医院同意,私自跑回家,最后死在家里,医院承担责任吗?这是典型的"病人自愿承担风险"。也就是病人知道离开医院,有犯病和死亡的风险,但是他自愿承担风险,最后遭到损害,病人自愿承担风险,医院和医生不承担责任。

病人的与有过失,是指病人对自己的损害也承担一定份额的责任,医生的过失与病人的过失混为一体,共同导致了病人的伤害,在这样的情况下,医生对病人的赔偿数额,应该从病人遭受的损害中减去病人自己过失导致的份额。

从医生抗辩理由的效力程度看,力度最大的是病人的同意,其次是病人自愿承担风险,最后是病人与有过失。

15 医患关系（五）
——一般模式

医患关系我们前面进行了四讲，前两讲讨论并延伸讨论了一个复杂的案件，后两讲分析了医患关系中最重要的两个环节：告知与同意。前几次的讨论涉及的法律细节比较多，容易陷入末节。那么，我们换到宏观的角度，从医生构成医疗过失的一般模式，整体上把握如何判定医生是否承担法律责任。

通常，医患纠纷的产生，是基于医生或者医院的过失而非故意，故意导致病人的死亡和伤害，那就超出了医患关系的对应关系，须由国家出面来惩罚谋杀或者伤害的行为。

医患关系涉及私法，或者说私法里的侵权行为法。国家的惩罚就落入了公法，或者说刑法的范畴，后者不是这里要讲的内容。

按照国内法律的分类，医疗过失分为医疗事故和医疗过错。前者是医生或者医院严重的职业过错，属于严重的过错行为；后者则是显著一般性的过错。前者可能导致医院或医生的刑事责任与行政责任；后者只涉及民事赔偿责任。

"过失"是什么？学者们从来都没有过严格的定义和界定，只有一般性的描述，甚至有哲学家的一般原则。过失就是"该做的没有做"，"不该做的做了"，两种情况下都是过失。

我们前面提到的那类不当出生的案件中，本应该给怀孕的母亲做羊膜穿刺的测试，医生没有做，这属于该做的没有做，医生对病人承担过失的责任。在医生拔牙的案件中，未经过病人的同意，拔了过多的牙，这属于不该做的做了，医生对病人承担过失的责任。

但是，"该做的没有做，不该做的做了"，这样的哲学术语过于抽象和一般，不足以解决医疗行为中千差万别的具体问题。仅仅有哲学的智慧是不能解决法律问题的，法律问题需要有更细致的规则。因此，法官在具体的司法实践中，发展出了医疗失当的一般模式。

国内的模式，区分为四个要件：第一，医生或者医院的行为违反了国家的法律、部门规章、行业习惯。这强调被告的"行为"违法性。第二，医生主观上存在过错。这里强调医生的"主观性"。过错包括故意和过失，前面说过，医疗失当不会是故意,只会是过失。第三,病人或者相关人员遭受到了严重的"损害"后果。这是强调原告所受到的损害结果。第四,被告的行为与原告结果之间存在"因果关系"。

在司法实践中,大量的案件集中讨论第一条和第四条,也就是医生的行为违法违规了吗?医生的行为与病人结果之间存在因果关系吗?

第一个问题的难点在于,如何判定医生的行为是否构成医疗事故或者医疗过错。因为医生行为是职业行为,得由专业人员判定,于是才有了医疗事故鉴定。全国人民代表大会及常务委员会制定的《执业医师法》和国务院《医疗事故处理条例》算是中国医疗法律中较为完备的两个法律,在内容和体系上都还比较完整。当然问题也多,如内容庞杂、无所不包、一劳永逸等,从法学的眼光看医疗法律,的确尚处于前文明时代,法律法规尚不成体系、不够秩序,需要重视起来。

第二个问题的难点则是所有案件中不可回避的问题,因为法律上因果关系的处理太难了,这是世界性的难题。

张三在加油站里抽烟,结果导致了汽油的爆炸,爆炸的原因是什么?张三承担爆炸的责任吗?科学家的看法,哲学家的看法和法学家的看法,都是有区别的。科学家的看法是,爆炸是氧气遇到火燃烧后发生爆炸,与张三没有关系。哲学和社会科学则认为,人类的现象不能仅仅从自然来解释,而要把人为的因素考虑在内,张三抽烟明火,加油站汽油挥发,都是爆炸发生不可缺少的条件。但是,条件也不足以构成原因,只有充分必要的条件才是结果发生的原因。法学家则说,哲学家解决不了问题,因果关系不仅仅是充分必要的条件,有时候一个条件就促发了事故,因果关系并不存在。人类社会充满了偶然性,张三与李四发生纠纷,双方都是事故发生的原因,因为任何一方缺席,事故都不会发生。

按照哲学家的解释,则会导致蝴蝶效应:一个小小的事件,无限放大后产生严重的后果。美国西海岸的一只蝴蝶颤抖的翅膀,使空气震动搅动了海水,最后引发了日本的海啸,蝴蝶颤动翅膀是海啸的原因吗?把条件当成原因,法律会伤及无辜的人,法律上的因果关系要限制哲学上的因果关系。

这样,法学家们区分出各种类型的分析因果关系的模式。比如条件与因果关系,实质性的因果关系,加重的因果关系,复合的因果关系,因果关系的中断。更实用的是区分事实上的因果关系和法律上的因果关系。其实,我更愿意介绍英国与美国的分析模式,毕竟在侵权法和医疗失当法律中,英国与美国走在了世界的最前沿。

英国法和美国法把过失的侵权行为区分为四个要素,这里联系到医患关系的点,分别予以介绍。

第一,医生对病人或者原告有"注意的义务"。病人到医院就诊,医生承担安全保障的义务,自在情理之中,但是注意的范围和程度，依据不同的情形，各不相同。

在以前介绍的案例中，医生误诊妻子，医生对妻子有注意的义务，这个没有问题；医生对丈夫是否有注意的义务，则肯定有争议。因为丈夫并不是此案中的病人，通常情况下，医生对丈夫是不承担注意义务的。只是特殊的病种病源，让医生对丈夫承担了注意的义务。

医生和护士外出旅游，旅游过程中有人发生突发事故，溺水窒息。在这样的情况下，医生与护士对溺水者有没有注意的义务呢？医生护士要不要实施救援呢？如果注意义务存在，医生护士就有义务伸手相救。进一步，医生和护士已经伸手救护，但是判断失误，操作失当，加重了溺水者的病情，溺水者或者他的家属是否可以状告医生"医疗过失"呢？这个时候医生护士可以称自己对溺水者"没有注意义务"吗？

第二，医生对病人"实际上尽到注意义务"了吗？在诊断和治疗过程中，医生是否尽到注意义务，是一个专门的医学问题。通常的标准是一个中等医生的水平，在三级甲等医院，是三甲中等医生的水平；在社区医院，是社区医院的中等医生的水平。这样的区分，国内做得不够，我们不能够要求一个乡村医院的医生达到三甲医生的标准，特别是在疑难病症问题上。

专家构成的鉴定机关这时候就要出场了，其角色就类似于医疗职业团体的共同标准和尺度，后面的篇章会专题讨论这个问题。在具体的案件中，也要区分具体的情况，分别判断。比如，一个癌症病人住院治疗，家里安排了护工，病人半夜跑出了医院，投河自尽，病人家属状告医院，称医院没有尽到注意的义务。这个案件发生在北京。

再比如，一个胰腺炎病人，反复住院，疼痛难忍。一天晚上私自游走，从医院高楼上坠下身亡，病人家属状告医院。这个案件发生在广东。

上述两个案件有类似的地方，也有不同的地方。类似的地方是，病人趁人不注意，晚上自行了断；不同之处在于，一个死在医院外，一个死在医院内。法官判定的时候，不认同医生对他们未尽到注意的义务，但是以公平公道的名义，判定医院给病人家属补偿。

第三，医生过失行为与病人的损害结果之间存在"事实上的因果关系"吗？最简单的尺度，就是套用一句话，看这句话是否成立，"如果不是医生的过失行为，病人的这个结果就不会发生。"在梅毒案件中，就是这样的，"如果医生没有对妻子误诊，那么丈夫就不会身心受损"，命题成立，事实上的因果关系建立。

重症病人来到医院，医生检查后觉得已无药可治，治疗也是浪费医疗资源，病人从半夜12点到早上7点躺在病床上，无医生护士看顾，病人身亡。医生的不作为与病人事实上的因果关系是否成立？"如果医生救治，病人就不会死亡。"

命题不成立，事实上的因果关系不成立。

第四，医生过失行为与病人损害结果之间存在"法律上的因果关系"吗？法律上的因果关系会考察"医生对于病人的损害结果可以合理地预见到吗？"可以合理预见，法律上的因果关系成立，不可以合理预见，法律上的因果关系不成立。

医生开药，病人吃药后犯困开车，发生车祸。医生对于病人的损害是可以合理预见的。医生误诊妻子，丈夫伤心，开车撞了路人，医生对丈夫撞路人是不可以合理预见的。当然，合理预见的标准，是这个社区里面普通人的标准，既非圣贤，又非愚笨，在医疗案件中，则强调相当水准医师的判断水平。

四个条件全部满足，医生承担医疗过失的责任；缺少一个，过失不成立。

16 医疗纠纷中的标准（一）
——专家证人的资格

本篇我们讨论新的主题，医疗纠纷中的标准问题。这里不涉及管理标准和立法标准，我们只谈医疗司法纠纷中的标准问题。

法律是什么？法学家争论了几千年，也没有统一的答案，只有大体的共识。[①] 法律包括如下几个方面的内容：

第一，法律是"规则"或者"规范"。法律结构是，"行为模式"加上"法律后果"。比如，医院或者医生骗取医保资金（行为模式），判处多少钱的罚金或者多少年的有期徒刑

[①] 参见庞德：《法学肆言》，载《庞德法学文述》，雷沛鸿译，中国政法大学出版社2005年版，第76页；庞德：《通过法律的社会控制》，沈宗灵译，商务印书馆1984年版，第22页；德沃金：《认真对待权利》，信春鹰译，中国大百科全书出版社1998年版，第18页。

(法律结果)。

第二,法律是"原则"。爷爷写遗嘱,死后把财产送给孙子,孙子想提前得到遗产,杀了爷爷。孙子说可以因为谋杀进监狱,但是依遗嘱法他应该得到遗产。法官撤销了遗嘱。因为法律的原则是,任何人都不能够因为错误的行为反而获得利益。

第三,法律是"公共政策"。病人告诉精神科医生,想杀自己的女同学,医生是否应该通知那个女同学或者她的家属?在病人隐私和他人生命之间,法官应该通知潜在特定的受害人,这是公共政策。

第四,法律是"标准"。某人的邻居家来了乡下的老母亲,带来了一只大公鸡,每天上午五点打鸣,某人状告邻居说他们噪音骚扰。邻居说,他妈妈在农村养了几十年的鸡,没听说过,养鸡还会成被告,而且,公鸡打鸣天经地义,何有违法之嫌?公鸡打鸣是噪音吗?这就涉及法律中的标准。

前三种,法律是规则、原则、公共政策,都涉及人文和判断;后一种,法律是标准,更多依赖科学和技术。在涉及科学和技术较多的法律领域,法律的标准就尤其重要,医疗法律和医疗纠纷,应该属于此类。

医生的诊断和治疗违反了医生的注意义务吗?医疗失当应该承担侵权责任,还是合理风险应该免予侵权责任?非医学专业人员不可以判定,因为这是职业活动。医生的职业活动是否专业，需依赖专业的判断，其中的专业判断，就是医疗中的标准。那么，医生充当医疗专家证人的标准问题，是值得我们去探讨的问题。

理论上讲，民事关系中，当事人出具的鉴定居多，官方机构介入不是一个好的选择。但是中国的问题是，许多机构和鉴定人员是官方或者半官方机构及其委托或钦定的人员。比如卫生主管部门，各省市的医学会等。官方机构介入到民事主体的平等关系中，打破了私法中的平等，产生了更多的猜疑。当然，这与我国的司法制度有关。

通常，现代司法制度有两大类型。一是源自罗马法和寺院法的纠问制。我国采用了这种模式。以司法审判机关为中心，司法机关要掌控全局，以查清事实真相为目标，对官方权威倚重过大，司法机关有调查的权力。河南罚单事件与这种司法权理念有关。

二是英国美国的对抗制。法官完全是消极的角色，当事人自己寻找自己的鉴定人员，法官的任务是辨明和采信他认为可信的证据，包括专家的鉴定。最多，法官可以应当事人的要求，审查专家证人是否有资格充当专家证人，提供专家观点。

医疗案件不同于一般民事案件的地方是，要判定医生是否达到合理注意的标准，专家证人的观点就显得尤为重要。但是，在具体案件中，差异性也存在。

我们看几种假定的情形，原告聘请的医疗专家，有的会被法院认可，有的不会被认可。

情形一，原告方专家是心脏病医生，被告是整形外科医生。法院认可原告专家，虽然心脏科不同于外科，但也可以充当证人，因为原告方提供充分的证据，证明了他在该案中涉医方面的能力，可以对抗被告医生的观点。

情形二，原告被注射引产药后，心脏停搏，大脑缺氧损坏，她状告产科医生、医院和药商。原告聘请急诊和内科医生当她的专家证人，该专家从来没有做过产科医生，也没做过流产手术，他没使用过引产药，也没见过他人使用过，他不熟悉这种药的副作用。但是，陪审团同意他做原告的专家。被告医生上诉，认为原告专家不具备资格和能力。上诉法院认为，原告专家不具备资格，因为他不熟悉被告医生的业务，不知道被告医生的注意标准，否定他不是因为他不是产科医生，而是因为他缺乏本案医学问题的训练和经验。

情形三，母亲产后流血，怀疑是子宫胎盘组织残留。原告聘请的专家是儿科大夫，此大夫对产科的了解，还只是停留在医学院里阶段，她从来没有过治疗产后流血的医疗实践。被告医生异议，法院认可了被告的说法，否认她有资格充当证人，称原告专家不能够达到产科专家设定的注意标准，不能证明显然过失的医疗失当。

这些例子提出的问题是，充当原告的专家证人，有资格的标准究竟是什么？我们通过一个具体的案件来考察。

原告在交通事故中受伤，左腿手术后感染，诊断为骨髓炎后被截肢。原告称由于被告的过失导致其左腿截肢。被告为三位医生，一名专业执业医师，主攻整形外科和普通外科；一名整形外科；一名普通外科。原告请一位医生当自己的专家证人，该医生是专业执业医师，专长为内科和传染病。被告三位医生提出异议，认为原告请的医生不适合充当本案的专家证人。随后，就原告所聘医生是否有资格担任专家证人，举行了听证会。听证会后，一审法院支持被告，不认可原告所聘医生充当专家证人，因为他的专长与被告的医学专长不匹配。原告上诉到了州最高法院，州最高法院支持了原告。[①]

法官设问：要测定被告注意的医学标准，原告的专家是否也要与被告的专业属于同一领域？本案中，原告请的是传染病的专家，被告的专长是整形外科和普通外科，他们治疗的传染病骨髓炎，原告的专家并不擅长。

但是法官说，要证明一个专家医生的资格和能力，法院确立了一些必要的条件：

第一，该医生必须是所涉相关专业的医学院的执业成员，

---

① Johnny Jones et al. v. Richard O'Youngy, M. D., No.73463 154 Ill. 2d 39；607 N. E. 2d 224；180 Ill. Dec. 330, 1992.

有时候强调双方来自同一医学观点的医学院，因为医学问题，不同学派的医生看法和治疗方式不一样，要判定被告医生的医术是否恰当，得需要"同道"医生来判断。有趣的衍生的中国问题是，如果西医被指控医疗过失，中医大夫能出具专家意见吗？

第二，专家证人必须熟悉被告医生所在社区和相似社区通常遵守的方法、程序和治疗。一旦基本条件满足，法院就有权利决定，这个医生是否有资格和能力去发表专家观点。法官说，专家是否合格，不是看他是否与被告同属一个专业团体的成员，而是看他所提出的医学观点是否在他的知识和观察的范围之内。

如果原告不能满足基本要求，审判法院就可以否定专家医生的证人身份；如果法院认为专家是合格的，被告就要让陪审团审查他证词的强弱和他的证明能力。在交叉质问阶段，被告有机会去挑战专家的资格和他提出的观点。法官说，不给原告专家机会，会打破对抗制诉讼的必要平衡，得不偿失。

对抗制的诉讼体制，就要求诉讼双方的医生平等地辩论和对抗，双方表达各自的观点和论据后，法官和陪审团才可以不偏颇地作出判断。这就是英美诉讼对抗制的优点吧。当事人各请各的专家证人，法官只做中间人，最多会对当事人请的专家作出资格论证。

反观大陆法系的纠问制，法官积极干预医疗鉴定，不好的地方是会引起病人的不满，怀疑鉴定机构袒护医生和医院，在病人和医生不平等基础上的进一步不平等，严重的会导致医闹，在这个意义上，英美的制度有可称道之处。

但是，英美的制度也有其他的问题。病人请自己的专家是要自己花钱的，在金钱面前专家是否能保持中立，不受到金钱的诱惑，也值得怀疑。

退一步讲，原告的医生拿钱为原告提供专家证言，也会削弱专家证词的证明力。如果是法院指定的医疗鉴定机构，则可以避免或者缓减原告专家证人"违心"的嫌疑。

这里，原告证人的委托人权威不同，给法庭带来的证明力也不一样。法院指定和原告聘请，虽然两种情况下专家证人都会收取报酬，但是对当事人产生的影响是不一样的。特别是中国这样一个有着依赖政府权威传统的国家，官方指派的证人和当事人自己聘请的证人，形式上是一样的，但在实际诉讼中，证明力还是有区别。

17　医疗纠纷中的标准（二）
——医生的注意标准

本篇涉及的法律问题是医生的"注意标准"。

"注意"一词，与中文日常语言有点距离，或者来自日本法学词汇，或者来自中国台湾地区的法学名词。"注意"就是care，有关注、关怀、关心、看护、关照的含义，就是说医生在诊断和治疗过程中，要保持何种勤勉的程度，才算达到一个专业人士的职业标准？

前面等篇章中我们谈过在医患关系中，医生的行为是否达到职业标准，是否免于医疗失当的责任，要看四个要素：注意义务，尽到注意义务，事实因果关系和法律因果关系。四个要素其实都是围绕一个问题在讨论："医生的职业注意标准如何界定？"医生诊断和治疗达到医生的"职业要求"了吗？

如果这个人是专门职业的从业者，那么当他们从事其职业活动的时候，就有他们自身的过失标准，就也是一个同类职业者的中等标准。这里涉及侵权行为法中，一般主体和特殊主体之间的差异。从这个意义上讲，医疗过失是侵权法中的特殊法，医疗过失除了遵循侵权法的一般规定外，还有自身的标准。

我们说，一般侵权法中，被告是否构成侵权，要看行为人的行为是否具有"道德上的可谴责性"，社区里的普通人认为被告行为为社区人们所不容，被告的行为就是应该受到谴责的，是不当的，是应该判定给受害人赔偿的。

道德的可谴责性，就引申出侵权法中的一个核心术语——"理智之人"。被告行为是否具有道德可谴责性，就要看一个理智之人对此如何判断。这个理智之人是一个虚拟的人，非大智大善，也非愚笨顽劣，是一个中等智商带有地区善德伦理观的人。理智之人的判断，就是包括原告与被告在内的同类人的判断，同情判断，也算是法律中的民主和地方自治吧。

侵权法是私法，是人类社会生活的基本形式，法律合乎特定区域人们的习俗，是法律得以遵守的最佳形式。理智之人与陪审团制度的确立，都是这种背景下的产物。理智之人的简单例子，是说被告将晾干的草料放置在厨房外灶房旁，冬天风起，厨房飘出的火花点燃了草料，失火烧了邻居家的房子，被告被诉诸法庭。法庭上，被告的辩护人称，被告智力低下是个傻子，不能够意识到干草放置在灶房旁边的危险，因为低智商所以不应该承担责任。法官没有支持被告，称法律的标准是一个理智之人的标准，不能因为被告智力低下而降低法律的要求。

将理智之人的标准应用到医疗案件中，理智之人的标准就变成了"理智之医生的职业标准"。一个医生的医疗行为是否达到法律要求，就要看他的医疗行为是否合乎同等状况下其他医生的行为标准。

如同上篇谈的主题那样，医疗专家的鉴定要有证明力，就必须是那个行业"一般被接受的标准"，而不仅仅是这个专家的"个人意见"。专家的理解不同，经验不同，他所设定的医疗标准也不相同。

我们来看一个真实的案件。[1] 被告是一位医生，他要动手术切除原告的甲状腺。切除甲状腺的危险是会使再生的喉部神经受损，因为再生喉部神经穿过甲状腺，神经受损可能会导致病人失声。解决这个问题的一个方法是发现这些神经，并在切除甲状腺之前分离它们。

本案中，原告以前接受过手术和治疗，结果出现了许多

---

[1] Walski v. Tiesenga, Supreme Court of Illinois, 1978.72 Ill. 2d 249, 21 Ill. Dec. 201, 381 N. E. 2d 279.

结疤组织。于是，被告没有去找这些神经，而是做了一个广度的切除，以避开神经可能会出现的区域。结果，被告切除了那些神经，原告的声带萎缩。

一审法院判定被告医生胜诉，上诉法院维持初审法院的判决，最后本案上诉到州最高法院。原告聘请的专家提供了医学意见，原告专家检查了原告，发现原告的声带萎缩。他说："我觉得可以接受的实践标准是，在任何情况下，医生都必须确定和保存再生喉部神经。"他认为，在手术中存在着各种选择，但是，在再生的喉部神经左边迂回，不是一个合适的选择。同时他也说，他的看法是基于"个人意见"，而不是一般性的结论。

在法庭对质阶段，被告方律师问原告聘请的医生：有没有外科医学院告诉学生，当碰到粘连物的时候可以迂回神经？原告聘请的医生的回答是："我所在的医学院没有教过，但是我不知道别的医学院或者其他培训中心怎么样，我只能够代表我自己发表我的看法。"

被告律师向原告医生读了一段医学教科书上的话，这段话是说，"故意暴露喉部神经"问题在医学界存在着大量不同的看法，教科书的总结是，在每个手术中，医生应该发现最适合他自己的方法。原告聘请的医生说他不完全同意这个说法，但是他也表明"是否暴露神经"决定于手术情况、他所使用的技术和他注意的程度。

当事人辩论之后，大法官说，医疗失当诉讼中的一个重要因素，是衡量医生行为的"注意标准"，原告必须要通过专家的证词来一般地确定这个注意的标准，原告要证明依照这个标准，医生是笨拙的和过失的，而他的笨拙和过失使原告受到了伤害。当然，如果一个外行都能够看出医生或者推断出医生明显存在着过失，那么也是判定医生过失的标准。

前者称之为医疗专家证词标准，后者称之为"普通常识"标准或者"拙劣过失"标准。大法官说，为了保证专家证词更加准确和更加有效，在法庭上有必要对专家的证词进行审查。因此，专家的鉴定是可以质疑的证据，本身不是实质性的证据。

本案中，原告指出他的专家证词应该是实质性的证据，但是大法官不认可，原告有义务来证明被告医生是医疗失当，但是他没有成功地证明这一点。原告聘请的专家医生只是提出了他自己对这个问题的看法，而没有提出一个可以普遍接受的医疗注意标准或者技术标准。反观被告医生的证词，他却成功地确立了这个注意的标准。他说，原告事前做过甲状腺手术，接受过治疗，因此，分离她的喉部神经不是一个明智的做法，更保险的方法是避开喉部神经可能出现的区域。

对此，另外一名医生也同意被告的说法。对原告专家证词，被告称切除甲状腺之前，确定和暴露再生喉部神经，只是一个一般性的前提，但是，面对一个曾经做过手术和接受过治疗的病人，这个一般的前提并不总是好的和应该遵循的程序。

大法官总结说，原告仅仅举出一个医生的专家证词，据此称被告医生的做法不同于这个医生的做法，这是不够的。因为医学不是精确的科学，它更像是一种职业，这个职业注定了在既定程序的框架内，要应用个人的判断，不同的意见可以并存，也都可以称之为尽到合适的注意义务。基于上述的理由，大法官的最后结论是维持下级法院的判决。

我们在这个法院的判词中，发现了"医学是不是'科学'"的说法。多数法官看来，医学如同法学一样，他们都不是科学，而是一种职业，因为他们都是经验的积累，需要他们的观察和判断。

这就回到了我们曾经讨论过的话题："医学是科学吗"？比较于一般道德哲学来说，医学的法律问题是科学，道德是主观的、模糊的，而医学是客观的、清晰的。

比较于物理、化学来说，医学的法律问题离科学很远，自然科学不因为人的主体差异而不同，而医学则因为不同的主体，判断的结论不同，医生的注意标准就属于这一类。中庸的说法可以是，医学法律问题是带有浓厚主观色彩的客观科学。因此，医生的注意标准就是同时带有主观色彩和客观依据的标准。

由此，我们的注意点还可以延伸到医生职业团体标准的社会效果。医生是形成了自身特点的群体，不同于普通人，特殊团体有特殊的思考模式和行为标准。一个方面，医学人员的联合与交流，保持自身的行为标准，使医学的总体水平得以提升；另外一个方面，也有可能职业人员联合起来"欺负"职业外的人员。这也印证了哲学史上的那个名句：知识就是力量。

这是17世纪以来的通说，到了20世纪，人们更加相信知识的社会效果，认为知识就是一种权力。这种知识权力的掌握者，被称为知识分子，他们暗地里支配着社会。在这一点上，医学专家与法律专家的作用是一样的。从他们所观察到的"真实"世界中，他们发现了某种规律，随之发明了一系列的名词、术语、概念和方法。

然后在医学院和法学院传授这种知识，这种知识构成了"第二种人造的真实"，以区别于"第一种自然的真实"。在这些专业人士解释这些"事实"的时候，实际上就建构出了新的制度，并把新的制度看成是理所当然的事，在这个过程中，他们支配着这个世界。

这种说法比较"偏激"和"怪异"，但是也有它的道理。这些观念源于后现代的知识分子，他们反对现代化带来的种种不公和丑恶。如此看来，医生也会或主动或被动地成为现代社会某些社会问题的"帮凶"。

18 医疗纠纷中的标准（三）
——证明标准

前两讲讨论了被告医生自证自己的医疗达到了合理注意的程度，也讨论了原告为了证明被告未尽到注意义务而聘请的医生专家。现在的问题是，并不是每个原告都请得起医生来为自己证明，或者他觉得事情过于明显，不需要聘请专门的专家来证明。在这种情况下，法律如何来设定标准，判定医生是否存在过失呢？这是现在要讨论的问题。

英国功利主义创始人边沁曾经说过：法庭的艺术就是如何应用证据的艺术。原告控告被告，就要拿出证据来证明：是被告伤害了原告。这在法律上叫作：谁主张权利，谁就要承担举证的责任。

原告拿不出证据，他就不能够指望法官判定被告承担损失。我们通常的口号是：以事实为根据，以法律为准绳。举证的目的，就是要在法庭上弄清案件的真相。

但是，这只是一般规则，有规则就有例外。我们常说，医生/病人，学生/老师，雇主/雇员，制造商/消费者，政府机关/普通市民之间，双方在专业知识、信息资料、经验财力等方面都处于不平等的地位。让地位劣势的原告拿出证据来证明地位优势的被告存在着过失，并不是一件轻松的事情。在这样的情况下，法官们创造了新的法律规则，其中之一就是这里要说的"事物自道缘由"。

最简单的例子是，病人左胳膊受伤，到医院动手术，从手术室出来之后，左胳膊好了，右胳膊却又伤了。手术室里发生了什么，让右胳膊受伤，原因不明，但是医生存在过失，不难推断。在这个原则下，不再是由原告来承担举证义务，证明医生过失；而是反过来由医生来证明自己不存在过失。这个制度，在程序法上称为"举证责任的倒置"，以更好地保护处于不利地位的原告。环境污染案件和行政诉讼案件，经常采用此法。医疗过失案件，在特殊情形下，也适用此法律原则。

我们从具体的案件入手考察。[①] 原告找医生 A 看病，医生 A 诊断出他患阑尾炎，需要做切除手术。医生 A 安排另外

[①] Ybarra v. Spangard Supreme Court of California，1944，25 Cal. 2d 486，154 P. 2d 687.

一名医生B为原告动手术。这个医院归医生C所有并由他管理。原告到了医院，医生A和医生B给他皮下注射，使他入睡。医院护士A用轮椅将原告推进手术室，安排手术前的准备，让他躺在手术床上。原告称，在他平躺着的时候，他肩上部、脖下一英寸处顶着两个坚固的物体。医生D给他使用了麻醉药，原告失去了知觉。原告次日上午醒过来的时候，发现照顾他的护士是护士B。原告称，手术前他右手臂和肩膀从来都没有受过伤，也不疼痛。但是当他在医院里醒来的时候，他肩部和脖子之间处剧痛。他向护士和医生A诉说此事，医生A给了他一些治疗。但是，疼痛不仅没有停止而且蔓延到手臂的下部。出院后，情况变得更糟。他不能够转动或者抬起他的胳臂，后来肩部周围发展成了肌肉萎缩和麻痹。他还从医生A那里接受治疗，后接受医生B的建议，他带着夹板工作。医疗证据表明，他的疼痛来自肩和脖子之间的外伤、压迫和拉伤。原告将医生A、医生B、医生C和医生D，以及护士A和护士B告到了法院。一审法院得出的判决是：原告提起的诉讼不成立。

原告上诉，上诉法官认为，原告的理由是：本案应该适用"事物自道缘由"的原则，因此下级法院的判定存在错误。被告的立场是：原告受到的损害是事实，但是，他不能够证明是哪一个特定的被告或者哪一个特定的器械造成了他的损害。

法官认为，失去知觉的病人在手术台上受到损害，如同火车旅客在铁路事故中受到伤害，或者行人因为坠落物受到损害，或者受到爆炸物伤害的情况是一样的。在这种情况下，应该适用"事物自道缘由"的原则。因为在这种情况下，除非医生和护士自己承认，受到损害的病人永远也不知道谁造成了他的伤害。要保证避免不公正，法院就要启动一种近似于绝对的责任。法官说，基于这样的考虑，本案件应该适用"事物自道缘由"的原则。

对于被告的看法，法官认为，在一个现代的医院里，病人可能受到不同人的不同方式的看护，他们之间也存在着各种各样的关系。比如在本案件中，医生A是诊断医生，医生B是手术医生，他们两个在法律上具有独立的法律人格。医生D是麻醉师，护士A是护士，他们两个是医生C的雇员。关系虽然复杂，但是他们中的任何一个人都应该对病人尽到通常的注意义务，以使病人不受到不必要的伤害，有过失的人都要为他们的失职而承担责任。伤害他的人要为其伤害行为承担责任，负责照看他的人因其失于照顾而承担责任。雇主要为他的雇员承担责任，负责手术的医生要为手术中辅助人员的过失承担责任。一些被告要被认定承担责任，另外一些被告会免于承担责任，即使如此，也不能够排除适用"事物自道缘由"的原则。每一个被告因此都要解释他自己的行为，承担自己没有过失的举证责任。如果要求失去了知觉的病人来认定谁或者哪个器械造成了他的损害，那显然就是不合理的。

法官说，在失去知觉的情况下，病人在接受手术的过程中受到了严重的损害，因此，负责照顾他和控制器械的所有被告都应该对自己的行为作出解释，从而确定他们是否承担过失的责任。最后的结论是：撤销原判决。

这个案件较为全面地解释了医疗过失案件中"事物自道缘由"原则。一位法学家形象地将这个原则表述为："某些间接证据非常充分明显，如同你在牛奶里看到鳟鱼一样。"通俗的说法是"事件本身就说明了问题"。

在英国，最早确立这个原则的案件发生在1865年。在那个案件中，原告站在被告的仓库门口，被告的一袋糖落下砸在原告身上，原告受伤。原告提起侵权之诉讼，初审法院作出有利于被告的判决，因为没有证据证明被告存在着过失。原告上诉，法院重新审判，支持原告。法官认为，从整个案件的情况看，事件处于被告的支配之下，如果管理得当，就不会发生损害。这个时候，不是要求原告来证明被告存在着过失，而是要求被告自己证明不存在过失。此后，事物自道缘由成为法律的一个基本原则，通行于英美法律。

按照英国学者的看法，适用该原则的基本要件有：

第一，发生损害的事件完全在被告专门的控制之下。比如，病人失去知觉，由被告们摆布。第二，如果被告不存在过失，那么原告通常不会受到损害，比如，在正常的情况下进手术室，没有受伤的右臂通常不会受伤。第三，对事件没有其他的解释，如果事实清楚，那么唯一的问题只是：是否可以推演出有无过失。

19 医疗纠纷中的标准（四）
——生存概率与医疗过失

此篇的主题是，病人就诊后死亡或者病情更加恶化，是病人自己的疾病导致了他的死亡，还是医生过失导致了他的死亡？原因不明，统计学上的概率可以推论出死亡的原因吗？

病人生病入院，医生不积极检查和治疗，最后导致病人病情恶化或者病人死亡。病人及家属说，是医生不负责任；医院说，病情恶化或者病人死亡，是病人自身疾病的自然结果。医生的不作为是一种过失吗？医生要赔偿病人吗？这是这类案件需要回答的问题。

把这个问题纳入到医疗过失的框架内，提出的问题是：病人死亡与医生的不作为存在事实上的因果关系吗？如果从医疗标准的角度看，那么这个问题就转化为：病人存活率达到何种程度的时候，医生就有救助的义务，存活概率在法律上的意义是什么？

我们先看一个案件。[①] 病人半夜头疼，她丈夫把她送进了急诊室。医生们认定是急性神经外科问题，也许是颅内出血。大约凌晨3点半，她接受了CT检查，4点住进了医院，而后入住重症监护室。7点40分，病人休克，被认定为脑死亡，但生命体征继续维护到次日，直到她再次休克被宣告死亡。

从上午4点她被许可进入医院到她脑死亡，没有一个医生来探视过她，而CT检查结果表明，她不是脑出血，而是一种炎症，验尸则表明她患有脑膜炎。原告聘请的医生说，3点半左右所做的CT表明是脑肿大，在这以后半小时内应该进行及时的治疗，需要做一个腰椎穿刺。如果死者得到及时准确的诊断和合乎标准的治疗，她有40%的存活机会。他总结说，没有按照CT的结果进行腰椎穿刺手术，没有及时和积极地对大脑消肿，就违反了注意的义务，患者的病情就不可逆转。

按照原告聘请的医生的说法，脑膜炎的存活率是40%，但是因为医院的过失这个机会丧失掉了。死者丈夫对医院提起了诉讼，初审法院作出了不利于原告的判决，原告上诉。

上诉法院法官认为，这个案件涉及所谓的"松弛"的因

[①] Fennell v. Southern Maryland Hosp. Centre, Inc. Court of Appeals of Maryland, 1990. 320 Md. 776, 580 A. 2d 206.

果关系问题，这是一种新的诉讼形式。这种诉讼形式是讲，在医疗失当的案件中，如果病人存在着存活的实质可能性，而医生的过失导致了病人的死亡，那么病人可以得到赔偿。这种诉讼可以称之为"生存机会丧失"的损害赔偿。

法官说，无论是在法律实践上，还是在法学理论上，对于这种诉讼形式是否成立，存在着不同的看法。

持肯定说的学者和法官认为，不管被告的行为是否导致了死者的死亡，只要他使死者丧失了生存的机会，那么这种机会所生之利益的丧失就应该得到相应的补偿。死者生存机会可以是50%，也有可能是40%，对死者方的赔偿依赖于他的年龄、健康和挣钱能力。

持肯定说的另外一种说法是，这不是一种新的诉讼形式，而是传统形式的发展。按照传统的原则，此类案件要求有注意的义务、违反义务、因果关系及举证责任。而这种案件则要求进行新的定义，这就是如果生存机会是实质性的，而这机会也丧失掉了，那么就应该给予补偿。

持反对意见的则认为，对生存机会丧失的补偿，是基于一种统计学上的概率，这种统计学上的可能性计算与传统侵权行为法的规则存在着冲突。按照传统的侵权行为法，当一个人的生存机会低于50%时，他得不到赔偿，因为死亡的原因是事前存在的癌症，而不是医生的过失。

本案的法官倾向后一种看法，他说法律不允许仅仅基于概率来判定赔偿。法官不愿意放弃传统侵权行为法因果关系的规则,而去创造一种新的侵权行为形式。

但是,这种机会丧失方法,在审判中,特别是对陪审团而言,存在着困难。在这类案件中,交给陪审团的证据,都是些可能性和统计学上的数据。在审判中使用这些证据又是不可信任的、误导的、易受操纵的和令陪审团迷惑的。法官说,传统的侵权行为也依据概率,比如病人死亡的概率是49%,医院就存在过失,病人可以得到赔偿。反之,病人死亡概率是51%,医院不存在过失,病人就得不到赔偿。这里强调的是疾病导致了死亡,而不是医疗过失导致了病人的死亡。赔偿必须要求有占优势的证据,如果死亡是由疾病所致,而非过失所致,那么就不存在着赔偿。而且,如果采用这种生存机会丧失的诉讼形式,无疑会增加医疗失当的诉讼和医疗失当保险的成本。最后的结论是维持原判,支持了医院。

这类案件的难点之处在于:如何确定医院过失与病人死亡之间的因果关系?

按照传统的侵权行为法,因果关系包括事实上的因果关系和法律上的因果关系。病人死亡是由于他的疾病,还是由于医院的过失?如果用"如果不是……"尺度衡量,也没有明确的结果,或者说结论是模棱两可的,在实践上有时难以确定,在理论上也难以解释。有学者分析,如果病人生存概率超过51%,医院的过失成立,可以构成病人死亡的事实上的因果关系,法律上称为"占优势的尺度"。

在英国,1987年曾经发生过一个类似的案件。[①] 原告摔倒,去医院看病,医生用X光检查他的膝盖,但是没有检查他的臀部。五天之后,他重返医院,检查出了臀部的伤,发现臀部关节已经变形。因为医院五天前没有发现这处伤,原告称由于医院的延迟,使他臀部关节变形,他对医院提起诉讼。医院则称,臀部变形是由于原告摔伤的结果,而不是医院的过失造成。也就是说,原告的损害与被告行为不存在因果关系。

一审法院作出了有利于原告的判决,判定医院的过失导致原告25%的康复机会的丧失,上诉院支持一审法院的判决,原告上诉到了最高审级贵族院。贵族院认为,这是一个因果关系的问题,而不是一个损害的比例问题。这里需要原告证明,是因为被告的延迟才导致了他臀部关节变形,如果原告不能够证明这一点,他就不能够得到医院的赔偿。

但是,关于"机会丧失"在法律上的地位,贵族院没有作出明确的回答,这里,贵族院还是倾向于将这个问题停留在过失侵权的范围之内,不承认"机会丧失"是一种独立的侵权形式。不同于美国法的地方是,英国法认为医生的不作

---

① Hotson v. East Berkshire Area Health Authority,[1987] 2 All ER 909.

为有可能是病人病情恶化的事实上的因果关系。另外不同的是，在这类案件中，贵族院把举证责任给了原告，让原告来证明被告的过失。

概率在法律中的应用，是个很有趣的问题，在民事案件中，可以是一个参考性的标准；在刑事案件中，则从严把握。我们看几个具体的例证。

案例一，原告在高尔夫球场附近行走，一只高尔夫球飞过栅栏，击中了原告的眼睛，原告状告高尔夫球场。查看历史记录，25年时间里，高尔夫球被击打出球场发生过4次，伤人的概率很低。法官没有支持原告。

案例二，原告后半夜开车，被迎面而来的大车撞击，大车逃逸。原告第二天去调查，发现公交车时刻表上，发生车祸的时候，正好有这家公交公司的车经过事故发生地。原告状告公交公司。法官没有支持原告，理由是，概率不能够当作因果关系。

案例三，银行半夜发生抢劫案，目击证人说，抢劫发生时，看见一金发女郎和一黑人男性从现场开车离开。警察后来发现了一对金发女郎和黑人男子，当作犯罪嫌疑人将其逮捕。在法庭上，双方都拿不出充分的证据，检察官拿出了数学家的计算结果。数学家称，在这样的情形下，判定金发女郎和黑人作案的概率很高，失误率在千万分之一。但是，法官没有采信，称法律问题不能够用概率来证明，宣告嫌疑人无罪。

20　医疗纠纷中的标准（五）
——转院标准与地区标准

转院标准与地区标准，这两个标准放在一起不一定合适。但是两者都涉及医疗活动中具体的标准问题，因为有地区的差异，所以病人要转院。

我们先看转院标准。

如果我们把医患关系理解为医生与病人间纯粹的经济关系，那么医生拒绝病人是医生的自由。如果我们把医患关系理解为职业机构与客户的公共服务关系，那么医院拒绝病人可以构成一种侵权行为。在早期的英国普通法中，酒店拒绝住店的客人，酒店要承担责任。

同理，早期的医院是一种慈善机构，它是没有理由拒绝病人的。一旦医院脱离了慈善机构的性质，医院是一个自负盈亏的实体，或者是商业的私人医院，医院拒绝病人就有了行为的正当性。

这是从医患关系的外部来考察,如果从医院内部来考察,医院设备和技术达不到医治病人的水平,也会涉及病人转院的问题。从乡村医院转到城市医院,从低级医院转到高级医院,何种转院是正当的,不承担法律责任;何种转院不是正当的,要承担法律责任。这是这里要讨论的标准问题。

一女子有近 33 周的身孕,并出现早熟子宫膜破裂,住进了被告医院。当她宫缩并伴有急性医疗问题,情况恶化后,医院叫来了医生,医生命令将她转院。病人转到新医院,孩子剖腹出生,但是母子俩都受到了严重的损害,孩子大脑受损。母亲对先前那家转院医院提起诉讼,认为转院导致了她母子的损害。法官认为医院转院有"像垃圾填埋那样打发病人"的嫌疑,法院支持了母子。[1]

在实践中,随着医院竞争的加剧,医院经济亏损的增加,打发病人的事件也在增长。为了遏制这种现象的蔓延,以及防止由此发生的损害,美国曾制定了法律,包括急诊室不得拒绝治理病人的法律、紧急医疗治疗和妇女分娩的统一预算法律等,确立了评估、治疗和转移病人的特殊标准。

在转院方面,法官在司法实践中设定了这样一些标准:

---

[1] Smith v. Richmond Mem. Hospital, Supreme Court of Virginia, 1992. 243 Va. 445, 416 S. E. 2d 689.

第一,如果一个人"进入了急诊室",那么医院必须提供合适的医疗检查。第二,如果一个人"进到了医院",而医院又认为存在着紧急医疗状况或者正在分娩,那么医院必须稳定状况或者转移病人。第三,如果一个"已经在医院的病人"出现紧急状况或者正在分娩,那么只有在特定的情况下,医院才可以转移该病人。

法律的要求不仅仅限于已经进入急诊室的病人和没有稳定的病人,"打发病人"的现象不限于拒绝提供急救室里的治疗。一旦医院认定病人的状况可能会导致实质性的医疗费用,以及当医院担心病人承担不起医疗费用而将病人转院,也可以称为"打发病人"事件。打发病人,医院和医生由此承担法律上的责任。

接下来,我们看地区标准。

地区不同,医生的水平不同,医疗资源也不同。在偏远穷困地区,病人对医生的要求低;在发达富裕地区,病人对医生要求高。如果出现了医疗纠纷,法院是按照贫困地区的医疗水平,还是按照发达地区的水平呢?或者说,出现了医疗失当的争议,法官判定医生是否过失,不同地区的案件会有同一的标准吗?

在美国的司法实践中,法官们对医疗失当的地方标准和国家标准进行过分析。通常,一般的过失标准是一个普通理智和谨慎的人在相同或者相似的情况下的行为标准,以此来衡量被告行为是否存在过失。在医疗失当的案件中，这个标准转化为：一个医生在相同或者相似地区及相同时间里，应该以一个普通注意、技巧和谨慎医生的水平行为，使自己的工作达到相应的注意、技巧和熟练的水平。

在具体过失标准的适用中，这个标准则有一个发展的过程。最早的标准是严格"地方标准"，即相同地区其他医生的行为标准。这个标准产生于19世纪晚期，理由是当时城市和乡村之间，在医疗机会、设备、人员和培训方面存在巨大的差别，城市和乡村之间交通和通信有着较大的困难。确立地区标准的目的就是要避免用城市医生的水平来要求乡村医生，从而避免出现不公正的现象。

随着通信、交通和医疗教育的发展，城乡之间保健的差异开始消失，地区标准的合理性开始受到质疑。此外，较小社区的地区标准还存在两个缺点：第一，本地医生不愿意对本地医生的案件提供专家鉴定书。第二，在实践中，医生小集团可能会为自己确立一个低于法律要求的注意标准。因为这个缘故，许多法院对严格的地方标准作出了修改，这个标准将"相同地区"的标准改变成了"相似地区"的标准，称之为"改进了地方标准"。

到了20世纪70年代，这个新的标准同样受到了质疑。比如这个改进后的标准同样可以采取较低的注意标准，因为其他相似的地区可能同样采取了较低的注意标准。而且，这个标准与现代医疗实践的现实也不一致。随着交通、通信和教育的发展,城市和乡村的差异继续缩小,广泛的保险使病人有更多的机会去选择医生和医院。在这样的情况下,许多州不再强调"地区实践",而是强调"在相同或者相似情况下相同级别的"理智、熟练和谨慎实践者的注意标准。不再强调不同地区的不同标准,而只是将地域作为一个参考性的因素,其他还要考虑的因素有医术的进步和设备的可利用性,以及该医生是一个专家还是一个一般的实践者。

法律的地区差异性,是一个世界性的难题,在法学理论中也出现过法律的文化差异理论。从大的方面说,西方现代法律是否可以运用到东方后发国家。从小的方面说,经济、文化、技术不同地区,发达地区和不发达地区是否使用同等的标准,实践中也存在着困难。简单地说,我们能够以协和医院医生的标准来要求乡村医生吗?地区的差异现实存在。但是,就中国而言,我国又是一个强调法制高度统一的国家。一般的法律实践,地区差异存在,医疗法律的地区差异同样存在。

在具体操作中,一个方面,医疗专家并不愿意为自己的同行作出医疗失当的鉴定结论,因为他们是同行或者同事;另外一个方面,按照高标准要求他的同行,对专家自己也不利,因为谁也不能够保证自己将来不会出现同样的问题。定的标准越高,专家自己的医疗风险也越高。当然,理论上的标准还是一样的,这个标准就是"一个谨慎和理智医生的水平"。

最后,我们对"医疗纠纷中的标准"主题,做个小的总结吧。在严格概念法学看来,法律就是一套行为规范,但是这种认识过于狭窄。从社会法学的角度看,法律要广泛得多。美国的法学家庞德把法律归结为三大部分,这就是"法律秩序"、"权威性资料"和"司法行政过程"。在"权威性资料"中,他又区分出"律令"、"法律技术"和"法律理想"。在"律令"中,他还区分出"规则"、"原则"、"概念"和"标准"。在他的定义中,标准是最后的一项。

把法律标准纳入到法律体系之中,法学家中并不多见,庞德为什么这样做,也许与他的学术经历有关。在研究法律之前,他就是一个植物学家。在植物学中,标准和分类至关重要。

21 医疗产品与医疗服务(一)
——一般原理

医疗产品涉及医院、医生、产品制造者、销售者、消费者多方的关系;医疗服务则是医疗人员的专门活动。但是,在医疗服务活动中,人与物的交互作用,医疗产品与医疗服务会混合在一起的。医生在提供医疗服务的时候,既会应用医疗设备,也会在病人身上安装人体医疗设备,比如心脏支架或者起搏器。

但是,从法律的角度说,必须把他们区分开来。医疗产品区分制造商与销售商、使用者与消费者,医生只是设备的使用者,但是法律的责任会归结到制造商那里,这称之为医疗产品责任。瑕疵产品责任通常适用严格责任,比较过失责任而言,严格责任是一种较重的责任。

医疗产品是特殊的产品,但是,责任形式各国各不相同。

在欧盟，并不作一般产品与医疗产品的区分，医疗机构也承担严格责任。英国区分私人医院与公立医院，公立医院只承担过错责任，不承担严格责任。美国比较复杂，一般地，首先，医疗产品与一般产品区分开来。一般产品中缺陷产品和危险产品警示承担严格责任，发明和设计又承担过错责任。其次，医疗机构只是提供医疗服务，承担过错责任，不承担严格责任。但是，对产品的制造商和销售商则没有如此宽容，对他们采取严格管理和控制的措施。中国采用欧洲方式，不区分一般产品和医疗产品，而且让医疗机构承担较重的严格责任。

理想的状态，当然是把一般产品与医疗产品区分开来，把产品的制造商、销售商与使用产品的医疗机构区分开来，适用不同的责任。把医院使用的医疗产品与医院提供的医疗服务区分开来。医疗服务是医生和医院之于病人的关系，医生服务不达水平，有了瑕疵，医生承担医疗失当的责任。如同以前说的那样，医疗失当适用过错责任，或者过失的责任。

严格责任是讲，不管被告主观上是否有过错，产品的制造者都要承担赔偿的责任；而过错责任则要求医生主观上有过错。从这个意义上讲，现代法律还是在保护医生，而对医疗产品制造商要求严格，因为过失才承担责任，是加高了医生担责的门槛。这也算是医生的"特权"吧。如同我们经常说的，医生的事业涉及全人类的健康，为了人类未来的健康，即使是医生的"医术冒险行为",也会得到法律的宽容。

除了对瑕疵医疗产品设定法律责任外,各国法律还对医疗设备进行分级和控制管理。美国国会于 1976 年通过医疗设备修正案,将医疗设备划分为三个级别,区分的标准是他们对公众带来的风险。

第一类属于不发生异常疾病或伤害风险的产品。国家适用最小程度的"一般控制"原则。第二类属于那些有潜在的伤害风险的产品。虽然无须事先批准,制造商必须服从联邦"特别控制"原则。第三类属于"潜在疾病或伤害不合理的风险",或者"主要为了支持或维持人类生命、预防伤害人类健康的实质重要"的产品。比如心脏起搏器。第三类的新产品进入市场前,制造商必须提供给美国食品药品局一份"合理安全保证",保证产品既安全又有效,这称之为入市前的批准。这类产品,制造商必须提交详细的安全性和有效性的信息,再由食品药品局审查,每宗产品要花 1200 个小时的时间,并在能源和商业委员会下设的健康和环境分会前接受听证。

立法是一个从无到有的过程,对立法之后的产品,严格按照立法要求来审查;但是对立法之前的产品,则有一个缓冲期。这部 1976 年立法,使法律官方审查与市场需求发生了矛盾,市场的需求不能等待 1200 小时的审查批准。因此,缓冲的办法让第三类产品中"实质性的同等"现有设备免于入市前的批准程序。实质性同等产品虽然可以不经过入市前批准程序，但是也要满足一些先决条件。这就是，每个制造商提交给食品药品局一份"入市前的通告"，如果食品药品局认定该产品为实质性同等产品，那么就不需要审批而直接进入市场。这个简易程序不同于标准程序，标准程序需要 1200 个小时，简易程序只需要 20 个小时。

这样，简易程序变成了大多数新医疗设备入市的方式。数据表明，1990 年 80％的三类设备入市都是采用此法，简易程序与标准程序的数量比是 10：1。这批经简易程序而入市的产品，因为产品的质量发生了瑕疵，由此产生的产品责任引发了许多的诉讼。病人的理由是，医疗产品适用严格责任，制造商要赔偿；而制造商则说，经过官方的简易程序等同于经过了国家的正式认可，应该免责。这样，法律的问题是：经过食品药品管理局批准的医疗产品，如果发生产品质量纠纷，制造商还要承担法律责任吗？

有这样的案件，病人依靠起搏器保持心脏正常功能，1987 年，她安装了医疗电子起搏器。1990 年 12 月 30 日起搏器失效，导致其完全的心脏阻塞，需要紧急手术，原因是起搏器铅头瑕疵。1993 年，病人和丈夫起诉制造商，一为过失，二为严格责任。

过失是指控产品制造商在设计、制造、安装和销售人体起搏器方面未尽到合理注意的义务，本案中指向铅头的瑕疵，制造商未尽到适当警告和指示的义务。严格责任是指控产品存在瑕疵，发生不合理的危险，制造商未尽到保证的义务。

被告的理由则是经过了入市之前的检查，应该免责。一审和二审都否决了被告的请求。二审称，即使产品经过了入市前的检查，也不能免于普通法的产品责任。

1996年本案上诉到联邦最高法院，最高法院也否决了被告的理由。称医疗产品入市前的免审，并不能排除产品责任法对消费者的保护，支持了病人。[1]

医疗产品毕竟不同于一般的工业产品，有时候它有特殊性。比如说，血库采血，医生将血液输到病人身上，血液本身是"产品"。但是从献血者供体到病人受体身上，都是经过医疗人员进行的，采血人员究竟是提供产品呢，还是提供服务呢？

我们看一个例子。被告是一家非营利性质的血库，经营血液业务。血液主要来自志愿者，他们将捐献的血液加工成全血和血元素，比如红血球、血小板、新鲜的冷冻血浆，然后把它们提供给医院。原告遭枪击住进了医院，她在医院接受了外科手术，在手术过程中，她被输注了来自被告血库的全血和新鲜冷冻血浆。后来，原告表现出艾滋病的症状，成

---

[1] Medtronic Inc. v. Lora Lohr et vir, No. 95-754, 518 U.S. 470; 116 S. Ct. 2240; 135 L. Ed 2d 700; 64 U.S. L. W. 4625, 1996.

为艾滋病病毒携带者，后发展成为艾滋病相关综合征，最后患上了艾滋病。

后查证，原告手术所用的血来自艾滋病的高危人群。原告将血库告上了法庭，指控被告存在着过失，也就是，血库在采血的时候，没有对捐献者的血液仔细检查，看其血液是否存在艾滋病毒感染的潜在可能性，也没有对这类血进行替代实验。专家鉴定意见称，如果不采取充分的预防措施对捐献者的血液进行检查和替代实验，艾滋病病毒将会进入医疗行业和国家血库。

20世纪80年代早期，艾滋病最危险的人群是那些男同性恋者、静脉毒品注射者、海地人和血友病患者。当时，血库无视艾滋病专家的建议和警告，没有对捐献者所捐献的血进行严格检查，使得高危人群的血液进入到了国家的血库。

一审法院首先认定，被告采集、准备和加工血液的行为是一种"履行医疗服务"的行为，因此，要认定被告存在着过失，就应该适用血库的"专业标准"而不是"一般合理注意标准"。一审法院采用血液业的"业内标准"，作出了有利于被告的判定；二审法院则采用"一般合理注意"的标准，否决了一审法院的判定，最后，本案上诉到州最高法院。[1]

---

[1] United Blood Services, div. of Blood Systems, Inc. v. Quintana, Supreme Court of Colorado, 1992. 827 P. 2d 509.

州最高法院的法官则分析了医疗用血的特殊性。他说，输液方面的科学知识、技巧和物质对人们的健康和福利至为重要。对从事这些科学的人和组织，不能设立一种无过错的严格责任。因为严格责任可能会抑制医学的判断，限制科学知识、技巧和物质的有效性。公共政策决定对相关人员和组织适用过错责任原则，只追究他们过失和故意渎职的责任。人体血液和血液元素的采集、准备和加工，是履行医疗服务的行为，不是一种买卖。因此，血库只对他们的过失行为或者故意的渎职行为承担责任。

法官判定发回重审。重审时，法院要求：第一，采用专业注意标准，看血库的行为是否达到了专业的职业标准；第二，采用过错责任原则，考察血库采血中是否存在过失和渎职；第三，在保护医疗人员科研动力和防止艾滋病传染之间取得平衡。

22 医疗产品与医疗服务（二）
——处方药品和医疗设备的产品责任

前面我们谈及了医疗产品责任和医疗服务责任，但不够充分。我国医院实践中大量纠纷源自医疗设备和药品，我们有必要更详细地介绍一下药品和设备方面的法律责任。由此，本篇我们讲前置知识，医疗设备和药品之产品责任的一般规定。

我们说医生和医院通常适用过错责任原则，由于涉及了医疗设备商和药商的经营活动，于是过错责任与严格责任混杂到了一起。

这里用通俗的语言来介绍一下"过错责任"和"严格责任"的历史发展。古代社会，损害与赔偿一般适用严格责任。加害人导致了受害人的损害，不管加害人主观上有无过错，加害人都要赔偿，"以眼还眼，以牙还牙"就是典型的说法。

理由是，古代人复仇意识强，古代人智力发展有限，无法判断加害人主观的状态，而且，严格责任操作简单，司法成本低。

随着科技的进步，人类智力的提升，更由于个人自治哲学和资本主义的兴起，侵权法开始适用过错责任原则。资本主义和个人主义的一个原则是，每个人对自己的行为负责，为了保障个人最大限度的自由，每个人只对自己可以预料的损害结果负责。这是过错责任的哲学基础。现代社会之后，过错责任成为侵权法的核心和灵魂。也有学者从政治与经济的角度分析过错责任，哈佛大学法学院的法律史教授曾经提出过著名的命题："过失是对新兴资本主义的一种补贴。"他的意思是，资本主义企业的兴起，造成了工业的危险，如果还采取严格责任，将毁灭新兴的资本主义。比如说，工厂机器造成工人的伤害，火车导致铁轨上行人的伤害，如果让工厂主和铁路公司承担严格责任，会造成巨大的商业成本，巨额的成本会阻碍工业的发展。因此，19世纪后半叶开始，侵权法开启了过失的时代。

另外一个方面，现代化也带来了风险，给危险活动和高度风险行为加上严格责任的呼声，也没停止过。现代工业带来的风险和危害，是农业社会不可想象的。有趣的说法是"汽车取代了马车"，钢铁汽车的危害比木质马车的危害大得多，为了保护社会的弱者，必须有严格责任。

两种呼声的结果是，侵权法中过错责任与严格责任并存。两者的关系是，侵权法的基本原则是过错责任原则，例外的是严格责任原则，在涉及危险活动危险产品的地方应该适用严格责任。应用到医疗活动中，医生承担责任适用过错责任原则，而医疗设备和药品因为具有危险性被设置为严格责任。

我们以美国法为例，专门讨论处方药品和医疗设备的产品责任。

药品和医疗产品是用在人身上的，本身就是"危险物"，对药品和医疗设备加诸产品严格责任是世界通例。承担处方药品和医疗产品责任的主体，集中在制造商、销售商、分销商和零售商身上，但是，每种人的责任不完全相同。

处方药品和医疗产品的"制造商"销售缺陷产品，导致病人人身伤害的，承担侵权产品责任。处方药品和医疗设备的"销售商及分销商"销售缺陷产品，或者缺乏合理安全的产品，或者未作出充分警示的，承担侵权产品责任。

"缺陷产品"或者"缺乏安全性"的标准是，拿伤害风险与可预料的效果进行比较，如果理性医疗人员知晓情况后不会给任何病人开此药处方或者使用在病人身上，那么就是缺乏安全性或者瑕疵的产品。

产品制造商和销售商应该给"医疗人员"提供"充分的使用说明或者警示"，否则就是缺乏安全性的行为，由此而承担不充分警示的侵权责任。如果不经过医疗人员给病人开具处方，那么制造商和销售商应该给"病人"提供"充分的说明或者警示"，否则承担侵权责任。处方药品或者医疗设备的"零售商"，在销售时应该尽到合理谨慎的义务，否则承担侵权责任。这里，制造商和销售商的责任重，零售商的责任轻。

承担责任的原因主要集中在两点：一是"产品的缺陷"，也就是缺乏安全性；二是未给予"充分的说明和警示"。药品和设备通常是经过医疗人员发放到病人身上，但是，制造商、销售商对受到损害的病人承担责任。如果没有医疗人员的中介，那么制造商、销售商与病人就直接发生法律关系。

从医疗设备和药品管理方面上看，管理药品和设备，立法机关、行政机关与司法机关各有分工。

立法机关管事前的立法，主要的立法文件，药品方面有1938年的《联邦食品药品和化妆品法案》和1962年的《药品修订法》。1937年，马森吉尔公司未经过检测上市了小儿口服磺胺剂，导致107人中毒死亡。农业部向国会提交报告，法院判定制药公司罚款16800元。此事件催生了1938年的《联邦食品药品和化妆品法案》，并要求药品上市前经过入市前的报批程序。

医疗设备方面，有1976年的《医疗设备修订法》。此法前面已经介绍过，医疗设备分三类，不同管理和控制，入市前经过审批程序。此外，还有1990年的《医疗设备安全法》，1992年的《乳房X线造影术质量标准法》，2002年通过、

2012年修订的《医疗设备使用者付费及现代化法》（5年后废止），等等。①

执法机构属于行政机关，主要是农业部下设的食品药品管理局（FDA）。司法机关则是出现纠纷之后的裁判机关。司法机关涉及联邦和州各级法院，美国司法机关属于强势机构，与其他机构都存在着交叉的关系。

美国特有的权力分立与制衡原理，同样存在于医疗活动之中。其一，司法机关与立法机关之间，司法机关要遵守立法机关制定的法律，但是，立法机关的立法文件发生效力，必须通过司法机关的适用。而且，美国是判例制度的国家，法官有"创造"法律的功能，它创造性地适用法律，有时候是"新法"制定者。

其二，司法机关尊重食品药品管理局的标准和机制。但是，不受管理局入市前审批的局限，当瑕疵产品或者不充分警示发生实际损害的时候，食品药品局的批文不是制造商和销售商免责的理由。

其三，联邦与州的权力制衡。这里，还涉及美国更为复杂的问题，美国的联邦制，联邦和州的关系永远都是法律争论的话题，药品和设备在联邦和州之间权力上的牵扯，也是

---

① 董春华：《缺陷医疗器械侵权责任实证研究》，法律出版社2013年版，第22—37页。

药品和设备诉讼的重要议题。议会立法和食品药品管理局都是联邦机构，而大量产品责任的侵权诉讼则是各州的事务。

州被认为是独立的主权者。在药品和设备法律问题上，究竟联邦法律优先，还是州自己的普通法优先，存在争议，通常州的权威要高。

如果州与联邦法律发生冲突，就会上升到宪法问题，直到联邦最高法院行使司法审查权。前面我们提到的心脏起搏器的案件就是上诉到联邦最高法院的案件。在处理药品和设备致害案件的时候，州启动侵权法中的过失或者产品责任，侵权法少有成文法，大多遵循先例，也就是法院以前的判决。

因为司法判例纷繁复杂，缺少统一性，法官、法学家和律师就开始统一法律活动。在侵权法领域自20世纪20—30年代开始，就有了非官方的但是法官可以援用的《法律重述》，迄今已经有了第三版。

前面提到过，药商、设备制造商和销售商，是与医生和医疗机构区别开来的。前者是买卖关系，可以追究其产品责任；后者是服务关系，通常只追究其过失责任。

这里，就《侵权法重述第三版（产品责任法）》中处方药和医疗设备部分设定的例子，略加介绍[①]：

---

① 美国法律协会：《侵权法重述第三版：产品责任》，肖永平等译，法律出版社2006年版，第206—215页。

案例一，制造商对"缺陷"药品和设备导致的损害承担赔偿的责任。

A 制药厂生产销售一种延长孕期、减少早产的处方药，有身孕的原告怀孕 6 个月，心律不齐，医生给她开了此药，导致孕妇心力衰竭，要接受心外科手术。此药早先就获得了 FDA 的审批，但是原告服药前两年就有研究表明此药不能延缓孕期。虽然药商已经给医生提供了充分的警示，说不能给心律不齐的人服用，但是法院还是认定此药存在缺陷，制药公司要承担赔偿责任。

案例二，制造商只对可以"合理预见"的危害承担产品责任；不可预料的损害，制造商不承担责任。

设定这一条的理由，是为了激励药商和设备商开发新的药品和设备。如果要求他们对不可合理预见的损害承担责任，会遏制医药开发的积极性。B 公司开发出一种治疗轻度感染的处方药，得到了 FDA 的审批。12 岁的原告服用了此药，服药期持续了一年。原告停服药后两年，医学研究发现此药会损害青少年视力，此副作用发现之前，B 公司没有提出过警示。原告后来视力受损，状告 B 公司未尽警示义务，法院支持了被告 B 公司。

相反的设定是，原告服用此药前两年，就有医学研究表明，此药有损害青少年视力的副作用。但是 B 公司未进行进一步的研究，也没有向医生提出充分的警示。这个时候，原告状告 B 公司懈怠充分警示，法院会提交陪审团决定药商是否未尽到充分警示的义务，由此决定 B 公司的责任。

案例三，零售商只有在未尽到合理谨慎义务时才承担侵权责任。

C 公司生产和销售一种降压药，随药附送小册子，警示病人服药时切忌喝酒。C 公司要求药店发放给买药者，被告药店收到了小册子，但是未给买药者。病人服药饮酒受伤，状告药店，药店承担责任。

23 医疗产品与医疗服务（三）
——未尽到警示义务的责任

前面，我们讨论了医疗产品责任的一般原理。这里，我们通过一个案例，看原理如何运用到实践中。

如前所述，医疗产品的法律责任，主要涉及两个方面：一是缺陷产品的责任；二是失于充分警示的责任。本专题的第一讲就涉及缺陷起搏器的产品责任，这里讲一个未充分警示引发的侵权责任。

被告是药品制造商，原告被注射非那根药品后严重受伤，胳臂截肢。具体的事实是，2000年4月，原告在郡健康中心被注射了被告的药品，原告偏头疼引起恶心，使用了被告的药品。两次注射，一次是肌肉注射，没有效果之后，原告接受第二次注射，这一次是直接注射到手臂的静脉，注射的方法是四级推送。第二次注射由于疏忽，注射进了动脉，结果，动脉严重受损,导致坏疽。几周后,原告的手和前臂被截肢。

原告提起了过失和失于警告的严格责任,称被告不充分警告直接静脉注射所带来的危险,结果她受到损害。审判历时五天,双方当事人均提供了自己的专家意见,分别解释药品说明书上警告的充分性。原告方说,说明书应该载明不允许四级注射推送方式;被告方说,只要说出四级推送时要小心,以免进入动脉,警告就充分了。

双方争论的焦点是,被告认为,如果药品警示符合了联邦的要求,就不再受到州法的约束,因为联邦法优先于原告的诉请。被告说,他们已经向 FDA 提交了充分的警示,但是 FDA 拒绝再做改变,不愿意强化警示,原告则称警示不充分。

一审法院认为,FDA 拒绝修改药品标签说明后,被告代理机构出具的"简要评论",没有解释理由,也没有证明说明书"不仅仅是友情提示医疗机构是否使用四级推送法,修改后的标签说明也没有告知使用药包自由输液法"。

法院指示陪审团,陪审团要考虑的是原告受伤时 FDA 批准的说明书,即使说明书符合 FDA 的要求,或者禁止被告增加或加强警示,也并不意味着警告的充分性。陪审团判定支持原告的过失和产品责任诉求,判定她 240 万美元经济损失和 500 万美元非经济损失,双方妥协后,赔偿金减至 677.4 万美元。此外,原告与健康中心另行达成了和解,获得了赔偿。法院结论是，联邦法优先权的基础不成立，支持陪审团的裁决。

被告上诉，认为一审错误有：第一，没有驳回原告的诉讼请求，因为食品药品局批准的药品说明优先于州普通法，州普通法称说明不充分，是不能成立的。第二，没有指导陪审团减少原告的赔偿数额，因为健康中心也有过错。第三，没有指导陪审团计算原告的未来损失的现实价格。州最高院否认这些错误，维持了原判。①

州最高法院针对被告的二审请求分别作出了分析：

第一，联邦优先权问题。

被告的主要理由是，对于药品的标示警告说明，联邦法律与州法律有冲突。被告的药品标签说明已经获得了FDA的批准，而州要求更强的标示来警告四级推送非那根药剂的危险，与联邦法律不符合。

但是，州最高法院认为，联邦法与州法不矛盾。陪审团的裁定与FDA标签说明要求不矛盾，因为对于州法规定而言，联邦标签说明要求只铺设了地板，而不是搭建了吊顶。

美国宪法规定，联邦法是最高的法律，与联邦法律冲突的州法，无法律效力；但是，另外一个方面，如果联邦法律

---

① Diana Levine v. Wyeth, No. 04-384, 2006 VT 107; 183 Vt. 76; 944 A. 2d 179, 2006.

没有明确规定，那么就不能假定联邦法优先于州法，联邦议会不能傲慢地排除州法诉讼原因。按照政府的规定，销售处方药之前，制造商必须提交新药品的申请，获得 FDA 的批准。新药要合乎法律要求，比如测试结果，药品的安全有效，药品的开处、推荐或者建议的标签说明。

合乎要求的新药，FDA 会通过申请，在标签说明问题上，提法是"基于所有实质事实的公平评估，标签说明不存在任何的虚假或者误导"。药品和说明一旦在 FDA 通过，那么标签的修改通常要求向 FDA 再行提供"补充新药申请"，再得到 FDA 的批准。如果严格遵守补充申请的程序，那么本案的情况就是另外一个样子。但是，实际情况是，FDA 允许药商在 FDA 未通过前，如属必要可以改变药品标签。

最高法院认为，如果不足以保护消费者，尽管得到了 FDA 的批准，也要通过特殊的程序让药商修改标签。这样就意味着 FDA 批准的标签，只是设定最低的标准，而非最终的标准，制造商可以改进标签保障更大的安全。

或者说 FDA 的批准不足以保护消费者时，州侵权法就给制造商一个具体的激励，让他们尽快改进标签，强化警示。当进一步的警示必要时，制造商至少有责任采取另外的步骤。FDA 的标签批准不是免于州法侵权责任的盾牌，州法启动失于警告的诉讼请求，不受到联邦标签的干扰。在本案中，FDA 特定标签的批准，不能否定陪审团认定药品标签未提供充分的警告。

法官说，联邦法优先于州法，只发生在这样的情形：州法成为实现和执行议会目的和目标的阻碍。法院还提到了议会制定法律的目的。议会在制定新药申请法案的时候，不会阻止药品公司去保护公众，议会的目标是保护公众，任何相反的解释都是任性的和无效的。1962年食品药品化妆品法案修订版明确规定，"除非本修订法与州法的规定直接和正面冲突，本修订法的解释，不能导致任何州法无效。"法官说，除非绝对必要，联邦议会不得干涉州的主权。

第二，损害赔偿在被告之间的比例分配。

被告说，病人与健康中心达成了和解，此和解费没有从被告的赔偿额中减除。法院认为，在被告和健康中心的关系上，一审法院不存在错误。

案件所在州采用比较过失制度，也就是每个人承担自己的那份责任，原告有过错的承担她的过失比例。

被告的说法是，原告受损，药商和健康中心都有过错，药商被告只对自己的过错部分承担比例责任，也就是药商承担药商的责任，健康中心承担中心的责任。传统的规则是，如果存在多个侵权人，那么众被告之间承担共同的连带责任，原告可以从任何一个被告那里索取全部或者部分的赔偿。另外，比较过失通常只发生在原告与被告之间，被告之间对于共同侵权责任是否分摊，每个州的规定不同。

通常情况是，所有的被告共同对原告承担责任，不作比例分配。在特定情况下，比如几个侵权人是同一诉讼中的被告时，才有可能作出被告之间赔偿的比例分配，才考虑到原告从其他被告人那里得到的赔偿问题。

但是，本案件中，原告与健康中心就同一损害在另外一个诉讼中达成了和解。这样，被告就不能要求陪审团计算健康中心的过失比例，由此减去被告的份额。

法院认为，被告无权得到扣减，法律规定，在多数被告之间的分配，只有同一诉讼中的被告们才会被考虑分配损失。而且本案件中，病人不存在着过失。原告不存在过失的话，法律不适用分别的责任。既然健康中心不是本案的当事人，被告就不能要求原告的比例过失。

第三，未来非经济损失的现价，比如痛苦损失。

被告说，给原告500万美元的非经济损失赔偿，超过了原告要求的85.6万美元的数量。

法院说，被告未提供专家意见，如何计算现在价值。没有计算师和历史利息率表及通胀因素，法官和律师一般不会去计算。

最后，州最高法院维持了原判，支持了原告对药商的诉讼请求。

24 医疗产品与医疗服务（四）
——医疗服务与准医疗服务

总的原则是，医疗服务责任低于医疗产品责任，医院医生的责任低于医疗商人的责任。但是，在特定的医疗纠纷中，四种因素都会混杂在一起。

早期的产品责任仅仅局限在食品和私人产品，后来扩展到几乎所有的产品；早期的产品责任仅仅局限在产品的制造商，后来又扩展到供货商、分销商、批发商和零售商；早期的产品责任仅仅局限于产品本身，后来扩展到产品的附带产品。

食品、药品和化妆品经常会放在一部法律里规定，中国有食品药品监督管理局，美国有食品药品管理局，有食品药品化妆品法案。这样，就难免会出现"搭便车者"。也就是非医生医院"冒充"医疗人员享受医护人员和机构的"法律特权"。但是，法律上是明确的，不是所有的服务都可以享受到医疗服务的"特权"。

这个时候，就要从法律上进行行为性质的区分。按照不同性质的行为，设定不同的责任。有时候，我们区分医疗服务与非医疗服务不难，下面列举一个将"医疗服务"与"美容服务"区分开来的案件。

原告是被告美容院的常客，美容师建议原告烫发，原告接受了建议。在烫发的过程中，原告多次感到灼伤，被告每次都作了处理，但是原告前额还是留下了水疱，头发也有脱落。皮肤专家认定她患上了皮炎，原因是烫发所使用的烫发液。

被告称，他所使用的烫发液是一种叫作"烛光"的溶液，这种烫发液性质温和，但是可能损害擦伤了的头皮，当溶液揉进擦伤了的头皮之后，会导致刺痛。他说他从原包装中取出并使用该烫发液，依照他的经验，原告刺痛感和灼烧感都是正常的反应。

烫发液包装上对美容师有个标签警告，上写："带着橡胶手套烫发。保证顾客的头发和头皮处于可以冷烫的状态。""洗头前后都不要狠搓头皮。如果头皮过于柔软的，或者发现有溃疡或者擦伤，就不应该烫发。""询问顾客从前的烫发经历，并确信顾客对烫发液不敏感。"原告没有看过该警告，也没有证据表明被告曾经问过原告从前冷烫的经历。事后原告四次烫发都没有出现不良反应。

原告将美容院告上了法庭，一审法院作出了有利于被告的判决，理由是被告是在提供一种服务，而不是提供一种产品。上诉院撤销原判，认定被告在使用烫发液的时候承担一种默示的保证义务。此案最后上诉到州最高法院，法官作出了判决。

州最高法院的法官首先分析了，在该案件中美容院的工作是纯粹的服务，还是产品买卖和服务的综合行为。

如果被告将烫发液卖给原告，让她回家自己使用，那么就是完整的产品事故，被告要承担保证的责任。但是在本案中，被告不仅建议原告使用该烫发液，而且也在原告身上使用了该烫发液，这就增加了被告的责任。

因为这个缘故，被告的行为是销售产品和提供服务的综合行为。一方面提供服务，另外一个方面提供产品，被告在确定烫发价格的时候，已经将烫发液的价格计算在内。这种情况下的顾客既是产品的消费者，也是服务的接受者。因此，该产品隐含的保证义务成立。

美容院招揽顾客，就意味着它有充分的知识和技能对顾客提供服务，接受服务的顾客就合理地信赖美容院所使用的产品以及使用该产品的方式不会对她发生损害。她处于美容师的控制之下，她只是一个被动的接受者。再，被告将自己的服务与医生的医疗活动联系起来，而按照先例，医生对服务只承担过失的责任,而不是严格的责任。

为此,法官区分了美容师/顾客的服务与医生/病人的服务,并认为前一种关系可以适用一种严格的责任,而后者只承担一种过失的责任,理由是前者是一种商业的关系,而后者是一种职业活动关系。

美容师做广告和从事非职业活动,而医生不招揽顾客和按照自己的判断给病人治病。而且,医生的治疗活动从来都不是一门精确的科学,都不能够准确地判断和完美地治疗,他们是按照病人的状况和他们的经验。因此,不能够给类似医生这样的职业者确立一种严格的责任,而只能够给他们确立一种过失的责任。从这个意义上讲,美容院的服务并不具备这样的性质以及社会福利的功能,被告应该承担一种严格的责任。最后的结论是:维持上诉法院的判决。[①]

在这个案件中,被告想把美容往医疗上归类,由此享受医疗过失的"特权",但是没能得逞。

在有些情况下,区分药品、食品和化妆品,设定不同的责任,并不是一件容易的事。我们分而述之:

第一,血液产品和人体器官也是"产品",但是通常把他们纳入到医疗行为范畴。这个问题,我们前面谈过。

---

① Newmark v. Gimbel's Inc., Supreme Court of New Jersey, 1969. 54 N. J. 585, 258 A. 2d 697.

早期的法律，是将血液当作产品来对待的，但是考虑到血液的特殊性，都被立法和司法排除在产品责任之外。"产品不指血液、血液构成、人类器官、人类组织器官。""取得、提供、捐赠、加工、派发、使用全血、血浆、血液制品、血液衍生物以及人体器官，都是服务，不管是否为此支付了报酬。"

第二，X射线和放射检测设备。X射线是"产品"吗？放射性检测导致了病人的损伤，适用产品责任法吗？这也是个有争议的问题。

古代人将物定位于有形物，而现代人则把无形物也纳入了物的世界，如法律界通常说的电、磁之类。无形财产也是财产的一种，如果无形财产导致损害，同样要承担产品的责任。只是，如果涉及医疗活动，法官经常把无形财产导致的病人伤害，纳入到"医疗服务"系列，不承担严格责任，而是过错的责任。[①]

这里举两个例子。一个极端的案件是，X射线导致病人的心理伤害，法官也支持了诉讼，但是定性依然是"过失"。1958年纽约案件，原告接受X光治疗，皮肤专家建议她要采取预防措施，因为X射线会烧伤皮肤，严重的会演变为癌症，原告因此患上了癌症恐惧症。

[①] 美国法律协会：《侵权法重述第三版：产品责任》，肖永平等译，法律出版社2006年版，第382—383页。

原告的诉讼请求得到了法院认可，法院主张，应该认可侵权行为受害者的直接情感伤害，只要有充分的证据证明原告遭受到了损害。病人损害结果与医生行为之间存在因果关系，损害是实质性的，病人的权利就应该得到保护。

另外一个例子是：原告到医院接受X射线检查，她腰部脊髓X光成像时，在脊椎处安装了一根针，X射线机器扫描与针发生碰撞，她因此患上了肺炎。她状告了医院和放射师，医院为放射师的过失承担赔偿责任。

难以处理的法律问题，是那些医疗服务和非医疗服务的灰色地带。比如，助产士和巫师的行为是医疗服务行为吗？这里，我们来看巫师与治疗师。

从历史上讲，巫师是全人类的现象。非洲、中国、欧洲和北美在历史上都存在过巫师。巫师有男女巫师之分，有黑昼巫师之分，有天生和习得巫师之分。他们施法、符咒、用药、魔术、魔魅、畜蛊、木偶刺心，其中，习得的男昼巫师也是"healer"，也给人看病。"在俄勒冈的派尤特人中……被指控为巫术师的人，都是执拗的和反社会的。……巫术师被指控犯有把无辜者咒死的罪行，他们是有罪的，与施展魔法的人不同，魔法可以帮助人们，人们把魔术师称为'医生'。"[①]

[①] 霍贝尔：《原始人的法》，严存生等译，法律出版社2006年版，第241、244、248、251页。

在巫师看来,一个人生病或者身体异常,是魔鬼附身,巫师治病就是要把病人身上的魔鬼驱赶出去。一个非洲女子生二胎,难产,丈夫请来了巫师作法,巫师团在屋外点起了篝火、唱起了魔咒、跳起了舞蹈,深情严峻,气氛庄严。这个时候,丈夫听见屋里有动静,觉得魔鬼开始显现,他拿着柴刀进屋,发现床上床单裹着一物在动,从床上掉到地下。丈夫手起刀落,拉开床单一看,他杀了他的孩子,原来是孩子裹在被子里,滚动掉下了床,而丈夫则以为是魔鬼在现身。

这本是一个刑事的案件,法律问题是,丈夫是谋杀行为吗?如果纳入到本主题,问题就可以变为:巫师驱魔,是为难产的妻子治病,结果导致丈夫精神错乱,杀掉了自己的孩子。巫师的行为是医疗行为吗?他为丈夫所造成的损害结果承担法律责任吗?

把巫师与医生区分开来,是西方社会特有的现象。到16世纪末17世纪初,西欧各国开展了声势浩大的猎巫行动,认定巫师就是与撒旦进行邪恶的交易和勾当。基督教、世俗政权,特别是封建地方势力给了巫师致命的打击,巫师几乎在欧洲和北美绝迹,医生完胜。巫术不再被当作有超自然灵性的治疗师,巫师被赶出了医生的行列。

但是,在非西方国家,巫师及巫师治病依然暗地里存在。曾经有一段时间,巫术在非洲还被当作一种习俗,官方允许他们的存在。在南非的传统中,存有一种活人祭的"宗教仪式奉献",指将一个人作为牺牲来奉献给社会,据说牺牲者的器官可以用来对抗特定的强力恶魔。按照习惯,为了社会的利益和恢复秩序,酋长有时可以实施"宗教仪式奉献"。

有这样的案件,被告人杀掉了他兄弟的一个11岁的继女,用她身体的某些部分制成了药,称该药可以保护他不受到伤害。但是,法院没有认可被告人的行为,认为被告人所谓宗教奉献行为不能免除其谋杀的罪名。法院说,现代社会的法律不容忍或减轻"宗教仪式谋杀"的犯罪和罪行。[①]

[①] Modibo Ocran, The Clash of Legal Cultures: The Treatment of Indigenous Law in Colonial and Post-Colonial Africa, 39 Akron L. Rev. 465 2006.

25　器官移植的立法与司法

　　器官移植的医学成就在19世纪与20世纪之交得到发展。追溯历史，早在古埃及就存在着人体组织的移植。史料记载，18世纪60年代，科学家曾将女仆的牙齿移植到贵族女子的嘴里。19世纪，开始有了皮肤的移植。到1954年，首次固体器官移植成功。到1983年，器官移植的数量上升。到20世纪晚期，有统计数据表明，1/3的病人在等到肝移植前就死亡了；50％的先天性心脏病和肝脏残疾的儿童死于无合适的器官移植。

　　器官移植的立法，通常采取两种方式鼓励器官捐献：鼓励志愿捐献和推定同意捐献。志愿捐献是一种明示同意，捐献的明示，通常包括口头的和遗嘱的捐献，有的以捐献卡或者驾驶证载明捐献的意愿，特殊的方式还有纹身标明捐献意愿。

法律规定必须明示同意捐献的国家有加拿大、英国、荷兰和土耳其。按照明示捐献下的法律，器官捐献者不得收取捐献补偿，但是可以收取捐献成本。明示捐献的动机在于利他主义、强制性和道德义务。

推定同意是指推定个人愿意捐献他的器官。这个时候，前提是他没有肯定性地表达他反对捐献器官的意愿。一旦他表明他的反对意见，他的个人卡上会载明他反对捐献的信息。如果没有明确地反对捐献，没有明确地志愿捐献，才有推定同意的前提。

法律规定推定同意的国家有17个，推定同意又可以区分为强推定同意和弱推定同意。强推定同意是指，未得到死者生前的明示反对意愿，推定他同意捐献。弱推定是指如果家属不提出反对意见，则推定死者同意捐献。芬兰、希腊、意大利、日本、挪威和西班牙的医生会问捐献者的家属是否反对，属于弱推定。奥地利、捷克、斯洛伐克、丹麦、法国、以色列、波兰、新加坡和瑞士的医生很少咨询得到家属的同意，属于强推定。

法国于1976年通过法律采用了推定同意制度，比利时于1987年采用了推定同意制度。奥地利是唯一实行纯粹推定同意的国家，未经家属同意，医生就可以开始手术。英美普通法的一般原则是，无人对死者身体有财产利益。不过，美国的州法院允许死者的家属有对死者身体的"准财产权"，让家属拥有死者身体,可以为死者举行葬礼。到1968年,美国有了统一州法下的《统一解剖捐献法案》。此法试图解决捐献中的三方利益:潜在捐献者的意愿、家庭的意愿和州本身的需要。法律规定,任何年满18岁神智清晰的成年人死亡时得捐献他的器官;没有捐献者意愿的,有关人员有权决定是否捐献死者的器官。

捐献可以采用遗嘱或者其他书面形式,也可以指定特定的接受者。按照此前的普通法,人死亡时间是心脏死亡和呼吸停止;器官移植兴起后,人死亡的时间开始确定为脑死亡。

1987年,美国修改了此法,采用了通常调查和必要询问制度。法律要求医院询问每个病人,他是否愿意捐献器官,要求他写一份授权捐献文书,或者与病人讨论器官捐献事宜。法律要求执法人员、消防员、急救人员和医院人员努力发现表明个人意愿的信息。失于合理搜寻信息,这些人将遭致行政制裁,但是,他们不会受到刑事和民事的惩罚。法律禁止器官的商业买卖行为。

1984年里根总统签署《全国器官移植法案》,这是美国联邦层面的法律。此法涉及医疗、法律、伦理、经济和社会问题,规定了骨髓捐献、器官移植。任何医院不建立书面认证潜在捐献者制度,将会失去medicare和medicaid项目基金。不过,即使有了这两部法律,也没有改变美国器官短缺的困境。

再看英国的情况，1952年，英国议会通过了《眼角膜移植法案》。1961年，人体移植有《人体组织法案》，法律采取明示同意或者志愿制度，捐献者可以采取书面形式，也可以采取口头形式，口头形式时需要有两名证人作证。1979年，英国采取了脑死亡的死亡制度，90%的器官移植来自死者的器官。1989年，英国议会通过了《人体器官移植法案》。

1961年的《人体组织法案》涉及人体器官的移植；而1989年的《人体器官移植法案》涉及活体器官移植。活体器官移植始于这样一个案件：医生将土耳其农民的肾脏移植到有钱的印度人和巴基斯坦人身上，医生被起诉。不久，就有了《人体器官移植法案》，此法也禁止人体器官的买卖。推定同意制度尚未在英国实行，因为大众不喜欢活体器官移植。

器官移植中的特殊形式是异种移植，这是通过外科手术，用可匹配的健康的动物器官替换受损或者染病的人体器官。1667年，理查德医生第一次将羊羔的血注入轻度抑郁患者的血管中，没发生损害。法国哲学家邓尼斯做过类似的四次试验，三个病人活了下来，第四个死亡。哲学家以谋杀罪被指控，法院开释了他，但是禁止以后的试验。

异种移植最合适的动物，是灵长类动物，但由于灵长类动物属于濒危动物，医生开始用猪替代。试验表明，猪的器官更健康，人接受猪器官移植，也更容易存活。

反对异种移植的人群也同样存在，一部分人是基于伦理上的考虑。他们说,上帝区分了人与动物,人类不能突破这个界限。基督教神学和犹太法律都禁止物种之间的交叉。动物保护者也反对异种移植,他们的理由是杀死动物满足人类的要求,是有悖于伦理的。但是,国际移植学会通过其伦理委员会称,在可控的环境下,异种移植是合乎伦理的,并于1993年推荐开展研究。英国生物技术公司称,将人的基因注入猪的胚胎,这样猪器官所带的基因密码将类似于人的基因。

美国公共健康服务机关于1996年就《异种移植指导草案》发布了指南,异种移植所涉人员必须包括移植外科医生、传染疾病医生、微生物和移植专家、动物学家、免疫学家、医院传染控制专家和临床微生物实验室主任。所使用的动物是熟悉的家禽,禁止使用野生和进口的动物。英国的立法者采取了更为保守的方法来规范异种移植。只有当政府有了足够的证据证明安全的时候,才会采取行动。现在,英国禁止异种移植的临床应用。[1]

我们来看看器官移植的两个案件。

1969年英国发生了这样一个案件。夫妻俩,夫54岁,妻52岁。他们有两个孩子,兄长28岁,小弟27岁。兄已婚,

---

[1] Traci J. Hoffman, Organ Donor Laws in the U.S. and the U.K.: The Need for Reform and the Promise of Xenotransplantation, 10 Ind. Int'l & Comp. L. Rev. 339. 2000.

铁路职工，患有慢性肾炎，靠人工肾维持；弟为无行为能力人，智商接近 6 岁的儿童。弟受州医院监护，语言有障碍，与人交流有困难，只与熟悉的人交流。

兄长需要肾移植，全家人的检查结果显示，只有小弟是最合适的肾捐献者，于是母亲提议弟弟给兄长捐肾。县法院认可肾移植手术，称弟弟捐肾给哥哥，不仅对哥哥有利，也对弟弟有利，因为弟弟非常依赖这个哥哥，如果哥哥死亡，弟弟会失去情感和心理的依赖。他们推断，对于弟弟来说，宁可失去一个肾也比失去哥哥要强。上诉巡回法院的衡平法官审查了记录，检查了证人证言，认可了县法院的认定，精神学家、心理健康机构都作出了鉴定，认为移植可行。

但是，小弟的监护人州医院不同意移植，提起了上诉。州上诉法院称，此案独特。此前州与联邦法院并无类似的先例。参见英国法院的看法，英国法院对无行为能力人采用了衡平法院的权力说。英国有先例，无行为能力者的兄长可以得到弟弟的财产，并且将此权利扩展到无行为能力者的个人事务。此项权利称为替代判断学说，不仅适用于财产，而且适用于被监护人所有事务。

美国的法官引用了英国法的判例。一个公爵精神失常了，衡平大法官判定公爵年老的仆人能从公爵财产收入中得到退休金。法官认为，如果公爵精神健康时肯定会这样安排他仆人的年金。

上诉法官说，移植的医疗实践发展迅猛，已经是一种普通的临床实践。人体组织库贮存为将来之用，肺肾和心移植愈加普遍，肾移植是最常见的器官移植。到1969年，美国已经有2500例肾移植的手术。最后，上诉法院维持下级法院的判定，同意移植手术，从弟弟那里移植肾给哥哥。①

另一案发生在1979年。兄弟俩，弟弟39岁，哥哥44岁，都各有妻有子。哥哥得了肾病，合适捐肾的是父亲和弟弟。第一次移植手术在哥哥和父亲之间进行，但是两者身体排斥，移植不成功，哥哥的病情恶化。

两年后，兄弟两家一起聚会。医院的医生来访，作动员工作让弟弟给兄长捐肾，最后三方签订了捐肾协议。协议有两份，一是弟弟与兄长之间的捐肾协议；二是移植双方免除医院、医生及辅助人员法律责任的协议。兄弟俩没细看协议就签了字，弟弟的妻子没有签字。

后一份协议，也就是移植双方与医院人员的协议称，移植手术所造成的损害，医院不承担任何法律责任，包括诉讼原因和正式起诉。

从技术的角度上讲，移植手术本身是成功的。但是，哥哥手术后不久就死亡了，死亡原因是他先前的肝病。弟弟手

---

① Jerry Strunk v. Ava Strunk, et al., 445 S. W. 2d 145; 35 A. L. R. 3d 683, 1969.

术后没有立即恢复意识，被诊断为急性肾炎中风，危及生命。弟弟无感染性的高烧，服用大量抗生素后耳聋。失去意识的时候，被切开了气管，弟弟患上了黑色素瘤。

家属对医院提起了诉讼，状告医院"医疗过失"和"陪伴损失"。医院以排除责任的协议称原告无权诉讼，而且医院无责，原告坚持诉讼。

法官称，要认真对待病人与医院的合同，区分移植手术本身和医院的手术过失。法院支持了家属，说医生移植手术本身无过错，但是，如果医疗存在过失，原告也可以提起医疗过失的诉讼。移植手术有风险，一般的风险排除协议不适用特殊风险的情形。赛车和攀爬危险活动中，运动者和组织者可以签署运动者自愿承担风险的合同，免除组织者的责任，但是器官移植不同于这些通常的风险合同。另外，弟弟妻子没有在协议上签字，她还可以提起陪伴损失的诉讼。[1]

---

[1] Donne Colton et al. v. New York Hospital et al., 98 Misc. 2d 957; 414 N, Y. S. 2d 866; 1979 N, Y. Misc., 1979.

26　医疗人体试验的法律责任

禁止未经同意的人体试验。这项禁令全世界通行，并无例外。禁止人体试验的最早规定出自"二战"后对纳粹战犯的纽伦堡审判。当时美国、英国、法国和苏联建立了国际军事法庭，1945年8月8日达成伦敦协定。国际军事法庭审判了22名主要的纳粹战犯。将低级别的战犯留给美国军事法庭，其中就包括了对"著名的医生和著名的德国工业巨头"的审判。

1847年8月，美国法官和检察官构成的军事审判庭，依据美国法律程序，按照纽伦堡法典给予了审判。15名医生被判有罪，罪名是战争犯罪和反人类罪。他们被指控，未经当事人同意而实施了医疗试验和测试免疫药物，包括痢疾、黄疸、伤寒、天花和霍乱。最后，7名医生被判处死刑，8名医生被判处不等的有期徒刑。

1955年颁布的《国际人权公约草案》，禁止未经同意对人体进行医疗和科学实验。后来，《公民权利和政治权利国际公约》认可了这个原则，美国有保留地签署了该公约。1964年，世界医疗协会通过了《赫尔辛基宣言》，进一步阐明了人体试验中的知情同意标准。其中包括临床研究中的职业注意标准，非治疗性的研究，告知研究的目标、方法、预期利益、潜在风险以及带来的身体不适。宣言称，最好是用书面的形式得到受测人自由的知情同意。

目前，至少84个国家通过法律和规章要求在人体医疗研究中履行知情同意义务。欧盟通过了《欧盟议会2001指令》，禁止未经同意的医疗试验，采用了《赫尔辛基宣言》的规定，要求其成员国，要告知试验的性质、意义、后果和风险，以保护受测试人。

但是，未经同意给病人做实验，现实中自然存在，但都以隐蔽的方式或者"合法"的方式进行着。

美国历史上最有名的人体试验，是对黑人的梅毒自然史的观察和药物开发。20世纪30年代，美国公共健康服务局试图研究梅毒。他们招募了几百位非裔美国人做实验。挑选他们的理由有二：一是乡村的黑人穷困；二是主流认为黑人性能力强，但身体和心理方面却弱于白人。

当然，实验宣称的目的，是说研究出治疗梅毒的药品，对非裔美国人更有利。实验进行了近40年，即使医生们发现青霉素治疗梅毒最有效的时候,也没有给人体试验者使用过青霉素。1972年,研究成果公开,舆论哗然。

1973年,美国行政机关和国会举行了听证会。参与实验项目的参与者对美国公共健康局提起了赔偿诉讼,民事赔偿诉讼大胜,但是刑事诉讼没有提起。也就是说,人体试验参与者得到了赔偿,但是没有人受到刑事制裁。①

我们看一个具体的司法案件。原告曾经在军队做军士长,在服役期间的1958年,当时,他自愿报名做反生化武器的服装和设备的试验者。他离开服役地,去了专门的军事实验室基地。在实验室的一个月时间里,他四次被偷偷地服用了迷魂药,军事当局实际上是在考察此药的效果。

服用此药后,军士长出现幻觉、语无伦次和记忆丧失,不能履行此后的军事任务,经常半夜醒来,暴力殴打他的妻子和孩子,清醒后却不记得发生了什么。1969年,他退伍。不久后,因为迷魂药改变了他的人格,导致其婚姻破裂。

1975年,军队给他来了一封信,请求与他合作,继续研究参与1958年项目的迷魂药的长期效果。到这个时候,原告才知道参与实验的时候,军队给他吃了迷魂药。他状告政府,寻求赔偿,称军队具有实施、监督和监视药物测试的过失。

---

① Barry Furrow, Health Law: Cases, Materials and Problem, West Group Publishing Co. p1207, 1997.

一审法院支持了被告，二审支持了原告，最后于1987年，官司打到美国联邦最高法院。联邦最高法院多数支持了被告，否定原告有提起民事赔偿的诉讼权利。

原告提起诉讼的难点，就是事件发生在军队，平民法院系统是否能介入军队的事务，法律上是个难题。军队和官员执行公务涉及国家安全，军队是否具有对平民法律甚至宪法的豁免权，大法官们存在着分歧。

多数法官认为，原告人体试验发生在他服役期间，服役期间上级对下级的命令，不受到普通法律的约束，即使侵犯了下级的民事权利，下级也不能提起赔偿之诉。

不过，少数法官也出具了法律异议书。这样的法律异议书，虽然不具有法律效力，但是可以当做以后同类案件的参考。在法律异议书中，大法官提出了问题：军队官员可以不遵守宪法吗？军队具有绝对的豁免权吗？

异议大法官们说，军队地位特殊，为了国家利益，不受到常规法律的约束。但是，这不是军队未经过当事人同意就给他做药物试验的特权，禁止未经同意的人体试验，来自纽伦堡审判，而纽伦堡审判本身就是军事法庭的产物。而且，本案原告被服用迷魂药，下命令的人并不是他的直接上级，而是在另外的地点，也就是实验室。按照军事法，只有最高的军事长官和直接下命令的官员才有豁免权，而且这种豁免权是有限的豁免,而非绝对的豁免。基于这些原因,少数意见的大法官们建议给原告提起民事赔偿的诉讼权利。[1]

到20世纪末期,人体医疗试验发生了变化。人体试验的对象开始从国内转到国外,从发达国家转向发展中国家。

未经告知同意而进行广泛的药物试验,危害了国际和平和安全。近二十年来,工业化国家的药业公司将穷困和发展中的国家当作开发新药、从事医疗研究的场所。药业公司认为试药对穷国家有潜在利益。他们通过慈善家、政府及社会组织的合作,在医疗服务不完善的地区,开发药品和提升健康服务。他们声称,此种合作既可以带来世界性的健康利益,保命药会变得快捷和便宜,也可以使发展中国家改善公共健康体系,缓解他们的医疗短缺和困境。

我们看一个具体的案件。1996年,北尼日利亚爆发细菌脑膜炎。辉瑞公司为了得到美国食品药品管理局对新药抗生素"trovan"的批复,分派三位美国医生和四位尼日利亚医生合作,给住在尼日利亚传染病医院的患病儿童试药。在尼日利亚政府官员的合作下,医疗团队招募了200位患病儿童,半数用新药,半数用旧药。新药从来没有在儿童身上用过,

---

[1] United States et al. v. Stanley, No. 86-393 483 U.S. 669; 107 S. Ct. 3054; 97 L. Ed. 2d 550; 55 U.S. L. W. 5101, 1987.

动物实验表明，新药有致命的危险，包括并发症，如异常软骨增生、肝脏损坏和骨头减损。辉瑞公司故意给用旧药的儿童轻量新药，以模糊新药的副作用。两周后，辉瑞公司结束了试验，未留下后继照料方案就离去了。病人原告称，试验导致11名儿童死亡，其中5名服用新药，6名服用低量的旧药，其他的病患者许多有失明、耳聋和大脑损伤等症状。

此后，该药品的结局是，1998年，美国食品药品管理局只同意该新药用于成年人。后来因为服用者的肝脏受损，美国食品药品管理局将该药限定于急救成年病人。1999年，欧盟禁止该药的使用。

尼日利亚的众多原告对辉瑞公司提起诉讼，称辉瑞公司没有对儿童及监护人尽到告知同意义务，特别是没有告知和解释研究的实验性质或者所涉严重风险。在尼日利亚，原告依据尼日利亚法律对辉瑞公司提起刑事和民事的诉讼，要求2亿美元的赔偿；尼日利亚政府也起诉辉瑞公司及其雇员，要求7亿美元的赔偿。

2001年，尼日利亚的原告在美国提起诉讼。2002年，美国一审法院以管辖权问题支持了辉瑞公司。因为事故发生地在尼日利亚，而且，国际公约是否是美国的法律渊源，在法律上存在争议。

按照美国法律，国际法要在美国适用，只限于国际习惯法的公约和条约，罪名仅限于奴役、种族灭绝和战争犯罪。因此，本案件是否能在美国成功立案、进入美国司法审判程序，关键性的问题是，涉及医疗议题的国际法及国际习惯法是否能够在美国领域内当作美国国内法适用？上诉法院最后的判定是，国际法可以在美国适用。

上诉法院认为，国际习惯法禁止未经同意的人体医疗实验，法律渊源有四：其一，《纽伦堡法典》。该法典的首要原则是，人体试验中的自愿同意是绝对重要的。其二，《赫尔辛基世界医疗协会宣言》。该宣言认为，医生伦理的指导原则是，人体试验应该基于当事人自愿，实验者要征得受试验者的同意并参与研究。其三，《国际医疗服务组织委员会的指导意见》。该意见也要求人体试验志愿者的知情同意。其四，《公民权利和政治权利国际公约》第七条，"未经同意不得进行医疗或科学实验。"

法院说，国际法在美国国内法律中的适用，还涉及启动的程序。要启动国内法适用国际法，第一，要求具有普遍性的国际法需要在国内法律适用上的特定性，普遍性是指国际习惯法具有国内法的域内效力，特定性要求国际法须处理特定的问题，比如涉及战争、大使权利、海盗行为、侵权法的行为地原则。第二，国际法与国内问题的相关性，特别地，此国际法与美国利益的相关性，所涉及国家与美国之间，是友好的双边关系,还是敌视的双边关系。美国法院可以选择性地适用国际法。

上诉法院的最后结论是,撤销下级法院的判决,发回重审。①

---

① Rabi Abdullahi et al. v. Pfizer, Inc., Docket Nos. 05-4863-cv (L), 05-6768-CV (CON), 562 F. 3d 163; 64 A. L. R. Fed. 2d 685, 2009.

27　医院与医生的法律关系

从本篇开始,我们谈论医院与医疗人员的法律责任问题。

讨论医疗改革,一个绕不过去的议题是医院与医生的关系。医生是独立的职业者吗?可以自由执业吗?是个体执业好,还是去私立医院好,还是在三甲医院工作好?众说纷纭,莫衷一是。

小医院医生自主权大,要求个体的医术高。但是小医院平台小,也会埋没人才,或者,小医院发挥不了好大夫的聪明才智。

医生关心的是执业自由问题、判断独立的问题和经济收入问题;而在法律界,则是关心医生和医院的责任问题。

从法律的角度看,医院与医生的关系不同,对应的法律责任也就不同。当医生想扩展自己的自由度,获得多家医院执业权利的时候,是否考虑到:随着医生自由度的增加,法律责任也会相应增加？

在本院应聘当医生，法律责任是由医院承担的；离开本院去他院当医生，出了医疗事故或者医疗过失，由谁承担法律责任？是本院，还是他院，还是医生自己？法律的一般原则是：权利与责任相互匹配。

古代社会，医生个体行医，个人承担责任，手术不当或用药错误，或者承担雇佣之责或者承担侵权之责；治疗懈怠，承担过失之责。古罗马，助产士直接给孕妇服药，孕妇死亡，助产士承担杀人罪名；助产士给孕妇药，孕妇自己服用，助产士承担事实之诉。

再后来，慈善医院出现。医院与医生的法律地位是相互独立的，医院只提供就医的场所和机会，医生自主行医，医生承担医疗责任，医院不承担责任。

这个阶段的医院与医生的关系，奠定了医院和医生关系的一般特点，或者说医院与医生的特殊关系：医院是一个组织，医生虽然在医院工作，但是有独立行医的特权。医院不能干涉医生的医学判断，不能够控制医生如何行为。出了问题，医生担责，医院不承担责任。20世纪40年代以前，美国的主流观点就是如此。

随着现代医院的出现，随着国家对医生的"收编"，医院的慈善性质消退，商业性质越来越显著。医生负责、医院不负责的情况发生了变化。医院不再享受法律责任的豁免权，医生承担自己过失的责任,医院承担雇主的责任。在具体案件中,如何区分两者的责任,历来是司法案件中的疑难问题。

下面,我们通过两个案件来看医院与医生法律责任的演变史。

1914年,卡多佐大法官审理过的一个案件,堪称讨论病人、医生和医院关系的名案。① 被告医院成立于1771年,经过百年多的发展,没有资本股票,没有分配利润,医师和外科医师包括住院医师和访问医师都是无薪服务。寻医的人无论住院还是治疗都是免费的。有钱人被要求一周支付7美元,不足以抵基本的费用,医院有钱的时候,就放进医院基金,以维持医院的运作。医院的目的不是利润,而是慈善,偶尔的入账并不改变医院慈善机构的性质。

一个病人来院最初是1908年1月,她胃痛,她问主管要多少钱,得到的答复是每周7元。她成了医院的住院病人。几周后,治疗医生在其身上发现了肿块,是子宫肌瘤,医生咨询了访问医生,得到的答复是要做个手术,肿块确诊需要进行一个乙醇检查。病人同意做检查,她自己说,她告知医生不做手术。一个护士把她带到手术室,准备做手术,乙醇检查的第二天,她在无意识状态下被切除了肿块。她的证词

---

① Mary E. Schloendorff v. the Society of the New York Hospital,211 N. Y. 125;105 N. E. 92;1914.

称,这是在未经过她同意或者知晓下所做的事。但是两位医生及护士提出了相反的说法。手术后,她左臂坏疽,一些指头被截肢,痛苦异常。她状告医院,法院支持了被告。

已有的法律原则是,如果医院是慈善机构,那么医院不为医生和护士的过失承担责任。理由有二:第一,病人默示放弃权利。接受了慈善利益的病人,就要放弃指责医生及附属人员过失的权利,即使病人支付了住院费用,医院依然免于责任。第二,医院与医师的关系也让医院具有豁免权。医院与医生的关系不是雇主与雇员的关系,医生其实是一个独立的民事主体,对病人的不当行为,医生自己承担责任,与医院无关。在这样的原则下,医院就医生对病人的医疗失当行为具有责任豁免权。

本案中,病人的诉求不仅仅是过失,而是不法侵害。每个成年的神智清晰的人,有权决定对自己身体的处置权,未经其同意在他身上做手术,就是一种人身伤害,医生要承担赔偿责任。

医生与医院并未建立起雇员与雇主的关系。慈善的医院让医生为病人看病,医生并不是医院的雇员,如果医院挑选得当,就不为医生的错误承担责任。原因是,医院只是把医生召集起来,让医生为病人提供服务。

医生是职业人员,以其最佳能力自行判断,并非在医院的指令下按照医院的命令给病人看病。失误不在医院,而在医生，医生独立行医，受神圣誓言和法律惩戒约束行事。而且，住院医生与访问医生无实质区别。

但是，护士则是在医生指导下工作，也不是医院的雇员。护士在医生指令下工作，服从医生的管理，手术前的准备工作是治疗的一部分，她是医生的代表而非医院的雇员。主管、主管助理、护理和行政人员才是医院的雇员。

到20世纪50年代，情况发生了变化。医院不承担医生过失的雇主责任，豁免于侵权责任，这个原则开始受到攻击。

1957年的一个案件是一个标志。在这个案件中，法官认为，医院的性质已经发生变化，医院不再仅仅是一种慈善的组织，其雇员过失导致了病人的损害，医院要对雇员的过失承担责任。①

案件发生在纽约州，病人到医院做肛裂治疗手术，医师来之前，麻醉师和护士做前期准备。脊麻醉，麻醉师在病人后背腰处涂酒精抗菌液，这是一种易燃的红色液体。腰部麻醉后，护士将液体涂在手术部位，病床上病人身下铺有三层床单。

护士完全能意识到酒精抗菌液的易燃性和潜在的危险性，他们事前受到过指导，不仅要小心观察不让液体滴落在床单

---

① Isabel Bing v. Louis A. Thunig and St. John's Episcopal Hospital, 2 N. Y. 2d 656; 143 N. E. 2d 3; 163 N. Y. S. 2d 3, 1957.

上,而且要检查和擦掉可能滴落的残渍,但护士没有检查。

涂药的时候,医生不在手术室,15分钟后才到。医生使用加热的电烧灼器标示手术部位,结果有了床单燃烧的气味,没等看见明火或冒烟,医生就拿水浇灭,确信灭火之后,医生开始手术。随后的检查发现,病人身体严重烧伤;检查床单时,发现床单烧出了几个洞。

病人状告医生和医院。医院说,只有医院的雇员有了过失,导致病人损害,医院才承担责任。而且,这里还要求损害是雇员"履行职务行为",而不是从事"医疗行为"。法院认为,涂抹酒精抗菌液是手术的准备步骤,是手术的一部分,因此病人的损害是"医疗"行为的结果,法院否决了病人的法律请求。病人上诉。

上诉法院认为,护士其实是作为医院的雇员在工作,并非在医生命令或指导下的行为,护士独立的或疏忽的行为,导致涂液滴落在床单上,也未检查发现,结果导致液体挥发与电烧灼器燃烧。陪审团的结论是,护士的失误是明显的过失。

从前的法律原则有二:一是卡多佐所说医院医生之间不发生雇主雇员关系,医院有豁免权;二是区分"雇员职务行为"和"医生医疗行为",医疗行为,医院不承担责任。职务行为与医疗行为的模糊区分与责任争议,由来已久,未曾解决。一般原则是雇主责任和慈善机构的全然豁免原则,是一项司法政策。

慈善机构免责,美国源于1876年的一个案件,英国源自1839年的案件。美国案件中,医学学生过失手术,法院称,公共的和私人的捐献支持着慈善医院,捐款构成一种信托基金。

本案中,纽约州先回溯了卡多佐的著名判决规则:慈善医院不为医生和护士的治疗过失承担责任。理由有二:第一,寻求和接受慈善的人,放弃损害赔偿的权利,免费病人、缴费病人、私人医院或者营利医院,都是如此。第二,替代责任不适用于医生与护士。尽管受雇于医院,他们被认为是独立的责任人,而非医院的雇员。因为医生有职业技巧,医院无法控制他们的工作。但是,这个传统的原则,不再适合于当下医院的新生情况。要判定医院是否承担责任,要考察两个因素,一是医生和护士是独立的职业者,还是医院的雇员?如果是后者,医院要承担责任,如同侵权法中雇主/雇员之间的替代责任,也就是医院替代承担作为雇员医生和护士的过失责任。二是医生和护士的行为是职业医疗行为,还是履行医院职务的行为?在后一种情况下,医院也要承担责任。法官回到本案的具体情况,认为下级法院的判决存在缺陷,将此案发回重审。在医疗法律史上,此案突破了医院不为医生和护士承担责任的传统原则。

28　医生的宪法权利——反法律歧视

通常的说法是，现代医生与医院的关系有两层：一是医生是医院的雇员；二是医生具有独立性，有行医的特许权，医生的独立判断不受到医院影响。

这里讨论的问题是：如果医院剥夺了医生行医的权利，不让医生诊断和治疗，医生如何通过法律维护自己的权利？

低端层面上，医院是否侵犯了医生工作的权利；高端层面上，医院是否侵犯了医生宪法层面上的权利：医院歧视医生了吗？医生的权利是否受到了不公正的对待？医院剥夺医生的行医权利是否经过了正当法律程序？

法律的冲突在于：一方面，医生是医院的雇员，如果医院认定医生不再具备行医能力，或者医生行医会给病人带来风险，医院会终止或者暂停医生的医疗活动；另外一个方面，医生是获得特许执业的职业人员，其职业活动不受到医院的控制和干涉,医生会认为,医院不让他行医是侵犯了医生合法权利。在这里,医院与医生的冲突,法律冲突会上升到宪法层面。

这里讨论极端的情况:医生得了艾滋病,医院不让他再从事医疗工作。医生觉得艾滋病不是被排除在医疗工作之外的原因,他觉得自己受到了不平等的待遇,状告医院。法律如何处理这样的情况?

医生的工作带有风险,病人的病可能传染医生,医生的病也可能传染病人。就前者而言,医生有可能在工作中被传染上病人的疾病。为艾滋病病人手术,包括医生在内的医疗人员可能染上艾滋病。美国疾病防控中心做过调查,1981—1991年的数据表明:感染艾滋病的,医生728人、外科医生46人、牙医190人、护士1441人。在接下来的10年里,336名医生和1248名牙医携带 HIV 病毒。总体上,有4万医护人员 HIV 呈阳性。同期,法国的情况是,86名医生、80名护士、57名护士助理、24名护理员、18名牙医、13名生物学家和3名治疗师诊断出艾滋病。[1]

就后者而言,医疗人员向病人传染艾滋病的可能性同样

---

[1] Alix R. Rubin, HIV Positive, Employment Negative? HIV Discrimination Among Health Care Workers in the United States and France, 17 Comp. Lab. L. 398, 1996.

存在。21岁的金伯莉是法国第一位报道从医护人员处传染上艾滋病的人。金的传染,标志着医护人员向病人传染的现实个案,这种传染不再是理论上的可能性。金事件后,法国防控中心发布了预防指南,防止医护人员向病人传播,特别是暴露性侵入手术中的传播。这些手术包括口腔、心脏科、妇产科,容易从医护人员向病人传染。

在美国,国会也存在争议。是否可以禁止带病医生从事医疗活动,参议院进行过辩论和表决。国会曾经以81比18的投票,通过如下提议:在创口手术中,不向病人通告医护人员携带HIV病毒的情况,视为联邦犯罪,判处1万美元以上的罚金,不低于10年的监禁。

实践中,此类的案件颇多,这里归纳几个典型的事件。第一,医院限制一名整形外科医生执业,因为他HIV呈阳性。医生起诉,医生与医院审前达成和解,各自宣布胜诉。第二,医院为一个感染HIV的外科技师重新安排了工作,让他去采购部门。技师起诉,诉讼失败。第三,一名HIV消防员被消防部门解除工作关系,消防员起诉,得到工资及损害赔偿。第四,医院拒绝雇佣一名HIV药剂师,而不是限制他的工作。药剂师起诉,赢得了诉讼。第五,一所大学取消了一名HIV阳性牙科学生的注册资格。学生起诉大学,法院支持了大学。第六,一家医疗中心的全职整形外科医生染上艾滋。医生接到其他医院职员的电话,对方电话里说知道了医生患病的消息。医生状告医院，称医院违反信赖—保守秘密的义务，泄露了他患病的信息。医生赢得了诉讼。第七，一位 HIV 阳性妇科住院医生患病，两家医院向相关的医生的同事和病人告知病情。医生起诉，但败诉。第八，医院辞退一注册实习护士，因为他拒绝公开他的 HIV 报告。护士提起民权诉讼，败诉。第九，跨地健康机构要求其雇员提交 HIV 测试报告，雇员起诉，禁止此种做法，胜诉。

接下来，我们看一个完整的案件。原告医生是一名神经外科住院医生，在被告医院接受了六年的训练。在第三年的时候，也就是 1992 年，他在治疗一个可能带有艾滋病毒的病人时，被针刺过。医生随后的检查结果是 HIV 呈阳性。得知医生呈阳性后，被告医院暂停了他的手术。

一个血液学专家组成的专家组给出了建议，建议说，医生可以继续他的手术业务，但是不得从事某些手术，比如涉及要使用裸露金属之类，因为这样会有传染给病人 HIV 的风险。专家组还建议：给医生其他的限制，比如，严格遵守传染控制程序。一旦医生接触到病人的非受损伤的皮肤，他得向医院传染控制办公室和病人汇报，医生要提供一份血液的样本。这样，一旦病人称从医生那里接触到 HIV，两者病毒的 DNA 就能作出比对。同时，专家组也建议，在实施手术前，医生要得到他病人的知情同意。

经过仔细考虑和进一步的研究后，医院的资深管理人拒绝了专家组的建议。医院永久性地停止了医生外科手术,给他提供了一份非手术类的住院部工作。医生拒绝了这个替代方案,坚持全手术资格,但是,医院终止了他的住院实习计划。

医院给出了详尽的数据和禁止医生行医的理由。医院说,按照疾病控制和预防中心的估计,医生传染给病人HIV的几率是0.0024%到0.00024%。防控中心认为,即使健康保健人员传染给病人的几率很小,但是也应该禁止医疗人员从事手术类的工作,严格遵守传染控制的"一般预防措施"。其中包括洗手、戴保护性阻隔设备、佩戴手套和面具、小心使用针头及其他尖头工具。

医院说,预控中心严格区分了"侵入手术"(从插管到各种手术)和更狭义的"易暴露的手术"。医院认定,医生的神经外科手术全部或者大部分都属于易暴露的手术,按照防控中心的划分,医生不能从事这样的手术。医生的手术存在受伤的可能性,病人有可能接触到他的血液。

医生提起了诉讼,称医院违反美国康复法和美国宪法正当法律程序之第14条修正案,以及违反合同和侵犯隐私。他要法院发布禁止令,并索要赔偿及惩罚性赔偿。

一审地区法院支持医院,认为医生无权获得法律救济。法院称,原告要确立医院违反上述法律,剥夺了他的行医权利,受到了工作歧视,就得证明:第一,他有残疾;第二,他有资格得到雇佣且获得利益;第三,他因为残疾而被剥夺了雇佣和收益。也就是说,原告要证明自己 HIV 阳性是身体上的一种残疾,而他 HIV 阳性残疾并不影响他在医院从事外科手术;医院因为他的残疾剥夺了其工作的机会,这就构成了法律上的歧视,医院是一种违宪的行为。

法院援引了最高法院对于患有传染性疾病者的资格问题的判例,最高法院提出了四阶段的测试程序:第一,风险的性质,疾病如何传播;第二,风险的期限,疾病携带的时间长度;第三,风险的严重程度,对第三人的潜在危害;第四,疾病传播的可能性和导致伤害的级别。

法院以此尺度衡量原告医生的情况,结论是:医生不具备神经外科住院医生的资格。法院说,即使医生采取超级的预防措施,比如戴两层手套,一只手缝合,使用钝头固体针头,也不能排除医生手术行为存在的风险。因此,法院支持了医院,原告的诉请被否决。①

---

① John Doe v. University of Maryland Medical System Corporation, et al., No. 94-1462, 50 F. 3d 1261; 1995 U. S. App.; 4 Am. Disabilities Cas. (BNA) 379. 1995.

29　助产士是医疗职业人员吗？

一个大家经常挂在嘴边的话，就是"医疗卫生"是一个特殊的行业，因此医改不能简单地套用特定的分析模式。但是最近，这句话也遭到改革派的激烈攻击，认为特殊性不是不改革的借口。

谁是谁非，不是这里要讨论的议题。但是，医疗行业有特殊性，也还是成立的，只不过，因为特殊性，才希望有特殊问题的解决方案。

医疗卫生的特殊性，至少存在两个方面，其一，医生与病人，不是简单的商品或服务的买卖和交换，医疗是公共事业。拿经济学的术语来说，那里存在公共需求和公共服务。国家和社会的医疗卫生事业，不能靠医生/病人私人行为来完成。

公共产品和服务，不能简单地拿18世纪的经济学来解释。亚当·斯密是古典经济学之父,"充分的市场、自由的竞争、需求和供给、无形的手、最低限度的政府",都出自他那里。在涉及国防、警察、消防、道路、教育、医院的时候,斯密并未简单以商品的生产、流通和消费框架去分析,而是将它们纳入到财富再分配中去讨论,因为这些公共的服务不是来自简单的商品生产和交换,而是来自公共的财政与税收。18世纪公共卫生的概念出现之后,医生与病人的关系,不再是单向度的买卖关系,而是涉及国家和政府的多向度的复合关系。古典经济学可以用,但是,它不够用,我们需要更复杂的经济学。

其二,医疗人员的特殊从业资格和管理,也就是说,医疗行业的从业人员是"职业人员"。不是什么人都可以从事医疗活动,医生也罢,麻醉师也罢,护士也罢,都要经过大学或者职业学院的学习、统一的考试、定期的培训、经常的监督与考察,通过考试拿到资格,经过注册拿到特许权。

人类社会的发展,个体性与社会性相伴而生。个体利己,社会利他;人求自我的发展,自我的发展又离开不了他人。个体要扩展自我的极限,就要与他人的联合,同类的人联合在一起,扩展了自己的活动深度和广度。联合的表现之一,就是同类人形成"职业的团体"。医师与律师,都是典型的职业团体。

职业团体又是一把双刃剑,一则促进了行业的专门化和精细化，更好地服务人类；二则排除了团体之外群体的活动，形成行业的垄断，独享行业的特许权利益。中医与西医之间一向有许多争议。中医界反对以西医的标准要求中医，因为按照西医的标准，许多中医师拿不到执业资格。没有医师资格就断了中医的生路和财路，中医肯定不同意。但目前中西医都各得其所。

这里，我们的重点是考察医疗活动主体的权利和义务，因此，本篇集中于讨论后一个话题，这就是，医疗从业人员的职业性质。各类医生都是职业人员，这是没有疑问的。医生之下，还有麻醉师和护士。早期，医生指导下的护士和麻醉师只是职业医生的辅助人员，并不具有独立的法律人格。随着社会的发展，他们都变成了职业人员，都有各自的行业资格。非医疗职业人员被排除在医疗团体之外，医疗从业，有垄断的性质。

历史地看，一直从事医疗或者准医疗活动，但是从来没有走入"职业团体"、独享职业利益的人群，应该算是助产士。

助产士的历史不短于医生和护士的历史。但是冰火两重天，现代社会对医生和护士爱护有加，对助产士则横眉冷对，总要把他们排除在医疗活动之外。助产士有经验，可以帮助孕妇减少疼痛、恢复身体，但是她们没有文化，没有接受教育培训，没有官方颁发的执照。于是，提出的问题是：助产士自行接生，甚至在医生指导下接生，是在从事医疗活动吗？在医疗不发达地区，助产士能充当产科医生吗？她们是非法行医吗？

下面，我们看一个完整的案件[①]，考察一下助产士在现代医疗社会中的法律困境，从而认识医疗行业资格制所带来的医疗从业人群的分化和不同命运。

R 女士称自己是一名注册的助产士，在堪萨斯为孕妇提供产前、生产和接生服务，所做的事情类似于职业注册护士或者治疗术的实践人。R 在当地颇有名望，社会影响力也存在。但是，助产士的活动受到州医疗管理机关的诟病，官方想将助产士排除出医疗人员之外，认定他们没有权利从事包括接生助产在内的医疗活动。

州治疗技艺委员会和护士委员会对 R 展开调查，发现了 R 的三宗事例：第一，双胞胎中的一个死亡，R 助产士拒绝允许母亲到医院，有证据表明 R 叫来了救护车，当时其中一个婴儿已经死亡；第二，虽无证据证明，但是，R 想帮助另外自称为州及全国注册助产士的人从事助产业务；第三，R 帮助一名护士接生，在地方医院实施接生助产活动。

---

① The State Board of Nursing and State of Kansas ex rel. State Board of Healing Arts v. E. Michelle Ruebks, No. 73，851 259 Kan. 599；913 P. 2d 142，1996.

在两家委员会的要求下,一审法院发布临时限制令,限制 R 助产士的助产活动。随后,法院主持召开关于临时禁令的听证会。

听证会上揭示,R 所从事的辅助产前照顾、接生和产后照顾活动,只能配称业余的助产活动。R 是堪萨斯州助产士协会的主席,她称自己遵从协会所颁布的标准,包括每月的探访、生产检查和辅助、产后照顾。她说,她与妇产医师一起工作,医师知晓她的工作方式。在怀孕过程中发生状况,医师也能给予顾问意见,需要的时候也能给予医疗的检测。

R 助产士不做广告,但是她的教会、朋友和基督教徒们口口相传都知道她,她在全州接生,在许多地区都有指导医师。R 不为自己的服务收费,视自己的工作为慈善的牧师事业。有些家庭给她金钱,有些给她物品,更多的情况是无偿服务。R 证实,她完全遵守堪萨斯州的《出生统计法》,按照州法要求登记所有的新生儿。

听证会的证据材料方面,有如下证人证言:第一,产科和妇科大夫甲证实,她审查了堪萨斯助产协会的照顾标准,认为这些标准类似于妇产业务水平,甲医生的结论是,R 助产女士给出的产前评估就是产科诊断。第二,乙医生证实,R 助产女士从医生那里获得的产科处方,会发生子宫收缩的效果。她还说,堪萨斯州助产士协会的关于母子产后状况的照顾标准,涉及了产科判断。在她看来,产科是医学或外科医学的一个分支。第三，丙是堪萨斯州执业注册高级护士及护士/助产士，她代表护士提供证明。她审查了R助产女士的执业记录，证明其活动涉及了护士业务。她称，从记录中她不能分辨出谁在操作、谁在记录、谁在输肠管、谁在输氧，虽然这些工作不全由护士承担，但是这些工作需要相关的教育、经验和最低限度的能力。

听证会后，一审法院作出了有利于R女士的判定。法院称，州治疗技艺委员会和护士委员会的禁令都涉嫌"模糊违宪"。法院看来，R女士的助产实践不属于，也没想要归属于治疗术或者护士行为。即使两委员会的规定合乎宪法，R女士的行为也是《堪萨斯治疗技艺法》和《堪萨斯护士法》规定之外的情形，不受此两法的约束。

州治疗技艺委员会和护士委员会不服一审法院的判决，向堪萨斯州法院提起上诉。州最高法院作出了判决。

法院对事实的认定是，R女士无非是一个业余的助产士，她通常在医生监督、指导下工作，她没有开具处方药，没做过缝合手术，没做过子宫或者阴道割伤，没有诊断过血液类型，她只是从事非医生开展的通常和适当的活动。

法官引用堪萨斯州法律对治疗术的定义，治疗术包括体系化、处置、手术、诊断、开处方、实践活动，涉及查明、治愈、解除、减缓、调整或者矫正人类的疾病、小恙、畸形或损伤，包括特定的但是不限于医疗和外科、产科医疗和外科、脊骨按摩治疗。

治疗术的主体包括，第一，公开宣称的医师或者外科医生，或者公开推定为医师或外科医师及其他分支的人员。第二，开处方、建议或者提供医疗或药品，或者从事外科手术，不管是使用外科工具、步骤、设备还是机器装置，用以诊断、治疗伤、骨折、身体损伤、体弱、疾病、身体或者精神或心理障碍。

难能可贵的是，法官在判词中梳理了助产士和治疗术的法律简史。

在欧洲，助产士自圣经时代到中世纪都是女人从事的行业。中世纪后，妇女治疗师通常被排斥在大学之外，不能获得医疗的训练或者学位。随着理发师/外科医师镀金时代的兴起，妇女被禁止使用外科器具。

不过，当助产士移民到美国后，她们获得了极高的威望。有些社区给予他们执照，有些则未给予。此情形持续到19世纪末期。19—20世纪之交，医疗实践变得更加规范。经济和社会地位高的医生要求更严格的执业法律，惩罚那些无证行医者。学者发文称，行医执照是市场控制的工具，助产士既然被剥夺了获得培训的机会，就不能成为新的产科医生。同时，从医疗行业中排除助产士，也促进了产科科学的发展，产科最后成为成熟医学的一个特定专业。

法官回到堪萨斯州的法律，州法限制医疗从业人员，将从业者仅限于正式的合乎资格者。其中，不包括助产士。州法有两点理由，第一，法律明文规定，医疗人员只包括那些治疗"生病"的人们。"生病"只指身心不适或虚弱，遭受疾病、生病和小恙，而非健康或者失调。第二，另外一个方面，堪萨斯州特别是在州乡村，没有足够的受过教育的医生为全州新生儿接生。到1910年止，全国大概50%的新生儿，都是在助产士帮助下出生的。

法官说，到1901年，治疗术只限定于伤、骨折或者身体伤害、虚弱或疾病，自然生产并不在其中。但是，助产士依然普遍存在，生育尚未变成医师统帅的领域。

早在1868年，产科就被认为是医学的一个分支，但是，助产士不被认为是在从事产科业务，产科也没有被普遍视为医学的一个分支。1901年，北卡罗来纳州认可产科是医学实践，但是，女助产士作为特殊团体，未被列入执业师之列。在堪萨斯州，严格的医学不包括产科。"医学的定义是处理疾病预防、治疗或者减缓的科学和技艺；在狭窄的意义上，恢复和保存健康的科学和技艺，不同于外科和产科。"

20世纪初，堪萨斯州通过了出生登记立法，要求出诊医生或者助产士为地方登记机关出具出生证明。在这部法律中，医生和助产士要注册他们的姓名。这部法律是为了人口登记，到1951年废除的时候，另外一部法律规定如何搜集出生信息，助产士和医生仍然要出具出生证，但是不要求他们登记。

助产士的衰落发生在20世纪前三十年。到1930年，非医生助产出生率下降至15％。到1975年，助产士帮助下的出生率少于1％。医师和外科医师、整骨医师和脊骨按摩治疗师的独立编制，有了现行的《治疗技艺法》，规范治疗技艺、医疗和外科实践。

1978年，堪萨斯州立法机关创立了一个新的护士分类：高级注册护士从业者（ARNP）。其中的一个分类，就是"执业护士助产士"。如此，有了职业助产士与业余助产士的区分。对于业余助产士，每个州规定不一，许多州开始宣告助产士违反《治疗技艺法》。

1986年，有司法判决认定，业余助产士在25个法域得到法律的许可，有了专门的规定。12个州，法律既无规定也无禁止性条款，有些州同时认可业余助产士和护士助产士。有些只对护士助产士颁发执照，有些区分两者分作不同职业，有不同的标准和限制。

1991年，堪萨斯州议会治疗技艺辩论大会上，决定增大对无执照医生的惩罚。对助产士如何处理发生争议，有众议员呼吁宣布助产士为无效的治疗技艺，也有参议员呼吁保护助产士。

1993年，治疗技艺委员会称，"助产行为是医师和外科医师的实践，州护士委员会未规定的个人实践或者无执业医生或整骨医生指导下的实践，构成无证行医。"1995年堪萨斯州有一个判例,无证行医的助产士受到刑事的指控,但是陪审团宣告无罪。州政府上诉,被告则称《治疗技艺法》违反宪法。上诉法院认为,无证从事治疗术活动,是一种严格责任的犯罪,不需要犯罪的目的。缺乏法律明确规定,法院就不会考虑被告是否违反宪法的议题。法官说,《治疗技艺法》的全部目的就是保护公众免受非职业的、不合适的、非权威的和无资格的治疗技艺实践,让人们获得有能力的、值得信赖的从业者的服务。法官继续说,《治疗技艺法》所使用的语言术语是通常的、限定的和明确的。法律用语不存在模糊的地方,一个通常智商的人不存在困难去理解法律所规定的内容。

州最高法院的认定是,一个方面,《治疗技艺法》并不违反宪法,因为法律所用的词语与术语都有容易理解的含义,不会引起争议。另外一个方面,尽管州最高法院认为《治疗技艺法》不因为用词模糊而违宪,但是州最高法院也认定该法并没有规定助产士。既然法律没有规定助产士,那么委员会认定助产士违法,禁止助产士从业,法律理由也不充分。

法官说,"治疗技艺"清楚明白地专指病理学(比如疾病)和异常人类状况(比如虚弱、异型或者伤害),而怀孕和生育既非"病理"又非"异常"。将助产士等同于产科,当作是医疗的从业者,这就漠视了历史的真实性。助产士和产科并存了许多年。从美国建国初期,产科和助产士的关系从和谐共存、相互合作和共同发展,发展到公开的市场竞争和相互敌视。

从法律规制医疗和外科实践时起，接生孩子尽管是在医生帮助下进行，但也不是医疗和外科实践。从技术上看，产科本身不是医疗科学与技艺的一部分，尽管医疗时常地适用于产科实践。接受过医疗训练的人与没有医疗学位的人竞争，并不能够让后者变成医疗的实践者。

即使传统的和经过时间考验的助产士技术，足以符合医疗或者外科意义上的技术定义，如果立法不准备规制历史悠久且独立成长的助产实践，那么它也不应该被当作医疗或者外科的实践，受到《治疗技艺法》的约束。脊骨按摩不是产科，助产士与脊骨按摩重合处也就不是产科，即使与医疗和外科相互关联，也不属于医疗或者外科的技艺。

最后，法官回到本案的具体情况。R女士在医生指导下工作，助产本身不是治疗技艺的实践。因为R女士在医生指导下工作，她超出助产部分的行为被排除在治疗技艺之外。护士的实践是指具有实质特殊知识的实践活动，涉及生物学、物理学、行为科学和教育学。R女士没有特殊的科学知识，没有接受过高中之外其他的任何教育，她的工作有价值不是因为科学原理的精致把握与牢固的运用，而是因为如同前数代助产士那样具有助产的实践经验。护士要面对那些经历过健康衰退的人，要进行相应的处置，而孕妇和生产并不是健康的衰退，而是健康的持续。

法官说，护士的历史与助产士的历史有类似的地方，都在医生指导下工作，但是，法律规定了专门的护士法律，使之成为治疗技艺中的一部分，而没有助产士的法律。护士法里没有规定助产士。帮助生产、经验丰富、给母亲提供舒适，这些都不是护士法下的护士行为，护士却是需要颁发执照的。

州最高法院的最终判决，部分支持一审法院的判决，部分撤销一审法院的判决。在支持部分，州最高法院支持助产士，否决州治疗技艺委员会和护士委员会的临时禁令；在撤销部分，州最高法院认定，州《治疗技艺法》和《护士法》并不违反宪法。

30　无医疗保险病人的权利

病人无钱治病，生命危在旦夕，医院怎么办？救治，医院财力亏空；不治，违反人道原则。面对此难题，医院在法律上如何做？

我们说过，医疗财力的筹措手段有三，一是政府埋单，资金来自税收，比如社会保障税；二是社会保障，资金也来自税收，但是国家不干涉社会自治机构的运作；三是市场运作，资金来自商业保险。

这是理论上的分类，实践上，往往是混合型的，既有政府主导部分，又有个人缴费部分。政府主导部分只保证基本的医疗服务，个人缴纳部分，财富与医疗服务水平成正比。

在极端情况下，无钱无保险的急诊病人进了急症室，就需要特别的法律来处理，通常，法律会要求医院提供必要的医疗服务。

其中,隐含的哲学问题是,病人的健康与生命,是国家的财产,还是个人的财产?现代自由主义的看法是,生命是个人的天赋权利。从积极的意义上说,生与死,决定权在自己,他人无权干涉。从消极的意义上说,一个人无钱治病,那是自己的事,别人可以帮助你,但是没有法律上的义务帮助你。

有规则,就有例外。看着自己同类死亡,有能力去帮助而不伸出援助之手,会有道德上的罪恶感,虽无法律上的惩罚,但违反人道的责任。

一个小偷去被告家里行窃,被被告设置的枪支射中大腿。小偷要被告承担医疗费用,被告说,小偷的行为是非法闯入,房主有权利对非法闯入者实施武力。这种武力是合法的行为,既然是合法的行为,房主就没有法律的义务承担小偷的医疗费用。法官最后支持了小偷。在判决书中,法官说,健康不是个人的事,而是社会的事。残疾人是社会财富的减损,隐含的意思是,人的健康本身就是社会的财富,残疾人是社会的一种负担。因为这个缘故,法官判定被告房主承担小偷的医疗费用,这成为法律上人道的责任。

下面这个病人不当死亡的案件更为极端一些。我们通过法院的判决,仔细体会一下:病人无钱、医院放弃治疗,最后导致病人死亡,医院会承担什么样的责任?

基本案情是,被告医院有政策,如果病人无保险或者保险到期，医生就要放弃治疗病人。医生认为这个政策干涉了医生的医疗判断，但是，病人还是被医院放弃，被转到公立的健康中心，最后死亡。病人的父母对医院以及医院的母公司提起了诉讼。

具体案件事实是，1986年6月12日，病人入院，当时他16岁。病人患有抑郁症，并有自杀的念头。病人的治疗团队有医生、护士治疗师和社会工作者。住院期间，病人有幻听、杀人与自杀倾向、严重抑郁等症状。病人的医疗保险截止日期为1986年7月12日。日期临近时，医生需要做一个血液测试，以决定病人服药的剂量。

血液测试安排在7月13日，正好是病人保险截止日的第二天。医生请求医院管理人允许病人在医院多呆两天，到7月14日，病人的父母签署了期票支付两天的费用。但是，测试结果直到7月15日都没有回来。7月14日，病人被放弃治疗，转院到了县非医疗性质的心理康复机构。

被医院放弃后，病人在家度过了一周。7月22日，他到了心理康复机构。在那里，他有了临床心理医生。两天后，病人与心理大夫预约7月30日见面，但是届时病人没有出现。第二天，病人超量服用致命的处方药，最后死亡。

病人父母对医院提起了诉讼。原告的证据表明，病人被放弃治疗时候的状况，比他进入到医院的时候还糟糕。被告的证据则称，病人的状况得到了改善。

一审法院支持病人父母，判定医院和医院上级母公司赔偿原告，并处以惩罚性赔偿。具体地，陪审团判定原告得到100万的损害赔偿。法院判定，除了损害赔偿外，因为医院故意和恶意的行为，医院承担200万的惩罚性赔偿，判定医院的母公司承担400万的惩罚性赔偿。

被告不服，提起上诉。上诉法院作了详尽的分析，我们分别来看。

第一，针对一审法院分别判定医院和母公司承担惩罚性赔偿，上诉法院认定：一审法院存在错误。

按照法律原理，如果母公司对子公司实际控制，将后者仅当一个工具，那么母公司为被控制的子公司承担责任。这样的情况下，母公司与子公司独立身份不予考虑。母公司与子公司被当作同一法律人格。上诉法院认为，认定一家公司是另外一家公司的工具，那么两家公司要被认定为一体，共同承担连带责任。因此，分别判定惩罚性赔偿是错误的。

第二，关于医生与医院的关系，上诉法院说，既定的原则是，医院对病人负有注意的义务。医院对病人存在义务，如果不存在明显过失或者危险，应该遵守医生对病人的指导。医院有权利合理监督和审查医生在医院里的治疗方案和实施方案。即使如此，医院也不能干涉医生的医疗判断。按照理智之人的标准,医院不能因为病人的保险到期就去干涉医生的医疗判断,让医生抛弃病人。

第三,病人保险到期,医院放弃病人会导致法律责任吗?

上诉法院说,原告提供了充分的医院雇员的证词和院外专家的证词。

医院的一位护理治疗师证明:医院有规定,如果病人保险到期,医院有放弃病人的政策。他说,在治疗小组会议上,就制定了放弃病人的计划。当医生、其他精神大夫和治疗师谈及保险的时候,医生们似乎都缺少自主性。

护理治疗师证明说,他们说过"就这样放弃吧,我们必须这样做"。治疗师最后证明,当他休假回来后,病人已经不在医院。他问过几个医院雇员"为什么病人不在医院",他们的回答是,"他被放弃治疗了,因为保险到期了。"

另外一名医院的前雇员说,几个雇员表示过担忧,担心病人的临近被弃。一名治疗师解释说病人不能呆在医院了,因为他的保险到期了。他说,主治医生担心放弃治疗,明显存在着挫折感。

原告的专家证人称,基于病人在医院期间的考察,病人被放弃,是基于保险的缘故,而不是他的医疗状况。其他的专家证人称,根据病人被弃时的严重状况,保险到期必定导致医生放弃病人。专家进一步证明,关于相关注意标准,医院的实践没有达到注意的标准,导致了病人的死亡。

至于医院是否存在故意和恶意,法官持肯定态度。他说,故意违反法律、明知故犯、自由放任,都是故意的行为。有邪恶的目的、不必要的行为、粗心漠视他人权利,都是主观的恶意。由此,上诉法院认定:有证据充分证明,医院存在故意和恶意。

第四,医生的过失是否免除医院的责任?

被告医院称,病人死亡,医生也存在着过失。医生的过失,中断了医院与病人之间的因果关系,承担责任的应该是医生而不是医院。

上诉法院法官不认同这种看法。法律上,因果关系的中断必须有一个新的原因,干涉了原初过失与最终的伤害,中断了原来的因果关系链。

本案中,有证据表明,医生是因为病人保险到期而要放弃病人。事实是,医生不能全部揭示和告知病人情况、警告病人的家属,只能把病人送到非医疗的公共机构。病人的父母也不能照顾病人。

所有这些,不能排除医院抛弃病人的政策导致的结果,医生过失和病人父母的过失并不中断医院放弃政策与病人死亡之间的因果关系。

第五,病人死在康复中心,而不是被告医院。康复中心的经历是否中断和免除医院的责任？

心理健康中心的医生是否存在过失，从而导致病人的死亡，是否中断被告医院与病人死亡之间的因果关系？上诉法院认为，证据不足以肯定这一点。被告称病人的父母存在着与有过失，因此应该减少医院的赔偿。法院则认为，与有过失不阻碍不当死亡诉讼中的赔偿。况且在这里，被告的行为是故意和恶意的。

第六，一审法院判定巨额的惩罚性赔偿是否合理？

被告认为，判定惩罚性赔偿是损害赔偿的6倍，不合乎宪法的规定。法院说，没有明确的界限如何判定惩罚赔偿金数额；惩罚性赔偿是损害赔偿的几倍，是合宪还是违宪的。因为有先例判定，惩罚赔偿金是损害赔偿金的526倍。

第七，陪审团成员有违规的行为，是否应该有一个新的审判？

被告称，陪审团里有一位成员存在着失当行为，应该有一个新的审判。被告说，有一名陪审员怀有偏见，因为在审理期间，她向其他陪审员提及她的女儿曾经的经历，说女儿在青春期时曾经有过自杀的念头。这会影响其他陪审团的独立公正判断。上诉法院说，对此异议，一审法院曾在判决后专门为此事开过一次听证会，认定陪审员活动并无不当。上诉法院法官认定，一审法院没有滥用裁决，不同意被告的看法。

上诉法院最后的结论是：一审法院不存在错误。只是在判定惩罚性赔偿部分，给予了修改，不能单独判定被告医院与上级医院分别承担惩罚性赔偿，而应该承担共同的连带责任。①

---

① Delbert Joseph Muse and Jane K. Muse v. Charter Hospital of Winston-Salem, Inc and Charter Medical Corporation, No. 9318SC265 117 N. C. App. 468; 452 S. E. 2d 589, 1994.

31 老兵残疾补助的权利

病人曾经于 1975 年 6 月到 1997 年 3 月在部队服役,后诊断出患有心脏纤维颤动。为了解决每日发作的晕眩、头晕和目眩,他于 1999 年 3 月在退役医疗中心做了切除手术,并于 1999 年 7 月安装了起搏器。在接下来的 10 年间,病患没有消除。其间,病人接受退役医疗中心的治疗,同时,还接受私人心脏医生的治疗。该私人医生早在 2000 年就开始诊断该病人。

2007 年 6 月,病人到退役医疗中心检查起搏器。病人告诉退役中心的护士,他在 2007 年 1 月又发作过,接受过私人医生的治疗。病人希望不再做切除手术,咨询做一个心脏颤动的迷津治疗。退役中心的护士说,退役医疗中心不做迷津手术,但是她说她可以让退役医疗中心的公职医生审查病人的记录、给出进一步的建议。七天后,医疗中心的医生审查了病人的病历，说迷津手术是一种合适的选择。因为迷津手术需要特殊的操作人和特殊的设备，退役医院做不了该手术，只能在其他地方机构进行。

2007年7月，病人与私人医生讨论心颤动的手术和治疗事宜。私人医生的进度记录没有提及退役中心的推荐或者转院意见。记录表明，讨论紧跟起搏器检查之后的状况。病人想与卫理公会医疗中心的私立医生直接讨论手术的事，私人医生也建议病人与退役医疗中心的公职医生讨论目前的情况。但是，没有迹象表明病人在2007年手术前接受了私人医生的建议。

病人与私人医生讨论后的第三周，另外一名私人医生评估了病人的迷津手术，在进度记录中，后一私人医生感谢前一名私人医生为他介绍了病人，但是没有提及退役中心的推荐和转院意见。随后，2007年8月，私人医生在卫理公会医疗中心做了手术，手术费用由病人和他的私人保险承担。手术中，病人右膈神经受到损害，心脏组织有待进一步的手术。

2008年7月，病人向退役事务部申请因迷津手术发生的残疾补助。他说，手术虽然是在卫理公会医疗中心里做的，但是却是退役医疗中心心脏部的推荐。病人称，退役事务部应该承担因推荐手术而发生的损害责任。

退役事务委员会接受了病人的申请但是拒绝了他的诉请。委员会认定退役医疗中心的医生只说迷津手术是可以选择的方式，但是手术却是在非退役机构由非退役医院的雇员操刀的。委员会认定，没有证据表明退役事务部要求私人从业者代表退役机构组织手术，或者退役机构监督或与私人医生存在合同。委员会的结论是，病人处于退役人员残疾补助项目之外。

也就是说，病人在私人医院和私人医生那里接受了手术，称是退役机构的推荐，认为退役机构应该补助病人；而退役机构则否认做过特定的推荐和监督，不认可病人能得到退役机构的经济补偿。

美国军事和退役法律规定了获得残疾赔偿的三个先决条件：第一，申请人必须证明残疾不是自己故意的不当行为的结果。第二，残疾必须是源自特定的医院护理、医疗或外科手术，或者检查。这里强调：医疗行为必须是在退役人员事务秘书处领导之下、特别地为退役人员提供。要么由事务部雇员行使，要么在事务部的机构内进行。第三，残疾的最近原因必须是过失，或者不能合理预见的过错情况。

退役人员事务申诉委员会认定，病人不符合法律规定的第二个条件，也就是因果关系要件。退役医疗中心的医生只是说迷津手术是一种选择，而病人是在私立医院的私立医生那里接受的手术。两者的因果关系建立不起来。

法律对于因果关系的认定有一个发展的过程。早期的法律强调病人的损害与退役医疗中心之间的因果关系，1996年修改为,侵权法上法律上的因果关系或者最近的因果关系,强调病人损害的可预见性,因果关系不能过于"疏远"。

本案件中,病人的残疾不是退役事务部行为所致,是其遥不可及的结果。事实上,病人见到退役中心医生后的一周后,病人访问了他长期有联系的私人医生,是这个私人医生推荐他去找卫理公会的另外一名私人医生,这里,退役事务部没有涉及其中。而且,退役事务部与手术的私人医生之间不存在任何的合同关系或者代理关系。

最后,病人称他从来没有得到通知,告诉他不在退役人员机构里做手术会影响到他获得残疾补助的资格。由此,第一,病人认为他有宪法保护的财产权,以申请残疾补助;第二,没有得到通知,他就被剥夺了财产的利益和失去了机会。

法院认为,法律规定,退役事务部的告知,是劝告的义务,而非强制的法律义务。除非退役部"引诱"病人放弃其资格,病人才有可能提起宪法上正当法律程序的请求。但是,本案件中,病人没有提出证据证明这一点。

没有事先告知病人残疾补助的条件,是否构成对病人正当法律程序的侵犯?法官持否定的态度。法官说,本案件中,当病人被告知退役事务部不做手术时,他就没有资格获得残疾的补助了。事实上,他没有在退役事务部做手术,没有遭受再次残疾,也没有申请残疾补助。除非他合乎残疾补助的条件,否则病人的财产利益就无从存在。如果非退役服务机构的第三方过失导致了损害，那么没有通知病人残疾补助事宜，也不构成违反宪法上的正当法律程序。法官认定，无事先的通知不是残疾补助项目的必要前提。

基于以上考量，法院判定，退役事务申诉委员会的决定应该得到维持。病人不能从退役事务部获得残疾补助。[1]

---

[1] Paul L. Ollis v. Robert A. Mcdonald, Secretary of Veterans Affairs, No. 14-1680, 27 Vet. App. 405; 2015 U. S. App. Vet. Claims, 2015.

32　病人的宪法权利

我们一直在讨论医疗法律关系中"医院—医生—病人铁三角"中各方的权利,最后以病人的权利结尾。病人的权利,我们可以从两个维度来理解,一是民商法律中病人的权利,二是宪法意义上病人的权利。

民商法律中病人的权利,容易理解。我们讲医患关系中都是围绕病人的权利展开的,知情同意、合理注意、信息披露、信赖保护等,对于医生来说是义务,对于病人来说就是权利。

值得思考和探讨的问题是:医疗活动究竟是以医生为中心,还是以病人为中心?目前还没有统一的认识。以医生为中心,可以提升医疗技术水平,增加医生的荣誉感;以病人为中心,可以实现希波克拉底的誓言,提升治病救人的神圣性。

既然两者缺一不可,加上医生/病人相互依存,我觉得提"以某某为中心",本身就是有局限的。与其提"中心",还不如提"医生与病人的相互关系"更恰当。以"关系"的概念替代"中心"的观念,更有利于医疗活动的展开。病人重要,医生也同样重要。

宪法上病人的权利,则是个有争议的问题。通俗地讲,宪法保护病人的权利吗?病人的健康权是宪法上基本的权利吗?一个人生病,国家就必须对他进行治疗、保证他的健康吗?

民商法中的病人权利,涉及医生与病人的关系;而宪法上的病人权利,则涉及病人与国家的关系。国家是否应该保证其国民享有健康、治疗和减轻病痛的权利?学者们对此争论不已。否定者说,宪法并没有明确规定"健康权",只规定了选举权、自由权、生命权、劳动权、救济权、教育权等;肯定者说,宪法虽无明确规定单独的健康权,但是,宪法第45条规定了国家提供为了健康的物质保障权,以及国家发展医疗促进卫生的权利。

要弄清这个问题,通常简单的办法是回顾历史与比较研讨。人类健康的权利是一个晚近的概念,直到20世纪60年代才提出来。17世纪的哲学家洛克,他的提法是公民的"生命、自由和财产";18世纪的美国政治家杰斐逊,他的提法是"生命、自由和追求幸福";19世纪的哲学家边沁,他的提法是"生存、平等、富足和安全"；20世纪40年代的美国总统罗斯福，他的提法是"言论、信仰、免于匮乏和免于恐惧"。

直到1966年，联合国《社会、经济和文化权利国际公约》，才提出"健康权"的概念。但是，这是国际公约，不是民族国家的国内法。与之对应的，则是早先的联合国《公民权利和政治权利国际公约》。这两个公约连同《世界人权宣言》，被认为是最重要的三个人权国际文件。

各国对于这两个公约的态度是不一样的。西方发达国家重视"公民权利和政治权利"公约，第三世界国家重视"社会、经济和文化权利"公约。两种不同的态度，决定了"健康权"在不同国家的命运。

也就是说，发展中国家会在宪法的层面提出"健康权"的概念，国家保障公民健康的基本权利；而在西方发达国家反而不将健康权入宪。这是个耐人寻味的问题，如同以前我们提到过的美国的做法，人生病了，你可以去医院看病，但是别指望国家给你出医疗费；你有堕胎的权利，但是别指望国家给你出流产费。

拿宪法学家的概念来说，健康权是一种"积极的权利"，它需要国家积极地行动来实现这种权利。它不同于言论、信仰和自由类的"消极的权利"，国家不侵犯个人就达到了。从这个意义上讲，健康权体现了"社会主义优越性"。

同时，也要注意，有宪法规定，不一定在现实生活中就能保障病人的权利。反之亦然，即使宪法没有规定健康权，如果病人可以通过宪法原则捍卫自己的权利，病人也可以在实践中实现自己的宪法权利。

下面讲的两个案件就是这样的情形。病人的权利无法律的依据，但是可以通过宪法的诉讼，来主张自己的权利。前一个案件，病人胜了；后一个案件，病人的权利要求被否决。

案例一：1987年11月20日，韦德死于拉斯维加斯的公寓里，身上多处刀伤，分布在头部、胸部和背部。45个小时后，嫌疑人大卫被捕。

羁押期间，被告人告诉医生，他有幻听且失眠，说曾经服用过抗精神药，医生给他开了抗精神药，从100单位逐渐增加到了800单位。另外，还给他开出了抗癫痫药。

1988年1月，被告人要求鉴定行为能力。4月，法院指派3位精神分析师给被告人做检查，当时被告人的服用量为450单位，三位医生以2比1的比例认定被告人具有行为能力接受审判，一审法院判定，被告人有法律上的精神能力，可以开庭。

6月，被告人请求一审法院下令停止服用抗精神药和抗癫痫药，直至审判结束。被告人说，根据美国宪法修正案第十四条和内华达州宪法，服用此药会侵犯他的自由，药效影响他的精神状态会剥夺他的自由，违反正当法律程序，因为被告人将精神疾病作为抗辩理由，以让陪审团明了他的"真实精神状态"。

因为法律不允许对精神病人的审判，因此法院有权力强迫被告人吃药，以保证他在精神健全下的审判。1988年7月14日，一审法院举行证据听证会。会后，一审法院否决了被告的提议，不得停药，但是，说理只用了一页。随后的审判全程中，被告人每天服用800单位的抗精神药物。

一审中，被告人说，受害人死亡时，他此前服用了可卡因，他承认与受害人打斗，受害人要杀他，被告人说他脑子里有声音说杀死受害人是合法的杀人。陪审团判定被告人持致死武器谋杀罪和持械抢劫罪成立。刑罚听证会后，陪审团判处被告人死刑。

二审中，被告人说，服用抗精神药影响到了他的态度、外形和举止，每天服用800单位，违反了他的宪法权利。二审维持了一审的判决，认为专家证词已经证明，禁止停药既非滥用自由裁判，也非违反被告人的公平审判权，被告人被判罪名成立，判定死刑。

最高法院下达提审令，决定强迫服用抗精神药，是否违反宪法的第六条和第十四条修正案？

强制与非自愿服药，是否违反第八修正案反滥用酷刑的规定？当事人未提及，最高法院就不判断。被告人说他非自愿地服药，有违他受到充分和公正审判的宪法权利。安全保证和强制，不能超越被告人拒绝抗精神药的自由。

下级法院没有认可被告人免予抗精神药的自由,这个错误损害了宪法所保护的被告人应该享有的公正审判的权利。

很清楚,药物的副作用不仅影响了被告人外在举止,而且影响了他被审查和交叉询问下证词的内容、他驾驭程序的能力、与他法律顾问交流的实质。

为了州的重要利益,审判的偏见也有合理的地方。比如在极端的情况下,被告人会发生自残的情形,捆绑塞嘴被告人。但是在本案中,强制服药促进州利益,不存在坚实的基础。

最高法院发回重审,撤销下级法院的判决。①

案例二:《联邦食品药品和化妆品法案》,禁止州际之间"新药"的分配,除非向健康、教育和福利秘书处申请且得到批准,有实质性的证据证明该药品的安全和有效。安全有效的评估,由有资历的受过科学训练的和有经验的专家进行。

1975年,一位晚期癌症病人及其配偶提起集团诉讼,禁止政府干涉州际拉伊特拉尔药品的运输和销售,因为这个药品没得到批准。该药品如果使用得当,是无毒的和有效的。一审法院命令政府允许该药品的有限购买,上诉法院让一审法院重审,请食品和药品管理局确定拉伊特拉尔是不是"新

---

① David Riggins v. Nevada, No. 90-8466, 504 U. S. 127; 112 S. Ct. 1810; 118L. Ed. 2d 479; 60 U. S. L. W 4374, 1992.

药",如果是新药,那么就要决定该药品是否可以纳入"入市前的免批项目"。

听证会后,食品和药品管理局发布结论,此药没有统一的定义,只有化学成分的描述。管理局认为其依法为新药,因为没有被专家们一般认可是安全和有效的,结论是此药的安全性和有效性没有得到充分科学可控制的研究支持。而且,也不认可此药可以纳入"入市前的免批项目"。

一审法院再审时承认管理局的新药鉴定,但是,却判定可以纳入"入市前的免批项目"。称不让癌症病人使用无毒的个人用药,管理局违反了宪法保护的私人利益。上诉审也说,安全与有效不适用于晚期癌症病人,反正要死了,没有实际标准判定此类人的用药是否安全有效。结论是既然口服有毒,那么就限制性静脉输液,并在医生监督下使用。

最高法院发布提审令,撤销了上诉法院的判决。《联邦食品药品和化妆品法案》没有针对晚期病人用药的特殊规定。当我们解释法律的时候,法院必须在法律框架内进行解释。

国会的目的只保护遭受可治愈疾病的人群,像癌症这样的无治病人,应该使他们免于落入欺诈治疗的陷阱,食品和药品管理局从来都没有规定晚期病人的用药例外,法院只能按照文义、历史和目的来解释法律。

上诉法院称安全和有效不涉及晚期病人,最高法院不认可。认为上诉法院歪曲了立法的精神。因为成文法明确规定要保护晚期病人,不使用无效和不安全的药品。有效性不意味着具有治愈的能力,只要能延长生命、改善身体状况、减少痛苦,就是有效的;安全,是药就有风险,只要预期的治疗结果不带来身体伤害或者死亡,就可以称为安全。

不可治愈疾病之安全与有效的关系则有特殊性。不能产生治疗效果的药品,对任何人都是一种风险。致命疾病患者放弃保守治疗、寻求无治愈效果的新药,结果将会是不可逆的。为此,食品和药品管理局启动新的药品申请程序和标准,那就是审查安全性的时候,考虑有效性。以缺少有效性的药品来治疗癌症晚期病人,会导致非必要的死亡和痛苦;其实采取保守合法的治疗方法更有利于晚期病人。①

---

① United States et al. v. Rutherford et al. No. 78-605, 442 U. S. 544; 99 S. Ct. 2470; 61 L. Ed. 2d 68, 1979.

下篇　医疗司法案例选读

1 人工辅助生育之医疗服务合同纠纷案[①]

[裁判要旨]

公共医疗卫生服务机构履行医疗服务合同时,在非紧急情况下,未经同意擅自改变合同双方约定的医疗方案,属于合同法履行合同义务不符合约定的行为。

[诉求与抗辩]

原告夫妇与被告医院发生医疗服务合同纠纷,向江苏省南京市鼓楼区人民法院提起诉讼。

两原告诉称:他们结婚七年未生育,到人民医院就医,与人民医院约定通过"单精子卵腔内注射"技术(以下简称ICSI技术)实施人工辅助生育,但是人民医院擅自改变治疗技术方案,实际采取了"体外受精和胚胎移植"技术(以下

[①] 郑雪峰等诉江苏人民医院医疗服务合同纠纷案,《最高人民法院公报》2004年第8期,总第94期。

简称 IVF 技术）并导致治疗失败。原告请求按照《合同法》《消费者权益保护法》及《民法通则》的规定，判令人民医院双倍赔偿医药费 2.5 万元、误工费 1392.5 元、精神抚慰金 1 万元，并公开赔礼道歉。

被告人民医院辩称：IVF 技术和 ICSI 技术都是人工辅助生育的技术手段，二者有不同的适应症。原、被告之间并没有明确约定采取何种技术。根据原告当时的情况决定采取 IVF 技术符合医疗常规，因此被告在治疗过程中不存在任何过错。原、被告之间不是普通的消费者与经营者的关系，本案不应适用《消费者权益保护法》。原告以违约为诉由，要求被告承担精神损害赔偿亦没有法律依据。

[案件事实]

两原告系夫妻关系，因生育障碍到人民医院就医。2002 年 9 月 9 日，两原告与人民医院签订了"试管婴儿辅助生育治疗协议和须知"。人工辅助生育存在多种治疗技术，IVF 和 ICSI 都是人工辅助生育的技术手段，"协议和须知"中没有明确约定人民医院将采取哪一种技术为原告进行治疗。但原告交纳的检查费为 5400 元，与人民医院举证的 ICSI 技术的收费标准中前三项相加的数额相符，而原告交费时 ICSI 技术的收费项目中最后一项相应的医疗措施尚未进行。

法院认为，虽然原、被告双方没有书面约定采取何种技术进行治疗，但是综合分析以上证据可以认定，原告已知悉存在两种不同的治疗技术手段，其交费的行为应当认为是对治疗技术方案作出的选择，人民医院收费的行为应当认为是对原告选择的确认，因此亦可以推定，原、被告之间已经就采取ICSI技术进行人工辅助生育治疗达成合意，人民医院有义务按照ICSI技术为原告进行治疗。

2002年9月25日，当事人向人民医院交纳了检查费，同日省人民医院对当事人夫妻进行了采卵手术和采集了精子。医务人员在观察了精子后，认为适宜按照IVF技术进行治疗，遂按照IVF技术操作，但是最终治疗未获成功。

[裁判与理由]

第一，医院与病人的关系不是商业性消费关系

原告主张本案应当适用《消费者权益保护法》，法院不认可。法院向江苏省卫生厅调取的证据表明，人民医院不是以营利为目的的机构，不属于经营者，人民医院向社会公众提供的是公共医疗卫生服务，而不是商业服务，故本案不应适用《消费者权益保护法》。

第二，本案医院与病人的关系是合同关系

本案原告提起违约之诉，法院认可。医疗服务合同在患者向医院提出进行诊查、治疗的请求，并经医方作出承诺时成立。本案被告已经收取了原告交纳的医疗费，两原告与被告签订了"协议和须知"，被告也对原告进行了治疗，应当认定双方之间的医疗服务合同已经成立并生效。

法院根据《合同法》第六十条，称医疗服务合同以为患者治疗疾病为目的，医院一方应当以足够的勤勉和高度的注意谨慎行事，又由于医疗行为具有高度的专业性，因此医院在履约中具有较高的裁量权。法官说，医院与患者在医疗服务合同关系中是平等的民事主体，且医疗行为的实施结果会对患者的身体造成直接影响，若完全不考虑患者的选择权明显有失公平。在医疗服务合同中，医院负有对医疗方案的说明义务，而患者享有对医疗方案一定的选择权。在实施医疗方案之前，除非在紧急情况下，医院有义务就该医疗方案向患者或其代理人进行充分的说明。患者有权充分了解医疗方案可能给自己带来的后果，有权对医疗方案进行选择。

对患者选择权的尊重应体现于存在两个以上治疗方案的场合，医院应该就几种不同治疗方案的利弊对患者进行充分说明，并以患者的决定为准选择治疗方案。本案中人工辅助生育存在ICSI、IVF等多种治疗技术。原、被告已经约定采取ICSI技术，如果医务人员在治疗过程中认为原告的状况更适合采取IVF技术，在条件允许的情况下，应当向原告予以说明，并就治疗技术方案的改动征求原告的意见。但被告的举证只能证明原告知悉治疗技术的改动，不能证明被告已经就该改动取得了原告的同意，故应当认定其行为构成违约，应当承担相应的责任。

第三，不认同精神损害赔偿

关于原告要求被告给予精神损害赔偿的诉讼请求，法院不认可。法院说，本案为合同违约之诉，合同当事人未适当履行合同义务的，应当承担赔偿损失等违约责任。损失赔偿的数额应当相当于因违约所造成的损失，不包括精神损害赔偿，故本案对要求被告承担精神损害赔偿不予支持，亦不支持要求被告公开赔礼道歉的请求。

[判决结果]

一、被告医院自本判决生效之日起5日内一次性向原告赔偿医疗费人民币11434.05元；

二、驳回原告其他诉讼请求。

一审宣判后，被告不服，提起上诉。上诉法院驳回上诉，维持原判。

[法学点评]

- 人工辅助生育，法院认定为服务合同关系，适用合同法。
- 法院认定医院提供公共服务，不是商业活动，因此不适用《消费者权益保护法》，原告提出的双倍赔偿没有得到支持。
- 精神损害赔偿属于侵权之诉，因为法院认定的是合同之诉，因此原告精神损害赔偿诉求没有得到支持。
- 双方合同没有明确采取何种人工辅助生育方式，法官从原告支付的价格上判定双方的真实意思表示，推定医疗服务的方式。

2 医院不合理用药的法律责任[①]

[裁判要旨]

本案件为最高人民法院发布的一起典型案例。医院在救治病人过程中，开具与病症无关的药品并收取药费。医院和医生无法证明所开药品与病人病症之间的关联性，法院认定医院为不合理用药，判定医院退回病人支付的药费。

[事实与法律关系]

本案涉及两种法律关系，一是原告交通肇事受伤病人与被告医院的法律关系，法院认定双方为医疗服务合同关系；二是原告与交通肇事者及保险公司之间的侵权赔偿关系。侵权之诉中，保险公司对原告提出的损害赔偿中的医疗费用提出异议，称有药品与交通肇事发生的病害没有关联性，要求

---

① 张丰春诉泰安市中心医院医疗服务合同纠纷案，(2014)泰山商初字第30号。

从损害赔偿数额中予以扣除。继而，原告对医院提起诉讼，要求医院偿还不合理用药的费用。

具体案情为：原告因道路交通事故受伤在山东省泰安市中心医院住院治疗，入院伤情诊断为全身多处软组织伤，住院43天，住院期间花费医疗费16747.64元、检查费4元，共计16751.64元。

泰安东岳司法鉴定所出具司法鉴定意见书认为：原告住院期间所用药物奥扎格雷钠适应症为治疗急性血栓性脑梗死和脑梗死所伴随的运动障碍，原告本次交通事故损伤诊断为全身多处软组织挫伤，因此奥扎格雷钠为本次损伤治疗中的不合理用药，应去除费用为7250.4元。

法院对鉴定意见予以采纳，判决认定原告受伤住院治疗过程中因使用奥扎格雷钠所花费的7250.4元为不合理用药，应在赔偿范围内予以扣除。因此，原告诉至法院，要求被告泰安市中心医院赔偿其因不合理用药所受到的经济损失。

[裁判结果]

泰安市泰山区人民法院经审理认为，原告在被告处住院治疗，原、被告之间形成医疗服务合同关系，被告应当根据原告的病情使用药物并按照正确的方法、手段为原告提供医疗服务。

根据泰安东岳司法鉴定所鉴定意见书以及民事判决书，足以认定原告因交通事故受伤住院期间所用药物奥扎格雷钠为不合理用药。药物奥扎格雷钠适应症为治疗急性血栓性脑梗死和脑梗死所伴随的运动障碍。原告陈述其并未有急性血栓性脑梗死及相关病史,在被告出具的住院病案中现病史、既往史部分亦未发现原告患有或曾经患有上述病症的记载。因此,被告泰安市中心医院未根据原告的病情为原告提供合理、恰当的医疗服务,原告因被告在治疗过程中不合理用药行为所造成的损失,应当由被告予以赔偿。法院判决泰安市中心医院赔偿原告经济损失共计7750.4元。被告已按判决履行完毕。

[**最高法院的评论**]

医疗服务合同是调整医疗机构与患者之间权利义务关系的合同,我国现阶段医疗纠纷日益增加,不仅影响到患者及家属的心理,也加重了医务人员的心理压力,降低了医疗单位和医务人员在社会上的声誉形象。

在实践中确实存在部分医疗机构或医务人员为了追求经济利益,给患者开出价格较为昂贵或不必要的药物,加重了患者的经济负担。本案判令被告泰安市中心医院赔偿原告因不合理用药行为给原告造成的经济损失。

通过本案,提醒医疗机构在为患者提供服务的过程中,应秉承"救死扶伤、治病救人"的宗旨,本着必要、合理的原则,为患者提供恰当的治疗方案,加强与患者及患者家属之间的沟通,充分尊重患者的知情权,以构建和谐的医患关系。

[法学点评]

- 本案在法律上至为简单，但是，因为近年来医患关系紧张，最高法院将此案列为"典型案件"，政治和社会意义多于法律的意义。
- 法院将医患关系确定为服务合同关系，并提及了医患关系中的知情权、必要和合理用药、反对过度用药等基本原则。
- 法院在判决中的用词是"医院赔偿病人不合理用药所造成的经济损失"，这是日常语言的用法，其实并不符合法律用词的严格意义。"赔偿损失"理应为侵权之诉的结果，是医院致病人损害后对病人的赔偿。但是，法院确立本案为一起合同纠纷，这样，医院支付给病人的费用，是医院多收取的费用，这是债的返还，而不是赔偿。从数额上看，不合理用药的费用与法院判定医院支付给原告的金额之间相差仅500元。假定病人以"未经同意在自己身上使用不对症之药"而提起侵权之诉，那么病人得到的损害赔偿则需要另行计算了。

3 医院状告病人索要医药费[①]

[裁判要旨]

既然医院与病人之间是医疗服务合同,就意味着医院提供医疗服务,病人要支付服务费用。如果病人以病痛没有治好,拒绝支付费用,那么医院可以追索医疗费用,其中的理由是,医院提供的是"服务",而非出卖"商品"。另外,医疗服务是公共服务,医疗费用通过医保第三方支付。

[诉求与事实]

原告为通化市中心医院,被告为该院住院病人。病人因阵发性心律失常到原告处住院治疗。2013年7月28日原告为被告实施了射频消融术,术中被告出现Ⅲ度房室传导阻滞,治疗后被告于2013年8月20日出院。出院后被告一直未办

---

① 黄云桥诉通化市中心医院医疗损害责任纠纷案,(2016)吉0502民初1909号,(2016)吉05民终165号。

理出院结算。

2014年7月29日病人以医院存在医疗过错为由将医院诉至法院,经法院审理后作出生效判决,判令医院承担60%的赔偿责任,医院已履行完毕。但当医院要求病人返还医疗费欠款时,遭到病人拒绝。医院状告病人,请求法院依法判令病人被告支付医疗费欠款的40%,即39560.49元。

被告辩称:不同意原告的诉讼请求。被告因心跳过速到原告处就医。原告单位的许医生称用激光打就可以了,做完以后被告在手术台上就不行了,原告请了一个专家也没有办法。许医生让被告安一个起搏器,并且承诺免费安装。被告后来交了一万多元。做完手术后,被告现不能正常上下楼,需天天服药,而且原告起诉的数额和被告在医保局查询的数额不一致,所以不同意原告的诉讼请求。

[医疗费用之诉]

医院针对病人未缴纳医疗费用之事,对病人提起索要债务之诉。

法院认为,原、被告之间存在两宗诉讼,一是病人告医院的医疗损害责任纠纷,此案已经判决处理,医院已对病人承担了相应的赔偿责任;二是医院告病人医疗费用之诉,即是本案的医疗服务合同纠纷。

法院说,医院为病人提供了医疗服务,病人应支付相应的费用。现原告医院要求病人被告支付40%的医疗费,应予以支持。

被告虽对原告医院提交的用药清单及证明的真实性有异议，但是其未提交反驳证据，且不申请司法鉴定，故原告医院提交的证据，法院予以采信。

根据用药清单显示的医疗费数额为 113901.23 元，原告通化市中心医院主张应扣除被告预交的 1.5 万元，该扣除金额和被告陈述的交过一万多元基本吻合，故被告欠交医疗费数额应确定为 98901.23 元。原告医院要求被告支付 40%，即 39560.49 元，法院予以支持。

[**法学点评**]

- 这是一个完整的医疗纠纷案件，涉及两起诉讼：第一起诉讼是病人告医院，属侵权之诉，法院判定医院医疗过失，案件经过了二审。两级法院都支持了病人。第二起诉讼是医院告病人，属合同之诉，法院支持医院，病人须缴纳医疗服务费用。

- 值得进一步推敲的是，在侵权之诉中，法院判定医院承担病人损失的 60%。在合同之诉中，法院沿用此比例，让医院消化医疗费用的 60%，病人承担 40%。是否应该区分两类诉讼性质上的差异，或者说，侵权过错比例是否可以适用于合同之诉？法院没有细致分析，值得再思考。

4 医院的告知与病人的知情权[①]

[**裁判要旨**]

医患关系中，医生告知义务与病人的知情权，是双方法律关系的基本权利义务。医生对病人诊断和治疗的实质性信息不告知病人，会侵犯病人的知情权，由此承担法律责任。具体案件中，什么是实质性的信息？医学判断和法官的判断会有模糊之处。本案中，中级法院以病人知情权部分支持了病人，但是，法官没有界定知情权的内容和范围，说服力似乎不够。

[**案件事实**]

2001年4月21日，病人因腹痛到被告儋州市海头镇中心卫生院处就诊，经医生确诊，病人患的是慢性阑尾炎急性发

[①] 儋州市海头镇中心卫生院与郑家忠医疗服务纠纷案，（2002）海南民终字第41号。

作,急需住院做阑尾切除手术。

在征求病人家属同意并在手术同意书上签字后,医院于当天为病人施行阑尾切除手术。在手术开腹后,主刀医生发现阑尾已化脓,形成脓肿即阑尾脓肿,医生即按阑尾脓肿处理,即按吸尽脓液、冲洗脓腔、放置引流、逐层关腹、抗菌、消炎、补液、换药等方法治疗。2001年6月18日,病人再次因阑尾炎发作来到医院处就诊,医院予以抗生补液治疗,病情未见好转。

原告于同年6月20日转到另外一家医院住院治疗。经该院确诊为慢性阑尾炎急性发作(阑尾脓肿),当即进行手术切除阑尾。病人住院8天后病愈出院。

2001年8月14日,病人向法院起诉,请求判令被告儋州市海头镇中心卫生院双倍赔偿治疗费,并赔偿精神损失费。

[一审判决]

一审认为,被告卫生院诊断时确实存在误诊,选择手术治疗未能一次性达到完全切除阑尾之目的,使原告病人在短短两个月内进行二次手术,增加了原告身体上的痛苦和经济上的负担,被告应承担相应民事责任。

被告在诊疗过程中不存在欺诈行为,故原告主张双倍返还医药费,不予支持。被告虽有误诊,选择手术治疗不当,但未对原告的身体造成严重后果,故原告主张赔偿精神损失费,不予支持。被告按阑尾脓肿处理,对原告阑尾脓肿消退有一定帮助,可适当减轻被告的民事责任,即被告承担原告在该院就诊全部费用的60%责任。

据此判决:一、被告儋州市海头镇中心卫生院应赔偿原告的医疗费1281元。二、驳回原告的其他诉讼请求。

[二审判决]

被告儋州市海头中心卫生院不服。上诉审中,卫生院称在整个诊疗过程中不存在有欺诈行为。诊断上的失误正常有的,但如不构成医疗事故,就不存在着医疗赔偿。

医生在发现被上诉人的阑尾已病变发展到脓肿的情况下,所施行的手术治疗,是符合治疗原则的。并不存在手术治疗不当的情况,并且对病人也未造成身体上的严重后果。因此,一审判决被告赔偿原告的医疗费及负担案件受理费,缺乏法律依据,诉请二审法院予以撤销。

上诉法院说,原审认定的事实清楚,有双方当事人的陈述、证人证言,以及有关书证等证实,且证据已经质证核实,足以认定,足以采信。

法院认为,上诉人儋州市海头镇中心卫生院在为被上诉人治病时,确实存有误诊情况。当上诉人依据双方签订的手术协议打开被上诉人腹腔欲施行阑尾切除手术时,发现被上诉人的阑尾已化脓形成了脓肿而不能勉强切除,于是就采取了吸尽脓液、放置引流、冲洗脓腔等常规的方法治疗。虽然该方法未见有不当之处,但是上诉人当时以及术后均未把这一常规的治疗方法先告知被上诉人,导致被上诉人出院后误以为自身的病变阑尾已被切除,身体将慢慢恢复,于是减少了对自身病情所应引起的重视。显然上诉人未将治疗实情告诉被上诉人的行为侵犯了病人对其治疗实情所依法享有的知情权。

由于上诉人存在着未将治疗实情告诉被上诉人的主观过错,致使被上诉人在短短两个月内接连进行二次手术,增加了被上诉人身体上的痛苦和经济上的负担,故上诉人应对其医疗服务行为承担相应的民事责任。考虑到上诉人对被上诉人采取的常规治疗方法,对阑尾脓肿的消退有一定的积极作用,故可适当减轻上诉人的民事责任。上诉人应承担退赔被上诉人住院期间及第二次阑尾炎发作到该院就诊的全部费用60%的民事责任,即医疗费用人民币2135元×60%=人民币1281元。

上诉法院判决,原审判决认定事实清楚,适用法律正确,应予维持。驳回上诉,维持原判。

[**法学点评**]

- 病人的知情权和医院的告知义务,基于现代社会个人自治的原则。病患双方地位平等,应相互沟通以提升治疗水平。

- 被告医院称"不构成医疗事故,就不存在赔偿责任",法律上难以成立。医疗法律中区分医疗责任事故和医疗过失损害，后者同样也要承担侵权赔偿责任。
- 本案判决不足之处有二，其一，被告对原告的阑尾炎做常规处理，而非直接切除，是否构成"过失"，法官没有详细分析，也没有提供司法鉴定意见和医学鉴定。以事后的结果推断被告事前的行为，略显草率。其二，被告为镇设医院，医学水平属于较低类别，其医疗过失的判定，法官没有考察地区标准和类似条件下类似医师的中等水平。
- 上诉法院判决的理由是医生没有告知病人手术的内容，也就是常规方法而非切除，结果导致病人不关注自己的病情，使得病人三次住院。这里，法律因果关系交待不明确，有点"套用"和"附会"病人知情权的嫌疑。发达国家的同类案件中，法官会细致分析知情权的内容和范围，医生失于告知和病人结果受损之间的因果关系，这值得我们的法官参考借鉴。

5 医院申请强制驱逐患者案[①]

[**裁判要旨**]

此案件为最高法院发布的典型案例。医院与病人之间可以是一种服务合同关系。按照合同法一般理论,如果双方达不成合意,就不能产生一个合同。本案中,医院认定病人不需要住院治疗,而病人不愿意离开病房。医院申请法院强制执行、驱逐患者,法院支持了医院。案件没有讨论医患合同的特殊性,没有讨论医院服务的公共性质。

[**基本案情**]

2011年8月29日,被告陈某春因交通事故受伤进入原告北京某集团总医院住院治疗,于同年9月22日出院。2011年10月11日,被告陈某春因"左下肢肿痛一周"入住原告骨科

[①] 北京某集团总医院诉陈某春医疗服务合同纠纷案,(2014)门民初字第2429号。

病房，入院初步诊断为："左下肢深静脉血栓形成DYT、左膝关节镜术后。"经治疗后检查，被告陈某春左下肢深静脉血栓部分血管再通，关节活动度伸直0度，屈曲达90度。自2012年3月25日起至同年7月18日，原告北京某集团总医院先后二十余次通知其出院，但被告陈某春拒绝出院，仍然占用原告北京某集团总医院骨科病房第34床。自2012年7月18日，原告北京某集团总医院为被告陈某春办理了出院手续，且自该日起至案发，原告北京某集团总医院未再对被告陈某春进行住院治疗。

[判决结果]

法院认为被告陈某春的行为严重干扰了北京某集团总医院的正常医疗秩序，侵害了原告北京某集团总医院的合法权益，影响了其他公民公平地享受医疗服务的权利，并于2014年12月10日作出判决，判决陈某春于本判决生效之日起七日内将位于北京市门头沟区黑山大街×号原告北京某集团总医院骨科病房34床腾退给原告北京某集团总医院。但陈某春未自动履行上述生效判决，北京某集团总医院申请强制执行。

[执行情况]

执行期间，执行法官先后6次到医院做陈某春自动履行的思想工作，但其始终不予配合，其妻扬言闹事、拍照录音。鉴于陈某春拒不履行法律义务，法院于2015年2月10日组织强制执行，将陈某春搬离病床，妥善安排至其居所，并对在执行现场妨碍法院执行的两案外人采取司法拘留措施,确保这起案件的顺利执毕。

[最高法院的评论:公序良俗]

本案充分体现了执行工作的强制性,树立了法院的司法权威,弘扬了正确的社会价值导向。在近年来医患关系紧张的社会背景下,类似于本案的病人霸占病床、拒绝出院的现象并不罕见,已经成为"社会顽疾"。本案的典型意义就在于通过司法执行的途径,在法律途径下破解霸占医院病床的难题,为此类案件的执行提供了操作范本,倡导了在法治体系下解决矛盾纠纷的社会导向。

在该案件的强制执行过程中,本院认真贯彻高效、规范、公开、文明执行的指导思想,遵照最高法院院长关于执行工作应坚持"一性两化"的要求,以维护生效法律文书的效力,维护当事人合法权益和社会公共利益为出发点,一方面勇于迎难而上,坚决执行,规范执行;另一方面积极做好风险防控和强制执行方案,确保案件执行的社会效果和法律效果。在执行过程中,用足、用好、用活强制执行措施,坚决依法采取罚款、拘留等强制措施,严厉打击抗拒执行、阻碍执行甚至暴力抗法的行为;通过邀请人大代表、政协委员、人民陪审员到场监督,邀请新闻媒体进行现场报道,增强法院执行工作的参与度和透明度,赢得公众的理解和社会舆论的支持。

本案的顺利执行,也为积极构建社会各方力量参与的解决医患矛盾体系提供了契机和动力，对推进整个社会的法治意识具有积极的作用。

[法学点评]

- 最高法院公布的典型案例，其社会意义大于法学的意义。发布此案的背景是，其一，医患关系紧张，司法机关通过法律的活动解决法律的纠纷；其二，执行难是中国司法的顽疾之一，通过强制执行来彰显司法的权威。最高法院以"公序良俗"为题来推介此案，有些牵强附会。
- 医患关系的法律性质，学理上有分歧。一说是合同关系，二说是信托关系。中国法学界持服务合同关系为主流。值得进一步推敲的是，医患关系不是简单的合同关系，如果病人处于紧急状态有生命危险的情况下，或者患者无钱治病却生命危在旦夕，那么医院不能拒绝救治病人。这是医院公共产品和公共服务的性质所决定的，病人有得到医疗服务的社会权利。
- 本案的情况则属于与上述原则正好相对的情形，病人滥用自己的权利，侵占公共资源，这样就违反了公共利益。假定医院与病人是简单的商业关系，病人自己支付住院费用，而非通过医疗保障免费享受医疗公共服务，那么此案件会朝着相反方向发展：病人不会坚持呆在医院不走，医院也不会牺牲经济利益而驱赶无需治疗的病人。

6 医疗告知义务[①]

[裁判要旨]

医疗告知义务包括医疗措施、治疗风险及患者出现病情危重及死亡情况等多项内容,是保护患者自主决定权的前提。医方在处分事关患者生命、身体、健康等重大人格利益事项时,应当履行告知义务,充分尊重患者的自主决定权。

[诉求与抗辩]

原告之母因冠心病在被告处住院治疗,于 2009 年 6 月 10 日去世,其遗体一直由被告存放于殡仪馆。自 2007 年 9 月 30 日至 2009 年 6 月 10 日,原告已向被告支付医疗费 40 余万元。

原告称:(1)被告欺诈或引诱患者住高干病房。(2)被

---

① 张铁华诉天津市第三中心医院医疗服务合同纠纷案,(2013)东民初字第 5603 号,(2014)二中民四终字第 828 号。

告通知患者需做气切手术,就这种病情突变,被告并没有充分告知原告误吸的风险。气切手术前,被告告知原告不手术80%的可能死亡,做手术则80%的可能存活,但自从做完手术后,原告的母亲一直不省人事直到死亡。被告进行气切手术没有任何手术记录,病历书写极不规范。(3)被告对原告母亲进行治疗时实施捆绑,被告没有向原告做任何说明。(4)被告应在患者危重的情况下通知家属,但被告未做到。

原告诉至法院请求判令被告赔偿原告医疗费损失。

被告医院辩称:不同意原告的诉讼请求。第一,本案的诊疗行为经过医疗事故技术鉴定及医疗损害司法鉴定,气切手术是必要的。气切不是手术,而是治疗方式,因为当时患者情况已经垂危,为了挽救其生命才做的气切。第二,患者在医院住院,原告两年不与被告联系,被告也联系不上原告,所以原告才什么都不知道。第三,关于捆绑的问题,在医学上的名称是束缚,当时患者有四肢抽搐现象,这是治疗方式,是为了防止患者坠床及发生意外。第四,关于高干病房的问题,高干病房与普通病房条件不同,费用多,因为患者太多,普通病房没有床位,但是有高干病房,所以才询问原告的意见,来与不来决定权在患者,也不存在违规收费的问题。患者生前在被告处共发生医疗费368555.18元,其中已支付283782.13元(患者所在单位为其报销了住院费用136827.7元,患者个人负担147902.43元),尚欠医疗费84773.05元。

[医疗鉴定]

一审期间,法院依法委托了天津市南开区医学会进行鉴定,南开区医学会的鉴定分析意见为:(1)诊断正确,治疗符合诊疗常规。(2)患者具有气管插管及气管切开的手术特征,高龄不是气管切开的禁忌症;气管切开利于吸痰,保持呼吸道通畅,改善各脏器供氧,气管切开与患者死亡无因果关系。(3)医方在病程记录及告知方面欠妥善。结论为不属于医疗事故。

二审期间,法院依法委托了天津市医学会进行鉴定。医学会的分析意见是:(1)患者意识障碍与气管切开手术无关。该患者床旁气管切开手术及手术记录均由手术者在当日下午完成,符合治疗常规。结论:患者昏迷直至死亡与医方气管切开手术无因果关系。(2)患者在救治过程中发生的急性呼吸衰竭的原因可能为误吸,对于患者发生的病情突变,医方没有尽到告知义务。也就是说为抢救急性呼吸衰竭而进行气管切开手术,而误吸则是导致呼吸衰竭的原因。"误吸"是住院病人可能发生的情况,尤其是该患者有脑病后遗症,发生误吸的可能性极大。

[裁判结果]

一审河东区人民法院于 2014 年 10 月 22 日作出民事判决,判定被告医院退还原告由患者已向被告医院交纳的费用 5 万元。二审天津市第二中级人民法院于 2014 年 12 月 19 日判决，驳回上诉，维持原判。

［裁判理由］

法院认为，医院在告知方面欠妥善，天津市医学会的医疗损害意见书载明，对于患者发生的病情突变，医方没有尽到告知义务，因此，法院认定原告此项主张成立。

实施"捆绑"的必要性，法院认定被告虽然对患者采取"束缚"措施并无不妥，但在履行相应告知说明义务方面有不完善之处。

在患者病情危重及死亡时通知家属，被告在患者病情危重时履行了电话通知其亲属的义务，在患者死亡时求助公安机关通知亲属，同时鉴于原告自2009年1月8日起未再到被告医院探视患者的情节，法院认定被告尽到了相应的通知义务，原告此项主张不能成立。

被告在病程记录及履行应尽的告知义务方面存在瑕疵，特别是患者有脑病后遗症，出现"误吸"的可能性极大，患者亲属在决定是否同意患者手术时无疑会对手术风险进行评估，被告未就此尽到告知义务，使原告在没有考量此项风险的情况下同意患者进行"气切"手术。患者在救治过程中发生急性呼吸衰竭，而误吸则是导致呼吸衰竭的原因。患者及其亲属在术后支付了高额的费用，该损失被告应当承担一部分，因此，被告不应足额收取患者相应的费用。

[**法学点评**]

- 案件的起因是患者家属不交费，患者家属告医院医疗过失。侵权之诉与合同之诉搅合在一起，法院行文思路混乱、不得要领。案件以侵权之诉开头，以合同之诉结尾，法院的分析重点，在于医院未尽到告知义务，处理则以退还部分医疗费用为结局。
- 值得思考的法律问题是，医院切开患者气管，是否属于医疗事故或医疗失当？法院采纳了医学会的鉴定意见，并无不当，只失于告知不够，因此，减少了患者的治疗费用。

7 先天残疾与不当出生[①]

[裁判要旨]

医院在产前医学检查中未查出胎儿有先天缺陷应否承担责任?医疗保健机构在产前医学检查中未尽到勤勉和忠诚义务,导致检查结论失实。合同相对人信赖该项检查结果,结果生育缺陷婴儿。医院应当承担损害赔偿责任。

[案件事实]

原告李某于2005年8月怀孕,此后曾在护河卫生院做产前常规B超检查。2006年1月9日,李某转在被告大陇医院做产前常规B超检查,并建立孕情检测卡。2006年4月20日,李某在大陇医院做产前常规B超检查,并剖腹产生育周某。

[①] 李某等诉当涂县大陇医院医疗服务合同纠纷案,(2008)当民二初字第60号,(2009)马民二终字第39号。

以上计五次的 B 超检查，两医院均未能按照产科超声检查的一般要求对胎儿股骨长度进行测量等检验，亦未告知李某胎儿有异常现象。周某出生后，因"3 个月尚不能抬头"，到马鞍山市人民医院、南京儿童医院就诊。2007 年 11 月 29 日，南京儿童医院确诊周某为先天性软骨发育不全。

李某等状告大陇医院和护河卫生院。原告李某与周某诉称：原告李某于 2005 年 8 月怀孕，到两被告处进行产前常规 B 超检查，两被告没有按照诊疗护理常规要求对原告李某进行产前常规检查，且安排的超声检查医生无医师执业资格，导致未能查出胎儿骨骼畸形。两被告未尽法定的告知义务，侵害了李某的健康知情选择权，给两原告造成极大的痛苦，故诉请判令两被告赔偿医疗费、护理费、误工费、交通费、精神抚慰金、鉴定费，总计 175906 元。

被告大陇医院辩称：原告李某在被告处进行相关检查、剖腹产生育周某是事实，对周某患有先天性软骨病无异议，但被告及相关检查人员均具有相应的资质。周某患有先天性软骨病与被告的诊疗行为无因果关系，被告只是在为原告李某做 B 超检查时未对胎儿骨骼长度进行测定，存在一定的缺陷，对孕妇保留还是放弃胎儿有影响，但被告作为乡镇医院并未违反乡镇医院的管理规定，因此，被告不应承担赔偿责任，只能对两原告作适当的补偿。

被告护河卫生院辩称：被告及相关医师、医技人员具有相应的资质，诊疗行为合法；原告软骨发育不全属于遗传性疾病，与B超检查无因果关系；软骨发育不全不属于B超检查应当诊断的范围；被告虽在为原告李某作B超检查时未对胎儿骨骼长度进行测量，但骨骼长度测量仅是判断骨骼发育的一个条件，并不是确诊软骨发育不全的依据，被告是乡镇医院，限于其医疗设备及医疗技术水平，对能否发现骨骼发育不全，具有不确定性，医院的设备及技术水平不属于过错责任范畴。且被告并非原告李某的生育定点建档保健医院。因原告周某属于遗传性疾病，故两原告的物质损失除交通费、鉴定费外，均不应支持，而精神抚慰金不宜超过1万元，并应按过错程度分担。

在审理过程中，南京医科大学司法鉴定所出具司法鉴定意见书。鉴定意见为："当涂县大陇医院、护河中心卫生院对李某的产前检查诊疗存在缺陷，对能否及时发现周某的发育畸形存在不良影响。同时产前检查的两家医院设备、技术水平以及周某产检当时是否已呈现软骨发育不全的B超影像特征也是影响能否及时诊断的因素。周某目前暂不宜评定伤残等级。"

[裁判结果]

一审法院认为，原告与两被告医院建立了医疗服务关系，两被告在为原告李某五次中、晚期产前常规检查中均未按产科超声检查的一般要求对胎儿进行股骨长度测量，诊治过程中存在过错,对能否发现周某发育畸形存在不良影响,致使原告李某失去了选择是否让不健康的婴儿出生的机会,侵害了原告李某的民事权利。

畸形婴儿的出生势必给原告李某带来较大的精神痛苦,而原告周某随着年龄的增长,自身的畸形发育也必将对其心理产生一定的伤害,故两被告应适当赔偿两原告精神抚慰金。

鉴于两被告系乡镇卫生院,本身的医疗设备、技术水平对能否发现胎儿骨骼不全具有不确定性,且B超检查对软骨病的诊断难度较大,此点从周某出生后因"3个月不能抬头"在马鞍山市人民医院就诊未能明确诊断可见,故可减轻两被告的赔偿责任。软骨发育不全系先天性疾病,与两被告的诊疗行为并无因果关系,故对两原告的物质赔偿请求,除原告李某的产前诊疗费用及交通费外均不应予以支持。

一审法院判决,被告大陇医院和护河卫生院各赔偿原告李某、周某精神抚慰金25000元。

一审宣判后,原告与被告双方均不服,都提出了上诉。双方就医疗机构及工作人员的执业资质、B超测量股骨长度与判定软骨先天残疾的因果关系、医院的告知义务、乡镇医院因技术与设备的注意程度,提出了各自的疑问和答辩。

但是,在二审法院审理过程中,上诉人李某、周某及上诉人大陇医院均以协调已彻底解决为由,向马鞍山市中级人民法院申请撤回上诉。中级人民法院准许撤回上诉。

[法学点评]

- 此案件为英美法中不当出生在中国的个案，只是中国法院不提"不当出生"和"不当生命"的字眼，而是提"医疗勤勉忠诚义务"。
- 本案件以当事人和解告终，法官没有来得及对此类案件中涉及的法律问题作出细致的研判，提出强有力的法律理由，为以后类似案件提供法律上的参考。和解的好处是社会和谐，降低诉讼成本；不足的是，法律的发展不能充分。
- 本案件中，先天残疾与医院诊断遗漏的因果关系如何？乡镇医院对就医者的注意义务合适的程度是什么？先天残疾者生命的意义为何？原告的损害赔偿、就医费用减免、精神损害的判定、助产士和医生的就业资格，都值得法律仔细辨析、给出一般的原则和规则。

8　不当生命与不当出生[①]

[裁判要旨]

胎儿手及指未纳入产前检查的内容及项目,医院对孕妇的检查已经尽到一般医疗专业水平医务人员在同一情况下所应遵循的标准,履行了其在检查过程中的注意义务,医院对于未检查出婴儿一手掌缺失不具有过错;婴儿一手掌缺失的损害后果,与医院的医疗行为无因果关系。医院对新生儿一手掌先天性缺失,不承担责任。

[案情与诉求]

2005年8月4日孕妇严某到被告医院进行产前检查,次日,在被告处建立孕产妇卡。被告医院为严某做孕产期常规体检和保健检查。在此期间,严某常规的血细胞分析结果均

---

① 严某等与彭州市妇幼保健院医疗服务合同纠纷案,四川省彭州民初字第505号,四川省成民终字第296号。

为正常，医院对严某进行了孕产期保健提示和保健医学指导。2006年2月21日严某剖宫产一男婴，左手掌先天缺失。严某夫妇以医疗侵权之诉向法院提起诉讼。

原告诉称，由于被告医院检查人员在对严某进行产前检查的过程中严重不负责任，对胎儿左手掌缺失应当查出但没有检查出来，误导了原告，从而导致婴儿出生，侵害了原告的优生优育权。被告的上述行为给原告造成了严重精神损害和经济负担，请求法院判令被告赔偿原告医疗费、护理费、误工费、住院伙食补助费、营养费、住宿费、交通费、残疾赔偿金、假肢费、精神损害抚慰金，共计320000元。

被告彭州市妇幼保健院辩称：现行产前超声检查技术的诊疗常规中，不包括对胎儿手掌指的检查和诊断，被告对原告严某进行的B超检查从内容到结论符合诊疗常规，被告主观上没有过错，客观上没有违反卫生管理法律法规的行为。本案未能检查出胎儿手掌指缺失，除了诊疗常规没有将其作为常规检查项目外，医疗水平本身具有的局限性以及其他各种因素的影响也是重要原因，该风险及后果不应由被告承担。方某手掌缺失并不是由被告造成，而是在妊娠过程中形成的，属先天性原因造成，与被告的医疗行为之间没有因果关系，被告不应承担任何赔偿责任。原告要求被告承担赔偿责任显然缺乏法律和事实依据，请求法院依法驳回原告的诉讼请求。

[裁判理由]

第一，违法性

法院认为，侵权责任的构成须以违法为必要，违法行为属在客观上与法律规定相悖的行为。在侵权行为法上以医疗侵权为诉因的侵权责任构成，应当判断医疗机构及其医务人员实施具体的医疗服务行为的违法性。医疗行为的违法性，意指医疗行为违反了法律关于保护民事主体合法权益不受侵害的规定和行政法规及医疗卫生管理法规，以及有关的规章制度和诊疗护理常规中规定的义务。按照《临床技术操作规范》《中华人民共和国母婴保健法》和《中华人民共和国母婴保健法实施办法》的规定，被告的医疗行为不具有违法性。

第二，主观过错

构成医疗过错的行为，行为人的主观心理状态仅限于过失，行为人对自己行为的损害后果的发生，由于疏忽大意而没有预见或者虽然已经预见却轻信能够避免。就医疗过错而言，判断被告有无过错，应就过错的主观本质属性为逻辑前提，以被告是否已尽客观上的注意义务为标准。按照现行的《临床技术操作规范》对超声检查技术的要求，产前检查胎儿手及指未纳入检查的内容及项目，被告只能依常规所能发现或预料的情况尽注意义务。被告的医务人员根据其岗位与职称，对原告严某进行检查时，未能发现胎儿有畸形的情况，主观上没有疏忽和懈怠的心理状态，客观上按照具体的医疗行为的操作规程，将每一次检查血液和超声检查胎儿状态的内容，以报告和记录的保健指导等形式告知原告严某。根据法律、行政法规和规章所规定的医疗规范，审认当时的具体检查情况，被告已尽到符合具有一般医疗专业水平的医务人员于同一情况下所应遵循的标准，被告履行了其在检查过程中的注意义务，应当认定被告没有过错。

第三，因果关系

在侵权纠纷中，承担责任的必要条件为因果关系，就是违法行为作为原因，损害事实作为结果，在它们之间存在的前者引起后者，后者被前者所引起的客观联系。而在医疗侵权纠纷中，按因果关系在该侵权责任构成中的功能应为一种特殊的因果关系。

根据《最高人民法院关于民事诉讼证据的若干规定》第四条第（八）项，"因医疗行为引起的侵权诉讼，由医疗机构就医疗行为与损害结果之间不存在因果关系及不存在医疗过错承担举证责任。"其法意为医疗侵权责任的因果关系实行推定，在该可能性的判断过程中，医疗机构只有在能够举出证据证明自己的医疗行为与损害后果之间不具有因果关系之前提下，推翻其因果关系推定，方不构成侵权责任。本案作为因果关系之原因的被告医疗行为违法的客观属性，已被上述本院认为所排除，方某左手掌缺失，欠缺其损害结果是为被告医疗行为违法性所引起的客观原因，虽有方某左手掌缺失的损害结果,但与被告的医疗行为无因果关系。

第四,原告的优生优育权

优生优育权是公民生育权衍生出来的一项权利,虽然我国《宪法》《民法通则》没有规定,但《母婴保健法》《计划生育法》等相关法律对此作了相应规定。然而优生优育权虽然也是公民的一项基本权利,但毕竟有别于其他人身权利。《母婴保健法》规定,经产前检查及诊断,如胎儿存在严重缺陷等情况,医生应提出终止妊娠。此时夫妻双方有决定是否终止妊娠的自由。可见优生优育选择权并非绝对权,权利的行使是受到一定限制的,故原告主张的优生优育选择权不属于侵权行为法所指的权利,因此,不能认定原告主张的侵权事实成立。

第五,医学的局限性

法院认为,由于医学是一门专门性的自然科学,很多医学问题尚处于反复探索和验证之中,远不能穷尽一切医学真理。超声检查方法和技术虽在现代临床医学中得到广泛的应用,但存在一定的局限性。在产前检查中,由于医疗技术水平本身的局限性和受胎儿体位、胎儿活动、胎儿骨骼声影及羊水等多因素影响,超声显像尚不能完全将胎儿的所有结构显示出来,胎儿畸形的概率客观存在。被告在为原告严某进行孕期产前检查的过程中,按照医疗规范和常规尽到了注意义务,主观上没有过错,客观上没有违反医疗卫生管理法律法规和规章及诊疗护理规范，被告的医疗行为不具违法性。方某左手掌缺失，系其在胎儿妊娠过程中形成的畸形，该孩子的缺陷不是由于医生的过失造成的，即使没有医生的行为介入，这个孩子也注定是有遗传缺陷的。因此，该损害结果与被告的产前检查行为没有因果链条关系，被告的医疗行为不构成侵权责任，不应当承担本案赔偿责任。原告的诉讼请求本院不予以支持。

[裁判结果]

一审法院驳回原告严某和方某对被告彭州市妇幼保健院的诉讼请求。严某和方某不服，提起上诉。成都市中级人民法院驳回上诉，维持原判。

[法学点评]

- 这是一份很完整的因不当出生而提起的医疗侵权之诉。法院以侵权构成说分述了三个方面的要件：医院行为的违法性、医疗机构和人员主观过错、患者损害结果与医院行为之间的因果关系。三要件分析的结果，法院认定医院不构成侵权行为。

- 本案上升到了生育权的高度，原告方提出，法院给予论证。法理上讲，这是一个宪法上的公民权问题。宪法无明确规定，医疗行政法规有原则性规定。法院区分了"选择权"与"绝对权"，支持了医院。法理上分析，这里运用"消极权利"和"积极权利"，或者"权利能力"和"行为能力",或者"法律的应然"和"法律实然"来分析,也许说服力会更好一些。
- 案件还讨论了医学是否"科学"的议题,法院认为医学是"专门性的自然科学",指明了医学的特殊性。哲学意义上,学者更极端的看法是:医学不是科学,只是一种人为的判断。

9 患者同意与自冒风险[①]

[裁判要旨]

有风险的医疗行为,如果是在征得患者及其亲属同意后实施的,风险责任应由患者及其亲属承担。

[案件事实]

1998年7月24日12时15分,原告因左小腿被搅拌机绞伤,入住被告医院的外科一区治疗。经诊断,原告的左胫腓骨开放性骨折,左小腿软组织严重挫裂伤。同日下午1时许,经原告亲属签字同意,被告医院为原告施行"清创术+左胫骨钢板内固定术"及"左小腿石膏后托外固定术"。8月1日,原告要求出院,经劝阻无效,在原告的亲属立下"自动出院,后果自负"的字据后,被告同安医院给其办理了离院手续。

---

① 方金凯诉同安医院医疗损害赔偿纠纷案,《最高人民法院公报》2004年第2期,总第88期。

1998年8月1日上午10时25分，原告入住另外一家医院闽海医院的外科治疗。8月13日，闽海医院为原告行植皮术，10月5日行扩创、病灶清除、去除钢板、石膏托外固定术，术中发现原告的伤口内留有煤砂泥。

1998年10月13日，原告再次入住被告同安医院的外科治疗。经诊断，原告左小腿重度开放性复合伤并感染、左胫腓骨骨折并骨髓炎。10月21日，被告医院为原告施行"扩创、骨折复位加外固定术、植骨术"中，见一约5×3×0.3cm的死骨。术后，被告医院为原告施行抗炎、引流等综合治疗，使伤口愈合，原告于12月24日出院。

1999年2月11日，原告因左小腿疼痛，再次入住被告同安医院治疗。查体见原告的左小腿向内成角畸形，有"假关节"活动，外固定架松动，左小腿内侧凸出部有0.2×0.2cm渗液，触痛，纵轴叩击痛阳性，左小腿比右小腿短缩约2.5cm。经抗炎、输液治疗，去除外固定，改石膏管型固定，伤口换药后症状体征好转。原告于2001年11月6日自行离院。

原告对同安医院提起侵权之诉，请求判令被告赔偿原告误工费、医疗费、残疾生活补助费、精神抚慰金，共计107762.38元。

[医疗鉴定]

（一）1999年4月28日，厦门市同安区医疗事故鉴定委员会作出"不属于医疗事故"的鉴定结论。

(二)2002年5月14日,厦门市医疗事故技术鉴定委员会鉴定后认为:该患者急诊入院时,左小腿外伤严重,伤口严重污染,软组织绞裂,骨折端外露,髓腔有大量泥沙等污物,属Ⅲ型A类开放性骨折,易发生术后感染,治疗其骨折应以外固定架方式为适当。结论是:不属于医疗事故。

(三)厦门市中级人民法院司法技术鉴定处的审查意见书认为:原告左小腿外伤创面较大,局部肌肉组织毁损污染严重,胫腓骨开放性粉碎性骨折,断端髓腔泥沙填塞,是造成并发伤口感染及骨髓炎的内在因素,虽经医院清创内固定手术等治疗,但并发症仍不可避免地发生了。第二次行清创植骨术后骨髓炎消失,但由于骨折断端融合使左下肢短缩,踝关节部分功能障碍。原告的伤残后果系损伤及损伤后的并发症所致,与医疗行为之间无直接因果关系。原告伤后出现的并发症,与其伤口污染严重有直接关系,即使当时对伤口清创更彻底些,也难以保证不并发感染和骨髓炎。被告医院对原告伤后采取的治疗措施、治疗原则、治疗方式,符合医疗规范。经厦门市中级人民法院司法技术鉴定处鉴定,原告左下肢短缩3.3cm,伤残等级为9级附加10级。

(四)骨科专家作为专家证人出庭作证,专家的意见是:原告的伤情是Ⅲ型A类开放性骨折,属于较重的骨折类型,客观上不可能彻底清创,发生骨髓炎并发症难以避免;导致原告伤残的原因，是骨髓炎引发骨头坏死，且原告在第二次手术后又过度运动造成再次骨折，骨折处的骨头重叠了3cm左右，手术植入的新骨只能加固，无法撑开重叠部分，所以不能恢复原有长度。

[裁判理由]

一审法院厦门市同安区人民法院认为，本案的争议焦点有两个。第一，伤口感染并发骨髓炎，究竟是伤口内的污染物客观上无法彻底清除造成的，还是同安医院因主观上的过失而没有彻底清创造成的？第二，植骨术与腿短缩之间有无直接因果关系？

关于第一点，法院认为，第一次手术后，原告的伤口内仍留有部分污染物，并且由于这些污染物的存在，使伤口感染并发骨髓炎、骨头坏死，这是不争的事实。但是，原告左小腿是Ⅲ型A类开放性骨折，属于较重的骨折类型，而且外伤面积较大，局部肌肉组织毁损污染严重，胫腓骨骨折断端的髓腔有泥沙填塞，客观上不可能彻底清创，这是造成术后感染并发骨髓炎的直接原因。被告医院对原告伤后采取的治疗措施、治疗原则、治疗方式，是符合医疗规范的，不存在医疗过错。

关于第二点，法院说，原告左下肢短缩的原因，是其术后感染、骨髓炎和断端融合，以及其在患肢尚未完全康复的情况下活动过早过激致使再次骨折成角畸形等因素，使骨折处的骨头重叠造成的，与被告医院的植骨术无关。手术植入的新骨，只能加固骨折处的愈合，无法撑开骨折处的重叠。

从为患者负责的角度出发，被告医院在征求患者及其亲属的同意后，选择了对医务人员来说风险最大的方案，并小心、谨慎地予以实施，其治疗措施、步骤、方法均符合医疗规范的要求。第一次手术后的感染，与伤情复杂有直接关系。原告又在术后极易感染期间立下"自动出院，后果自负"的字据出院，增加了感染的机会，以致因并发骨髓炎、骨头坏死第二次入院。骨髓炎、骨头坏死、骨折断端的融合，以及第二次手术后过早过激活动造成的再度骨折，是原告左小腿短缩的直接原因，与同安医院的植骨术无关。法律只追究医务人员因医疗过错行为应承担的责任。

法院也称，医疗是有一定风险的事业。对医生为患者利益考虑实施的风险医疗行为，法律持宽容的态度。有风险的医疗行为如果是在征得患者及其亲属同意后实施的，风险责任应由患者及其亲属承担。以这样的原则解决医患纠纷，有利于医务人员救死扶伤，有利于医务人员提高医疗技术，最终有利于患者的健康，有利于社会的进步。被告医院在诊治原告腿伤的过程中没有医疗过错，不应承担赔偿责任。原告起诉请求被告医院给其赔偿误工费、医疗费、残疾生活补助费以及精神抚慰金，该请求缺乏事实根据，不予支持。

一审宣判后，原告不服，向厦门市中级人民法院提出上诉。上诉法院驳回上诉人的上诉，维持原判。

[法学点评]

- 本案件是一宗完整的医疗侵权诉讼案件，核心点是患者的伤残究竟是伤者事故导致，还是医疗机构治疗不当。法院支持了医院，不认定医院存在医疗过失。
- 法院采纳了医院提出的患者同意的抗辩理由，因为第一次手术前，就医疗方案征求患者家属的意见，家属签署同意书后视为同意并接受手术带来的风险。患者同意是排除医院责任强有力的抗辩理由。
- 患者自愿离开医院，不再接受治疗，法律上会认定为患者"自愿承担风险"，但是，中国法律未将此抗辩理由列入侵权责任法。
- 患者第三次手术之后，导致左腿短缩，法院认定为患者自己激烈运动导致，法律上称为原告自己的过错，或者叫与有过失，这也减缓了医院的责任。

10　告知义务与知情选择权[①]

[裁判要旨]

医患关系中,医院承担对病人的告知义务,病人享有知情权和选择权。医院失于履行告知义务,剥夺了病人的知情选择权,医院要承担赔偿的责任。赔偿的数额,依照医院对于病人损害的参与比例确定。

[案件事实]

2004年7月27日,患者因失血性贫血入住长治医学院附属和平医院,经检查为子宫肌瘤玻璃样变、宫颈炎、输卵管炎,后进行子宫全切除术。2004年8月5日出院。出院后原告血压高,口服降压药。2007年6月原告因身体不适到和平医院检查,发现患有慢性肾炎。经多方治疗,肾功能继

[①] 郭改兰与长治医学院附属和平医院医疗服务纠纷案,(2011)城五民初字第143号,(2012)长民终字第00683号。

续恶化，原告目前属于慢性肾小球肾炎、慢性肾衰竭、肾衰竭期。

2011年6月29日，原告以医疗服务纠纷为由向法院提起诉讼，要求依法对被告和平医院的医疗行为与原告的病情之间的关系进行医疗鉴定，并赔偿损失，具体费用有：医疗费、误工费、护理费、交通费、营养费、终生护理费、精神损害赔偿金，总计817343元，鉴定费3500元。

[法院裁判]

一审认为：原告因失血性贫血、慢性肾衰竭等至被告处治疗而致纠纷产生。诉讼中，法院委托山西省司法鉴定工作管理委员会进行鉴定，经鉴定，"长治医学院附属和平医院在被鉴定人第二次、第三次住院治疗慢性肾衰竭过程中不存在医疗过失行为；医方在被鉴定人第一次住院接受子宫切除手术中，存在未履行病情告知义务的过失行为和未维护被鉴定人知情选择权的医疗缺陷；被鉴定人目前状况是其自身疾病发展转归的结果，与医方的医疗行为不存在直接因果关系；鉴于医方存在一定医疗过失行为，且不能证明其治疗措施未对被鉴定人郭改兰造成损伤，综合判断其过失参与度为20%。"

为此，法院判定，被告对原告因医疗服务纠纷造成的各项损失承担20%的赔偿责任，赔偿项目包括：医疗费5240.2

元（医疗费用26201元×20%）；住院伙食补助费340元（参照事故发生地国家机关工作人员的出差伙食补助标准每人每天50元×34天×20%）；交通费酌情保障1000元；营养费酌情保障3000元；鉴定费3500元。误工费、护理费是指受害人、护理人员因受害人受伤而实际减少的收入。关于原告的误工及护理时间，因其未提供相关误工证明，本院依据医疗机构的相关病历记载确认为34天，故误工费用为380.32元（农、林、牧、渔业20414元÷365天×34天×20%）；护理费454.37元（卫生、社会保障和社会福利业24389元÷365天×34天×20%）。因原告目前状况是其自身疾病发展转归的结果，与医方的医疗行为不存在直接因果关系，故原告关于精神损害抚慰金的主张本院不予支持；终生护理费因无相关法律规定，故本院不予支持。

综上，一审法院判定，被告长治医学院附属和平医院赔偿原告总计13914.89元。一审后，原告不服、提起上诉，上诉法院驳回上诉，维持原判。

[法学点评]

- 本案件完整表述了医疗纠纷各个方面的信息，其一，医疗纠纷涉及的法律法规：《民法通则》《侵权责任法》和最高法院关于人身伤害和精神损害赔偿的两个司法解释。其二，损害赔偿的项目和计算方式。

- 从实体上考察，法院认同了病人疾病源自病人自己的身体状况，医院诊断治疗与病人的身体状况没有直接的因果关系。法院判定医院赔偿病人，基于医院在切除病人子宫手术前，没有履行告知义务，未让病人行使医治方案的选择权。

11　医疗过失损害赔偿[①]

[裁判要旨]

此案为最高法院发布保障民生的典型案例。案件经过初审、上诉审、再审和最高法院再审，穷尽了司法诉讼的所有环节。就案件事实本身上看，法律纠纷并不复杂。但是在法律问题上，特别是无票据的实际支出、死亡赔偿金的法律依据等，则值得仔细辨别。

[案件事实]

2009年7月22日，患者李某因腰部疼痛不适到重庆西南医院门诊治疗，医院诊断为：腰椎间盘突出，低钠血症，建议：骨科就诊，就诊电解质，抗炎。

[①]　余恩惠等诉重庆西南医院医疗事故损害赔偿纠纷案，（2010）沙法民初字第3525号，（2011）渝一中法民终字第02816号，（2012）渝高法民字提字第00155号，最高人民法院（2013）民抗字第55号，《最高人民检察院公报》2014年第3号，总第140号。

2009年7月24日，李某在重庆西南医院骨科住院治疗。医院诊断为：腰椎管狭窄症，行术前检查时发现患者有感染征象，予以抗感染，补充白蛋白，对症、支持治疗，但患者李某病情逐渐加重，腹胀明显，且有右踝关节红、肿、热、痛炎性表现。7月26日，病情持续加重，被诊断为双肺感染。7月31日，李某经全院会诊后被转入感染科继续治疗，并下达病危通知。转入诊断：败血症，肺部感染，右踝软组织感染等，行抗感染治疗，但病情进一步加重、恶化。

2009年8月2日诊断为：多器官功能障碍综合征。8月9日，李某经抢救无效死亡，死亡诊断为：多器官功能障碍综合征，脓毒血症，双肺肺炎，右踝软组织感染。

[一审裁判]

2010年5月21日，患者家属向重庆市沙坪坝区人民法院提起诉讼，请求重庆西南医院支付医疗费、住院伙食补助费、陪护费、丧葬费、交通费、死亡补偿金、精神损害抚慰金，共计374953.77元。

重庆市法医学会司法鉴定：重庆西南医院在对患者李某的医疗行为中存在过错，其过错行为是导致患者死亡的间接因素。

一审法院重庆市沙坪区人民法院开庭审理此案。法院认为：法院应当借助临床医学专家的鉴定结论作为判断基础。根据鉴定意见，重庆西南医院在患者入院时存在感染的情况下，未及时复查血常规，特别是应用糖皮质激素时，更应该每日复查血常规，以了解和控制感染，重庆西南医院的治疗行为存在不规范。同时，在治疗过程中，重庆西南医院与患方沟通不足，病历记录，患方自行要求出院，但没有患者家属的签字，亦存在不规范的行为。因此，重庆西南医院的治疗行为存在过错。但是，患者的死亡后果与其所患疾病的凶险性存在密切关联，其自身疾病的自然转归是直接因素，重庆西南医院的过错行为是患者死亡后果的诱发或促进因素。因此，酌情确定重庆西南医院承担30％责任，患者家属即原告自行承担70％责任。

关于损害赔偿的范围、标准和计算方法问题，法院参照国务院《医疗事故处理条例》的赔偿范围、标准，作出民事判决：重庆西南医院赔偿原告因患者死亡所产生的医疗费、住院伙食补助费、陪护费、丧葬费、交通费，共计49736.77元的30％即14921.03元。精神损害抚慰金24288元。原告主张其自购的人血白蛋白费用，无相应的依据，以及死亡赔偿金于法无据，该院不予支持。

[二审裁判]

原告不服一审判决，提起上诉。二审过程中，司法鉴定科学技术研究所司法鉴定中心的鉴定意见为："李某的死亡原因符合脓毒败血症继发全身多器官功能衰竭，主要与其个人体质有关。重庆西南医院的医疗行为存在一定过错，与患者死亡之间存在一定因果关系,属次要责任,建议参与度40%。"

二审法院认为:司法鉴定科学技术研究所司法鉴定中心的鉴定意见明确确定重庆西南医院的责任程度为40%左右,据此二审法院确定重庆西南医院对李某的死亡造成的经济损失承担40%的赔偿责任。

依照《中华人民共和国民法通则》,国务院《医疗事故处理条例》,《最高人民法院关于参照〈医疗事故处理条例〉审理医疗纠纷民事案件的通知》,《中华人民共和国民事诉讼法》的规定,变更一审判决,重庆西南医院赔偿上诉人因患者死亡产生的医疗费、住院伙食补助费、陪护费、丧葬费、交通费,计19894.71元。

[再审裁判]

上诉人不服,向重庆市高级人民法院申请再审。重庆市高级人民法院再审,2012年11月16日,维持二审判决。

[最高法院再审]

死者家属依然不服,向重庆市人民检察院提出申诉。重庆检察院审查后,提请最高人民检察院抗诉。

最高人民检察院经审查认为,第一,终审判决认定的基本事实缺乏证据证明,适用法律确有错误。最高检察院认为,对因医疗事故以外的原因而引起的医疗赔偿纠纷,原审判决参照《医疗事故处理条例》计算赔偿金额,适用法律错误。

本案系因医疗事故以外的原因引起的医疗赔偿纠纷,应适用《民法通则》相关规定而非参照《医疗事故处理条例》进行处理。

第二,关于人血白蛋白的费用,检察院说,患者家属虽然没有提供购买人血白蛋白的收据,但是从西南医院出具的本案死者李某的临时医嘱记录单可以看出,从2009年7月28日到7月30日,以及2009年8月6日医嘱记录单上都有为患者注射人血白蛋白的医疗记录,且记录中明确为"自备"。由此可以看出,患者家属等人确实按照西南医院医嘱购买了人血白蛋白。根据重庆西南医院对患者的人血白蛋白注射记录,即使患者家属不能提供购买人血白蛋白的费用收据,法院也可以根据医嘱中患者的注射量及人血白蛋白的市场价格计算出家属购买人血白蛋白所支出的费用。

最高人民检察院提起抗诉,最高人民法院受理,组成合议庭提审此案。

最高人民法院认为:第一,患者死亡主要与其个人体质和所患疾病有关;但重庆西南医院医疗行为存在过错,应当承担次要责任。西南医院对患者死亡造成的经济损失承担40%的赔偿责任,是正确的。

第二,依据重庆西南医院的医疗记录,患者使用的人血白蛋白中有20瓶系家属从他处自行购买。原审判决对患者家属主张的人血白蛋白费用不予支持,属认定事实错误。最高人民法院对此予以纠正。

第三,死亡赔偿金,符合《民法通则》的有关规定。《最高人民法院关于审理人身损害赔偿案件适用法律若干问题的解释》是根据《民法通则》制定的,已经于2004年5月1日起施行,对死亡赔偿金的适用范围和计算标准都有明确规定。因此,应当按照《民法通则》和《最高人民法院关于审理人身损害赔偿案件适用法律若干问题的解释》相关规定以及死者年龄计算死亡赔偿金为236235元（15749×15＝236235）,再根据重庆西南医院的过错程度确定其承担数额。原审判决认为患者家属关于死亡赔偿金的诉讼请求没有法律依据,属适用法律错误,最高人民法院予以改判。

2013年12月17日,最高人民法院依照《中华人民共和国民法通则》《最高人民法院关于审理人身损害赔偿案件适用法律若干问题的解释》《中华人民共和国民事诉讼法》作出判决:由重庆西南医院赔偿患者家属因患者死亡所产生的医疗费（含人血白蛋白费用）、住院伙食补助费、陪护费、丧葬费、交通费、死亡赔偿金,共计293171.77元的40%即117268.71元。

[法学点评]

- 本案经过重庆三级法院审判,最后由最高检察院提起民事案件的抗诉,最高法院再审。在医疗民事诉讼中,实属少见。

- 重庆的三次诉讼，基本点保持一致：其一，病人死亡为自身的身体原因所导致。医院失于复查血常规、未让自行出院的病人家属签字，被认定为医疗过失和病人死亡的间接原因。其二，在《侵权责任法》出台前，所依据的法律为国务院的《医疗事故处理条例》，而非《民法通则》及司法解释。
- 二审修改一审判决的地方，是将医院的过错比例由一审的30％扩大到了40％，增加了患者的损害赔偿。重庆高院再审维持了二审判决。
- 最高法院的审判，有两点完全改变了重庆法院的判决格局。第一，对于患者自行购买的人血白蛋白，虽然无购买凭据，也夸大了购买价格，最高法院认定应该纳入患者得到赔偿的范围。从法律程序上看，重实质而非形式，保护了患者的利益。但是，遗留的法律问题是，患者自己购买的药品，用在病人身上，为什么要让医院承担赔偿的责任？法院没有解释这一点。
- 第二，将法律依据由《医疗事故处理条例》转为《民法通则》。依照前者，病人方只能得到较少数额的精神损害赔偿；依照后者，病人方能得到较高数额的死亡赔偿金。当然，法院的理由是维持法律实施的统一性，因为重庆其他案件适用的是《民法通则》。

12 精神病人强制医疗案[①]

[裁判要旨]

本案为最高人民法院发布的指导性案例。审理强制医疗案件,对被申请人或者被告人是否"有继续危害社会可能",应当综合被申请人或者被告人所患精神病的种类、症状,案件审理时其病情是否已经好转,以及其家属或者监护人有无严加看管和自行送医治疗的意愿及能力等情况予以判定。必要时,可以委托相关机构或者专家进行评估。

[基本案情]

被申请人徐某在2007年下半年开始出现精神异常,表现为凭空闻声,认为别人在议论他,有人要杀他,紧张害怕,夜晚不睡,随时携带刀自卫,外出躲避。因未接受治疗,病

[①] 徐家富强制医疗案,四川省成都市武侯区人民法院,(2013)武侯刑强初字第1号。

情加重。2012年11月18日4时许，被申请人在其经常居住地听到有人开车来杀他，遂携带刀和榔头欲外出撞车自杀。其居住地的门卫得知其出去要撞车自杀，未给其开门。被申请人见被害人手持一部手机，便认为被害人要叫人来对其加害。被申请人当即用携带的刀刺杀被害人身体，用榔头击打其的头部，致其当场死亡。经法医学鉴定，被害人系头部受到钝器打击，造成严重颅脑损伤死亡。

2012年12月10日，被申请人被公安机关送往成都市第四人民医院住院治疗。2012年12月17日，成都精卫司法鉴定所接受成都市公安局武侯区分局的委托，对被申请人进行精神疾病及刑事责任能力鉴定，同月26日该所出具成精司鉴所（2012）病鉴字第105号鉴定意见书，载明：（1）被鉴定人徐某目前患有精神分裂症，幻觉妄想型；（2）被鉴定人徐某2012年11月18日4时作案时无刑事责任能力。2013年1月成都市第四人民医院对被申请人的病情作出证明，证实徐某需要继续治疗。

［裁判结果］

四川省武侯区人民法院于2013年1月24日作出（2013）武侯刑强初字第1号强制医疗决定书：对被申请人徐某实施强制医疗。

［裁判理由］

法院生效裁判认为：本案被申请人徐某实施了故意杀人

的暴力行为后，经鉴定属于依法不负刑事责任的精神疾病人，其妄想他人欲对其加害而必须携带刀等防卫工具外出的行为，在其病症未能减轻并需继续治疗的情况下，认定其放置社会有继续危害社会的可能。成都市武侯区人民检察院提出对被申请人强制医疗的申请成立，予以支持。

诉讼代理人提出了被申请人是否有继续危害社会的可能应由医疗机构作出评估，本案没有医疗机构的评估报告，对被申请人强制医疗的证据不充分的辩护意见。法院认为，在强制医疗中如何认定被申请人是否有继续危害社会的可能，需要根据以往被申请人的行为及本案的证据进行综合判断，而医疗机构对其评估也只是对其病情痊愈的评估，法律没有赋予医疗机构对患者是否有继续危害社会可能性方面的评估权利。本案被申请人的病症是被害幻觉妄想症，经常假想要被他人杀害，外出害怕被害必带刀等防卫工具。如果不加约束治疗，被申请人不可能不外出，其外出必携带刀的行为，具有危害社会的可能，故诉讼代理人的意见不予采纳。

[延伸阅读]

（一）辽宁高院发布参考性案例：精神疾病母亲掐死儿子，被判强制医疗

[案情] 艾某家庭生活困难。案发前艾某曾数次出现幻视、幻听等精神恍惚症状，感觉很多陌生人骂她、打她，并告诉她家里的人和她都得死。案发当日，艾某病情发作，劝

说丈夫和两个儿子与其一起自杀未果。下午2时许,艾某趁丈夫下楼之际,在出租房内用双手将次子李某掐昏迷后又用床单勒其脖子,致李某机械性窒息,经抢救无效于当日死亡。作案后,艾某用菜刀割伤自己的左腕部,后被及时救治。经沈阳市精神卫生中心鉴定,艾某是重度抑郁发作,伴精神病性症状,仍处于发病期,有继续危害社会的可能,需要继续临床治疗。

[判决] 辽宁省沈阳市大东区人民法院于2013年4月1日作出强制医疗决定书,决定对艾某予以强制医疗。

[法官说法] 对行为人进行强制医疗有三个条件:一是行为人实施了暴力行为,危害了公共安全或者严重危害公民人身安全,且该行为的社会危害性已经达到犯罪程度;二是行为人经法定程序鉴定为依法不负刑事责任的精神病人;三是如不对行为人进行强制医疗,其还有继续危害社会的可能。三者缺一不可。

(二)溧阳市曹某因患有精神病危害社会被强制案

[案情] 2013年4月17日以来,被申请人曹某因幻想被同村人骚扰,遂以惩罚一些人为目的,在自己居住的溧阳市上兴镇上城村委子午墩村,趁同村43号傅某、同村58号袁某、同村46号邓某等人家中无人之际,在厨房的酱油瓶及腌菜缸内投放有毒物质百草枯和甲拌磷的混合液,致使傅某、袁某和邓某等六人出现不同程度的中毒现象。经常州市德安医院司法鉴定所鉴定,曹某患精神分裂症,无刑事责任能力,

有受审能力。溧阳市人民检察院于 2013 年 9 月 27 日向溧阳市人民法院申请对被申请人曹某强制医疗。

[判决] 溧阳市人民法院经审理认为：被申请人曹某实施投放危险物质的行为，严重危害公共安全及公民人身安全，经司法鉴定为依法不负刑事责任的精神病人，有继续危害社会的可能。被申请人曹某符合强制医疗条件，应予强制医疗。申请人要求对曹某强制医疗的申请成立。据此，依照《中华人民共和国刑法》第十八条第一款，《中华人民共和国刑事诉讼法》第二百八十四条、第二百八十七条第一款，《最高人民法院关于适用〈中华人民共和国刑事诉讼法〉的解释》第五百三十一条第（一）项之规定，溧阳市人民法院于 2013 年 10 月 14 日作出（2013）溧刑医字第 1 号强制医疗决定书，决定对被申请人曹某强制医疗。

[不强制医疗的案件]

[申请] 2013 年 1 月 1 日 17 时至 20 时许，倪某根被指在其住处用斧头砍击其妻子杨某头部等部位，致杨某死亡。经法医鉴定，杨某系被他人用锐器砍击头部致颅脑损伤而死亡。经江苏省扬州五台山医院司法鉴定所鉴定，倪某根患阿尔茨海默病（老年前期型），无刑事责任能力。申请机关检察院认为，被申请人倪某根实施故意杀人行为，严重危害公民人身安全，经法定程序鉴定属于依法不负刑事责任的精神病人，有继续危害社会的可能性，依照《中华人民共和国刑事诉讼

法》第二百八十五条第二款的规定，应当对其强制医疗。

[法律依据]《中华人民共和国刑事诉讼法》第二百八十四条规定："实施暴力行为，危害公共安全或者严重危害公民人身安全，经法定程序鉴定依法不负刑事责任的精神病人，有继续危害社会可能的，可以予以强制医疗。"

[异议]被申请人之子倪某不同意对其父强制医疗。其诉讼代理人辩称，从检察机关提供的证据来看，没有人直接看到倪某根实施了杀人行为；侦查机关现场提取的作案工具斧子一把，未经倪某根辨认，该斧子上没有鉴定出倪某根的指纹，只能说明有人用这把斧子杀死了被害人，但不能证实谁用这把斧子杀死了被害人；被害人邻居也没有听到当晚倪某根夫妇房内有异常声音。因此，检察机关的申请书认定倪某根实施杀害其妻的事实不清，证据不足。

[判决]靖江市人民法院经审理查明：被申请人倪某根患阿尔茨海默病三年余，其与被害人杨某系夫妻，平时关系一般。2013年1月2日8时许，杨某被发现死于家中。经现场勘验及法医鉴定，杨某头部和右上肢有锐器砍击形成的创口，深达颅骨，系被他人用锐器砍击头部致颅脑损伤死亡。

法院一审审理认为，对于精神病人被指控实施杀人等暴力行为而被申请强制医疗的案件，被申请人是否实施了杀害被害人的暴力行为是决定对其强制医疗的基础和前提条件。

由于精神病人因疾病等原因，理解与判断能力下降，不能正确表达自己的行为，不能作出有效供述，在确定精神病人是否实施杀人行为时，应坚持证据裁判原则及排除合理怀疑的证据标准。本案所涉犯罪行为系发生于被申请人倪某根与被害人杨某夫妇居住的房间内，案发于夜间，没有目击证人，没有直接证据，被申请人倪某根从未作过实施杀人行为的供述，尽管被害人杨某于2013年1月1日在家中被害，侦查机关在被申请人倪某根的双鞋内侧、双侧裤管及护袖上发现有喷溅状血迹，经鉴定与杨某心血基因型相同；且证人倪玉珍、倪某、缪国民等人的证言证实，被申请人倪某根当日有反常行为，并曾告诉其子女妈死了。

但综观全案证据，法院认为，本案系发生于被申请人倪某根所在的集中居住区，其邻居马某等证人证实当晚未听到异常声音；侦查人员亦未发现被申请人身上有搏斗伤；被申请人倪某根未作过实施杀人行为的供述；现场提取的作案工具斧子一把，未经被申请人倪某根进行辨认，且该斧子上没有鉴定出被申请人倪某根的指纹；证人证实被申请人有反常行为，但并未有人直接看到被申请人实施杀人行为，故不能达到排除合理怀疑的证明要求。

综上，倪某根虽然属于依法不负刑事责任的精神病人，但现有证据不足以证明倪某根实施了杀妻的暴力行为，因此，被申请人不符合强制医疗的条件，不应对其强制医疗，应由其监护人严加看管和医疗。

13　体检医院的告知义务[①]

[裁判要旨]

医疗机构未按规范向受检者出具健康体检报告,或未对重要指标异常情况作出明确提示和建议,导致受检者丧失及时确诊时机,应认定医疗机构的体检行为存在过失。医疗机构的过失行为侵害了受检者对保障自身健康和提高生存可能的期待利益,此种期待利益既是体检的目的又符合其精神需求。因而法院可以判决医疗机构给予受检者相应的精神损害赔偿。

[案件事实]

2009年8月,原告至被告明基医院体检。2009年9月10日,该院出具体检报告。在体检报告的肿瘤标志物栏内,甲

[①]　石网荣与南京明基医院医疗损害赔偿纠纷案,江苏省南京市中级人民法院(2012)宁民终字第2101号。

胎蛋白的检测结果为阴性，CEA 指标的检测结果呈阳性。在总检结论中，明基医院的建议为：1. 胆囊息肉：建议定期（每半年左右）复查……2. 过敏性鼻炎；3. 窦性心动过缓；4. 血压高；5. 空腹血糖偏高。此后，原告并未对身体进行任何检查或复查。2011 年 8 月 31 日，南京医科大学第二附属医院出具诊断证明书，确认原告患肺癌。原告因治疗肺癌支出医疗费 235473 元。

[一审裁判]

一审法院认为：医疗机构及其医务人员在医疗活动中，必须严格遵守医疗卫生管理的法律、行政法规、部门规章和诊疗管理规范、常规，恪守医疗服务职业道德。原告至被告医院体检，明基医院应按约定为原告提供相应的诊疗服务。明基医院在为原告进行体检时，已检测出 CEA 指标的检测结果呈阳性，明基医院虽在总检结论中作了相关建议，但建议的内容未能涉及该项检测结论，未能尽到应尽的告知义务，存在一定的过失。明基医院的过失，延误了原告进一步检查的时机，使原告遭受了精神上和身体上的痛苦，故原告要求明基医院赔偿精神损害抚慰金 50000 元，符合法律规定，法院予以支持。

但是，由于原告所患疾病并非由体检导致，患病事实与明基医院之间的过失行为并无直接因果关系，故其要求明基医院赔礼道歉、赔偿其相关的医疗费、交通费等主张，无法律依据,不予支持。

由此,一审法院判定:被告明基医院赔偿原告石网荣精神损害抚慰金 50000 元。

[二审裁判]

原告与被告均不服一审判决,提起上诉。二审期间,原告因病去世,其法定继承人参加本案诉讼。

就 CEA 指标与肺癌的关联性,南京鼓楼医院有关专家称:"两肺纹理增多说明肺部有炎症,也会引起 CEA 指标升高。CEA 指标并不是诊断肺癌的特异性指标,只是一个参考指标,身体所有部位的炎症都会引起 CEA 指标高。所以不能仅仅依据 CEA 指标呈阳性就认定是肺癌。在 CEA 指标呈阳性的情况下,患肺癌的可能性有多高,无法判断。"

江苏省人民医院有关专家称:"CEA 指标升高的影响因素很多,好多非肿瘤因素都会导致 CEA 指标升高,比如感染、血脂升高等。从体检到肺癌晚期已有两年时间,所以不能推定 CEA 指标呈阳性与肺癌有关系。肿瘤从早期到晚期一般不到两年时间。所以在体检时,CEA 指标呈阳性患肺癌可能性有多高无法判断。"

二审法院认为,本案争议的焦点是:(1)明基医院为病人进行体检的行为是否存在过失;(2)明基医院体检行为若存在过失,该过失行为与病人患肺癌不能早期发现并治愈之间是否具有因果关系;(3)明基医院对本案所涉纠纷是否应承担赔偿责任及赔礼道歉。

对于第一争议焦点,法院引用卫生部《健康体检暂行规定》第十四条规定称,医疗机构应当对完成健康体检的受检者出具健康体检报告。健康体检报告应当包括受检者一般信息、体格检查记录、实验室和医学影像检查报告、阳性体征和异常情况的记录、健康状况描述和有关建议等。而将"CEA指标呈阳性"在体检报告总检结论中作专门提示,应属于"阳性体征和异常情况"的重要内容,明基医院在本案中未作专门提示,且未按规定对此作出"有关建议",显然与上述规定不符,故明基医院的体检行为存在过失。

对于第二争议焦点,法院说,因CEA指标与肺癌诊断之间的关联性系专门性的医学问题,依据《最高人民法院关于民事诉讼证据的若干规定》的规定,法院可以就案件的专门性问题向具有专门知识的人员咨询。二审法院就此问题咨询了部分医学专家,据专家介绍,CEA指标不是诊断肺癌的特异性指标,只是一个参考指标,该指标升高的影响因素很多,体内炎症等非肿瘤因素都可能导致CEA指标升高。据此,原告体检时CEA指标呈阳性,不能以此即推定其当时已患有肺癌。医学专家陈述的相关意见系依据其多年的临床实践与成熟经验作出,具有一定的参考价值。法院认为专家陈述的意见可作为本案判断因果关系的参考依据。而且,病人于2011年8月被发现患有肺癌,距2009年8月在明基医院体检时已近两年，根据当前临床医学诊疗水平与经验及现有证据，无法确定石网荣患肺癌不能早期发现并治愈与明基医院的体检报告未就 CEA 指标阳性进行专门提示的过失行为之间具有因果关系。

对于第三争议焦点，法院认定，病人患有肺癌不能早期发现并治愈与明基医院体检中的过失行为之间不具有因果关系，且病人因治疗肺癌所支出的医疗费和交通费，属于其治疗自身疾病所必须支出的费用。但是，体检的目的在于及时发现自身可能存在的疾病或影响健康的异常因素，在现代医疗水平下接受适当治疗，以延续身体健康或提高生存的可能性。病人在体检时查出 CEA 指标呈阳性，但明基医院没有按照规范在体检结论中作出应有的提示和告知，该过失行为导致患者丧失进一步检查的时机，侵害了患者对延续自身健康和提高生存可能性的期待利益，实际是侵害了患者的人格利益。法院认为，依照《最高人民法院关于确定民事侵权精神损害赔偿责任若干问题的解释》的规定，自然人因人格权利遭受非法侵害，可以请求精神损害赔偿。

由此，二审法院作出判决：明基医院赔偿患者方精神损害抚慰金 50000 元。

[法学点评]

- 本案被告为体检医院，而非诊断治疗医院。因此，本案件作出的规则是，体检医院发现病人相关指标异常，应该明确标出并告知病人。体检医院失于告知义务，由此承担赔偿责任。此原则，美国法中称为病人丧失机会而承受了损失。
- 体检医院未履行告知义务，并非与病人死亡构成因果关系，而且本案中，体检时间与病人患病时间相差两年多，这更缓减了体检医院的责任。
- 法院走了中间路线，只认定体检医院未尽到告知义务，而否定了体检医院对病人死亡的关联性，因此，法院只判定病人方的精神损害赔偿，而否定医院承担医疗过失的责任。

14　医疗损害纠纷的抗诉案[①]

[**裁判要旨**]

医生不及时撰写病历，事后有改写病历的嫌疑，患者家属以病历不实拒绝尸检、匆忙火化。医生书写病历有误，在患者死亡结果中占有多大的比例？本案件经过三次审判，检察院行使了民事案件抗诉权，医院的过错参与比修改了三次。

[**案件事实**]

2011年1月1日9时许，患者因咳嗽、胸闷气紧到被告于都县中医院就诊。接诊医生询问病情时，患者主诉胸闷气紧二月余，既往有慢性支气管炎、冠心病史。经胸部X线摄影检查，患者两肺少许湿罗音，诊断报告结果为符合慢性支气管炎、肺气肿改变。医方据此诊断患者为：（1）肺炎；（2）慢

[①] 赖民忠与于都县中医院医疗损害责任纠纷案，江西省赣州地区（市）中级人民法院，（2015）赣中民再终字第7号。

性支气管炎；(3) 肺气肿。医方为患者开出编号为 NO.0019454 的处方笺及注射单，但医务人员未按《病历书写基本规范》第 14 条规定书写门诊病历，即"门（急）诊病历记录应当由接诊医师在患者就诊时及时完成"。9 时 50 分左右，医方开始为患者执行静脉输液注射。13 时左右，静脉输液结束，患者胸闷气紧、咳嗽等症状加剧，不能行走，病情加重恶化。患者家属即向医方工作人员（护士）代诉患者病情加重。13 时 50 分，医方开始为患者进行输氧等救治措施。14 时 22 分，患者心跳、呼吸骤停，双侧瞳孔散大，医方进行胸外心脏按压、静脉推注抢救药品等抢救措施。14 时 52 分，患者经抢救无效死亡，医方病历资料"24 小时内入院死亡记录"认定死亡原因为急性左心功能衰竭。

2011 年 1 月 2 日，患者家属与医方就本案责任及赔偿事宜协商未果。患者家属不同意医方"患者死于急性左心功能衰竭"的死因认定，拒绝尸检。1 月 5 日，患者家属对患者尸体进行了火化。医方在诊疗过程中，未按病历书写基本规范的要求及时书写门诊病历，补记的抢救记录等也未按照上述规范的要求加以注明。补记后的门诊病历与编号为 NO.0019454 的处方笺、注射单及临时医嘱单部分记录不一致。

2011 年 8 月，患者家属向于都县人民法院提起民事诉讼，诉请确认于都县中医院违反医疗常规、伪造病历，且极度不负责任，致使患者死亡，请求医方承担医疗损害赔偿共计

384307元。

[一审裁判]

2012年12月3日，一审认为，被告的医务人员未按《病历书写基本规范》第14条规定执行，违反了诊疗规范的相关规定，可以推定被告存在过错。考虑到原告对患者的死亡结果并无异议，确定由被告承担30%的责任。原告诉请的交通费用，因无相关正规票据，不予支持。至于精神抚慰金的诉求，酌情予以考虑。一审法院判决，被告医院赔偿患者医疗费、丧葬费、死亡赔偿金共计人民币278024元的30%，计人民币83407.2元。另外，被告赔偿原告精神损害抚慰金1万元。

[二审裁判]

原告和被告均不服一审判决，提出上诉。2013年5月2日，二审认为，医方违反《病历书写基本规范》，补记后的门诊病历与处方笺、注射单及临时医嘱单的记录存在不一致的情形，依法可以推定医方有过错。

因患者家属拒绝做尸检以致无法鉴定，医方也存在违反病历书写基本规范的情形。患者家属与医方双方对无法进行鉴定均存在责任。双方对患者的死亡原因为急性左心功能衰竭均无异议，认可患者死亡与其自身的冠心病存在关系。综合考虑双方的过错责任程度以及对损害后果发生的原因力大小，二审法院判定医方承担45%的责任，于都县中医院赔偿患者家属合理损失 278024 元中的 45%，即 125110.8 元。

[检察院抗诉]

患者家属不服二审判决，向法院申请再审，被裁定驳回。申请人不服法院裁判，于 2014 年 3 月向检察机关申请监督。赣州市人民检察院于 2014 年 6 月 23 日提请江西省人民检察院抗诉。

江西省人民检察院认为，其一，有证据证明医院存在过错，而患者及其家属在诊疗过程中并无过错，根据《侵权责任法》第 57 条"医务人员在诊疗活动中未尽到与当时的医疗水平相应的诊疗义务，造成患者损害的，医疗机构应当承担赔偿责任"的规定，于都县中医院应当承担主要赔偿责任。

其二，医院未能按照家属要求根据《医疗事故处理条例》第 16 条的规定封存病历资料，事后提交的病历资料与患者家属当时复印的病历资料存在不一致，且其中一些病历资料属于事后记录，补记后的门诊病历与处方笺、注射单及临时医嘱单的记录存在不一致的情形，因此，不符合《医疗事故处理条例》第 8 条规定的病历补记要求，患者家属完全可以合理怀疑于都县中医院提交的病历资料的真实性。根据卫生部《关于医疗机构不配合医疗事故技术鉴定所应承担的责任的批复》[卫政法发（2005）28 号]"医疗机构违反《医疗事故处理条例》的有关规定，不如实提供相关材料或不配合相关调查，导致医疗事故技术鉴定不能进行的，应当承担医疗事故责任"的规定，本案于都县中医院应当承担主要责任，其对本案未能进行医疗事故鉴定负有不可推卸的责任。

[再审结果]

江西省高级人民法院受理后，裁定将本案交由赣州市中级人民法院进行再审。

再审法院认为，本案再审中双方争议的焦点为医方对于病人的死亡应承担多大的责任。第一，医方在本案中存在未按病历书写基本规范要求及时书写门诊病历，且补记的病历与处方不一致等不规范诊疗行为，导致患者家属拒绝进行医疗事故鉴定，医方应承担主要责任。综合本案案情，本院酌定由医方承担70%的责任，即医方承担患者家属各项合理损失278024元中的70%计194616.8元。第二，患方家属以医方病历资料不真实为由拒绝进行医疗事故鉴定，导致无法准确查清医方用药护理方面的过错程度，对此，患方家属负有一定责任。因为虽然病历资料存在部分补记，但病历中所记药品与处方中所用药品一致，对于补记内容与未补记内容是否对医方责任有影响，亦应由相关鉴定机构进行鉴定。第三，因患者自身患有冠心病等疾病，其死亡的原因与其自身疾病的凶险程度不无关系，且家属拒绝尸检。综上，经过再审法院审判委员会讨论决定，判定于都县中医院赔偿患者家属因患者死亡的各项合理损失278024元中的70%，即194616.8元。

[**法学点评**]

- 这是一个有趣的案件,案情简单,法理简单,但是司法审判过程曲折,所有程序围绕着赔偿金的比例展开。

- 法律定性明确,医院的过失是未及时填写病历,事后有部分伪造,病人死亡源于患者自己的疾病,患者家属拒绝尸检。医院病历填写是否是病人的死亡原因?因填写病历的瑕疵是否应该承担病人的损失?法院未作出明确的判断,随着患者家属的不断申告,各级法院不断提高医院赔偿的数额比例:30%、45%、70%。

- 检察院是否适宜参与民事案件的诉讼活动?值得进一步讨论。法理上讲,检察机关是公共权力的监督机关,如果不涉及法官枉法、程序违法、公民权利受到侵害,检察院干预私法审判则不是可取的方式。

15　医疗事故损害赔偿抗诉案[①]

[裁判要旨]

本案是最高人民检察院公布的检察机关民事诉讼监督典型案例之一。如果属于医疗事故，受害人损失可以按自定残之月起最长赔偿30年计算；如果属于医疗纠纷，受害人损失可以按20年计算。前者适用《医疗事故处理条例》，后者适用《最高人民法院关于审理人身损害赔偿案件适用法律若干问题的解释》。医院涂改病历，使得医疗鉴定无法进行，可以推定为医疗事故。

---

① 许某与某医院医疗事故损害赔偿案，永州市冷水滩区人民法院（2009）永冷民初字第745号，永州市中级人民法院（2010）永中法民一终字第294号，永州市中级人民法院（2011）永中法民二终字第251号，湖南省高级人民法院（2013）湘高法民再终字第86号，最高人民法院（2014）民抗字第83号。

[基本案情]

2002年7月8日,7岁幼童许某到某眼科医院进行先天性白内障(右眼)外摘除术,术后发生角膜损伤等,右眼视力丧失。患方复印了全部病历,医院加盖公章并注明复印属实。依据医院提交的住院病历资料,永州市医学会和湖南省医学会先后作出了医疗事故技术鉴定书,均认为不构成医疗事故。在第二次鉴定过程中,患者发现了医院提交的病历有修改现象,省医学会也确认病历有涂改,但认为医方的违规行为与患儿后果之间无因果关系。

许某后到其他医院进行了角膜移植手术。2004年5月25日,双方在派出所主持下签订了一份协议,由医院一次性支付补偿费5万元,许某保证不再向医院提出任何补偿要求事宜。

2009年4月,许某开始出现右眼角膜内皮排斥,继发性青光眼,又开始接受排斥反应治疗。2009年5月11日,经许某申请,湖南省某司法鉴定中心作出法医临床鉴定意见书,结论为:许某先天性白内障手术后遗留视力障碍,术前残情相当于九级,目前残情评定为六级。被鉴定人右眼出现排斥反应,需长期使用抗排斥反应的药物治疗,每年所需费用大约6000元左右。2009年7月8日,许某起诉,请求判令眼科医院赔偿医疗费等各项费用504538元并承担本案诉讼费用。

[一审/重审/二审/再审]

一审期间,法院委托永州市医疗事故技术鉴定工作办公室对该医疗事件是否属于医疗事故进行重新鉴定。该办公室认为，经过修改和添加的病历属于不真实的病历资料，根据《医疗事故技术鉴定暂行办法》的有关规定，对原鉴定书不再重新鉴定，应按相关文件处理，并附有卫生部《关于医疗机构不配合医疗事故技术鉴定所应承担的责任的批复》。永州市冷水滩区人民法院一审认定构成医疗事故，判决医院赔偿各项费用41万余元。

医院提出上诉后，永州市中级人民法院认为本案属医疗服务合同纠纷，裁定发回重审。一审法院重审仍认定构成医疗事故，将赔偿费用增加到48万余元。双方均提出上诉。

永州市中级人民法院二审认为：由于本案的医疗事故鉴定是基于修改的病历资料作出，结论不客观，无法确定本案是否为医疗事故，因此应按医疗服务合同纠纷来适用相关的法律。一审法院适用国务院《医疗事故处理条例》为适用法律不当，应当根据《中华人民共和国民法通则》及《最高人民法院关于审理人身损害赔偿案件适用法律若干问题的解释》的相关规定，确定其损失。

许某在进行眼部手术前为九级伤残，手术失败后其伤残等级为六级伤残，故其因手术失败而加重了伤残等级与眼科医院的医疗行为之间有直接的因果关系，故眼科医院只应对其加重损害的行为承担相应的民事责任。二审判决将赔偿费调整为31万余元。许某申请再审。

湖南省高级人民法院再审认为，医院修改和添加病历导致医疗事故技术鉴定不能进行，故应承担事故责任，二审法院将案由定为医疗服务合同不当，本案应属医疗事故损害赔偿纠纷，对各项费用的计算应适用《医疗事故处理条例》。原一、二审的差别在于二审改变了继续治疗费和残疾生活补助费的计算年限，对于继续治疗费，相关法律法规对计算多少年没有明确规定，二审根据司法实践定为计算20年不违反法律规定。对于残疾生活补助费的计算年限，根据《医疗事故处理条例》的规定最长年限为30年，二审综合本案情况酌定计算为20年，并无不妥。原二审虽定性错误，但处理适当，判决维持永州市中级人民法院二审判决。

[最高人民法院的终审判决]

最高人民检察院向最高人民法院提出抗诉。理由是：

第一，再审判决维持二审按照20年时间计算残疾生活补助费和继续治疗费的结果适用法律错误。关于残疾生活补助费，《医疗事故处理条例》规定自定残之月起最长赔偿30年，而《最高人民法院关于审理人身损害赔偿案件适用法律若干问题的解释》规定自定残之日起按20年计算。二审保护20年是错误定性、错误适用法律的结果，并非如再审所说是"酌定"的结果。根据最高人民法院《关于在审判执行工作中切实规范自由裁量权行使保障法律统一适用的指导意见》的规定，对于一审法院依法正当行使自由裁量权的结果，二审和再审不应无故予以变更。

第二，判决眼科医院只承担所谓加重伤残等级的责任没有根据。许某在术前是先天性白内障，通过手术治疗是有可能治愈的，其术前的病情和所谓伤残程度处于不确定状态。司法鉴定中心对许某术前的情况也只是给出了"相当于"九级的意见，判决据此认定许某术前就是九级伤残并判决眼科医院只承担所谓加重伤残等级的责任是错误的。

最高人民法院再审采纳了抗诉意见，认为：第一，关于本案的定性问题。医院修改病历违反了卫生部相关规定，致使纠纷产生后无法查明事实。且卫生部《关于医疗机构不配合医疗事故技术鉴定所应承担的责任的批复》有明确规定，本案的医患纠纷推定为医疗事故并无不妥。各项费用的计算应适用《医疗事故处理条例》，考虑到本案受害人为未成年人，因此按照《医疗事故处理条例》中30年的最长年限计算，给予比较充分的保护更为合理。第二，一审法院根据本案实际情况依法正当行使自由裁量权作出的认定，上级人民法院应当依法予以维持。许某在手术前只是相当于九级伤残，这与已经确定的九级伤残有本质的区别，因为许某的眼部疾病是完全可以治愈的，治愈后不存在任何残疾，本案恰恰是由于医院的医疗事故导致许某的六级伤残。因此，二审和再审改变一审，削减去九级伤残的赔偿部分适用法律错误。最高人民法院在重新核定了居民年平均生活费的标准后，再审改判医院赔偿许某 44 万余元。

[**法学点评**]

- 最高人民检察院于 2013 年发布了《人民检察院民事诉讼监督规则》，2015 年发布了 13 起民事诉讼监督的典型案例。本案列居第二。
- 检察院在司法改革过程中，其职权一直处于变化之中。检察机关对民事诉讼的监督，有待于进一步的观察。
- 本案中，值得关注的法律问题是，第一，检察机关认定法院适用法律错误，应该适用《医疗事故处理条例》，而非民法通则的司法解释，理应属于司法审查中的重大问题。第二，一审法院的事实判定，应该得到后续裁判的维持。这有点区分"一审法院事实审"与"上诉法院法律审"的意味。案件发生后，对案件事实的认定，一审法院的判定最接近于案件的"客观事实"。第三，医院涂改病历导致司法鉴定无法进行，推定医院承担责任，这也合乎现代法律的精神。

16 产后肾衰的赔偿及计算[①]

[裁判要旨]

患者仅主张医疗机构有伪造、篡改病历的嫌疑,但不能对此举证证明的,不能推定医疗机构存在过错。受害人究竟系城镇居民还是农村居民,应以一审法庭辩论终结时受害人的户籍为标准,并综合考虑其职业、经常居住地、主要生活来源等因素确定。

[案件事实]

2009年9月29日上午8时30分,原告因分娩到被告处住院,入院后查血、尿常规无异常。13时35分,因原告"胎儿宫内窘迫",医师行子宫下段横切口剖宫手术,术中产一活男婴,术后给予抗感染、缩宫等治疗。10月3日上午出院,

---

[①] 陈某诉武汉市蔡甸区妇幼保健院医疗损害责任纠纷案,武汉市蔡甸区人民法院(2010)蔡民一初字第214号。

该院病历载明：双乳胀痛，喂养热敷挤奶后疼痛缓解，体温为 36.4℃，心肺无明显异常，双乳饱满，有约 2×2cm 硬块，切口甲级愈合，血性恶露少，无异味。

2009 年 10 月 4 日，原告再次到被告处就诊，经该院门诊诊断为"1. 产褥感染：败血症？乳腺炎；2. 重度贫血"。建议转武汉市第一医院治疗，武汉市第一医院诊断为"产后溶血性尿毒症综合征（PHUS）"后，给予抗感染、糖皮质激素及丙种球蛋白冲击、持续血液透析、利尿、护肝等对症支持治疗。

同年 10 月 14 日，原告转入华中科技大学同济医学院附属同济医院行血浆置换治疗，转入时诊断为：1. 急性肾功能衰竭原因待查：（1）产后溶血性尿毒症综合征？（2）产褥感染；2. 两系减少原因待查：自身免疫性溶血性贫血合并血小板减少性紫癜综合征？入院后给予抗感染、血液透析、碱化尿液、预防溶血等对症支持治疗。

同年 12 月 4 日，原告出院，出院诊断为"血栓性微血管病，慢性肾功能不全，肾衰竭期"。同年 12 月 11 日，原告因"维持腹透半月，进出水不畅三天"再次入住华中科技大学同济医学院附属同济医院，于同月 14 日行腹透置管复位术，手术顺利，于同年 12 月 18 日出院，出院诊断为"慢性肾功能不全，尿毒症期，维持腹透，腹透置管复位术后"。

2009 年 10 月 19 日至 2013 年 8 月止，原告实际发生医疗费为人民币309936.81元，其中新农村合作医疗机构给予报销金额195191.7元，原告自付医疗费114745.11元。其户籍于2013年12月6日转为非农业家庭户。质证时，被告医院对其真实性无异议，但认为其转成非农业家庭户籍的事实发生在一审判决之后。

[司法鉴定]

2010年2月22日，湖北新华法医司法鉴定所鉴定意见为：原告为四级残疾；目前后续治疗费按实际发生的确定；长期休息及长期护理。

2010年9月21日，武汉市医学会鉴定分析意见：（1）在连硬外麻下行剖宫产符合医疗常规；（2）宫缩素为产科常用药，其用法、用量符合药物使用规范；（3）审阅医方病历资料，患者住院期间无发热记载，无感染征象；（4）2009年10月4日患者发热（38.8℃）、皮肤黄，医方及时转诊，符合医疗常规；（5）2009年11月17日同济医院肾活检病理诊断：符合血栓性微血管病变肾损害。患者目前"血栓性微血管病，慢性肾功能不全，肾衰竭期"诊断成立。血栓性微血管病变病因复杂，与自身免疫、遗传、感染等多因素有关。故认定该情况不构成医疗事故。

湖北中真司法鉴定中心司法鉴定意见书，认为医方在现有条件下缺乏对此疾病的认识，观察病人欠仔细，发现相应的临床症状与体征不及时。鉴定意见为：该医院对被鉴定人的医疗行为中存在一定过错，此过错与被鉴定人所患血栓性微血管疾病无直接关系，不排除与感染、免疫、遗传有关。

[裁判结果和理由]

一审法院于 2013 年 10 月 13 日判决，被告赔偿原告经济损失计人民币 224314.17 元。被告赔偿原告精神抚慰金 30000 元。原告被告均不服，提起上诉。二审法院于 2014 年 5 月 4 日驳回上诉，维持原判。

二审法院分述法律理由，第一，病历内容的真实性。根据《最高人民法院关于民事诉讼证据的若干规定》第二条第二款"没有证据或者证据不足以证明当事人的事实主张的，由负有举证责任的当事人承担不利后果"的规定，原告对相关病历封存前有被伪造、篡改嫌疑的主张，负有举证责任。原告虽提出相关病历内容涉嫌不真实的主张，却未提交证据证明，因此法院不予支持。

第二，医患双方的责任。原告因生育就诊时，其剖腹产手术前的血常规检查呈现白细胞总数、中性粒细胞绝对值、中性粒细胞百分数均升高、血小板升高、血小板平均体积降低的体征，虽然有司法鉴定书认定医院过失医疗行为与病人所患血栓性微血管疾病并无直接关系，但却肯定了医院存在着过失，且原告术前血常规的中性粒细胞升高体征，医方未作排除感染所致的相关检查，其医疗行为也存在一定的欠妥之处。鉴于患者的血栓性微血管疾病有自身的原因，医方也存有一定的过错，按《侵权责任法》第二十六条"被侵权人对损害也有过错的，可以减轻侵权人的责任"、第五十四条"患者在诊疗活动中受到损害，医疗机构及其医务人员有过错的，由医疗机构承担赔偿责任"的规定，判决医患按3∶7比例担责。

第三，残疾赔偿金标准。医疗行为发生时，患者尚属农业家庭户籍，因此，一审判决依农村居民人均纯收入为标准认定陈某的残疾赔偿金，符合《人身损害赔偿解释》第二十五条第一款"残疾赔偿金根据受害人丧失劳动能力程度或者伤残等级，按照受诉法院所在地上一年……农村居民人均纯收入标准，自定残之日起按二十年计算……"的规定。

第四，其他相关损失项目。患者损害结果发生后，所提交正式票据的交通费金额为200元。医疗机构和鉴定机构未提出营养费和后期医疗费的意见，按照《人身损害赔偿解释》第十九条第二款"医疗费的赔偿数额，按照一审法庭辩论终结前实际发生的数额确定……其他后续治疗费，赔偿权利人可以待实际发生后另行起诉。但根据医疗证明或者鉴定结论确定必然发生的费用，可以与已经发生的医疗费一并予以赔偿"、第二十二条"……交通费应当以正式票据为凭……"、第二十四条"营养费根据受害人伤残情况参照医疗机构的意见确定"的规定，认定交通费为200元。

[法学点评]

- 患者在诊疗活动中受到损害，医疗机构及其医务人员有过错的，由医疗机构承担赔偿责任。不过，原告要承担举证责任的义务。
- 残疾赔偿金根据受害人丧失劳动能力程度或者伤残等级，按照受诉法院所在地上一年度城镇居民人均可支配收入或者农村居民人均纯收入标准，自定残之日起按二十年计算。但六十周岁以上的，年龄每增加一岁减少一年；七十五周岁以上的，按五年计算。
- 此案件未确定为医疗事故，法院以医疗过失处理。本案存疑的问题是，四份司法鉴定中，三份鉴定称患者患病系自身缘故，与医院医疗行为无直接因果关系，只有一份鉴定称"医方在现有条件下缺乏对此疾病的认识，观察病人欠仔细，发现相应的临床症状与体征不及时"，法院就因此认定医院存在医疗过失，由此承担医疗损害赔偿的责任，理由略显不足。

17　死亡赔偿金之姐弟继承[①]

[裁判要旨]

必须共同进行诉讼的当事人没有参加诉讼的,人民法院应当通知其参加诉讼;被侵权人死亡的,其近亲属有权请求侵权人承担侵权责任;姐姐为弟弟履行了主要扶养义务,可以是弟弟损害赔偿的权利请求权人。

[案件事实]

马某琳与患者马某愚系姐弟关系。2011年6月26日18时许,因弟弟疾病发作,姐姐拨打120急救车求救,120急救车把弟弟送到武清区人民医院诊治,姐姐支付了医疗费。治疗一段时间后,因病情未见好转,遂于2011年6月26日21

[①] 马某琳与天津市武清区人民医院医疗损害赔偿纠纷案,武清区人民法院(2011)武民一初字第5484号、天津市第一中级人民法院(2012)一中民一终字第1929号、天津高级人民法院(2014)津高民提字第0029号。

时许随 120 救护车转院治疗，在转院途中，患者死亡。姐姐认为弟弟的死亡是由于武清区人民医院延误治疗造成，该医院不认可，姐姐要求对弟弟的死亡原因进行司法鉴定。

2012 年 3 月 13 日，中国科协司法鉴定中心对武清区人民医院的诊疗行为是否存在过错、其过错与患者的死亡后果之间是否存在因果关系进行鉴定。2012 年 5 月 17 日，中国科协司法鉴定中心的司法鉴定意见书意见：武清区人民医院的诊疗行为存在过错，该过错与患者的死亡后果存在部分因果关系，以医方负主要责任为宜。姐姐起诉至武清区人民法院，要求武清区人民医院赔偿死亡赔偿金 484860 元、医疗费 695.15 元、丧葬费 25794 元。

患者马某愚与前妻生有一子马某，患者离婚后未再婚，其父母已去世，马某愚自 2001 年患病后，一直由其姐姐马某琳一人进行照顾直至马某愚死亡。以上事实有患者生前遗嘱、证人证言及居委会证明等证据予以证实。马某愚死亡后由其姐姐马某琳支付骨灰盒、寿衣、尸体冷冻、火化费及墓地费等丧葬费共计 8800 元，支付鉴定费 7650 元。庭审过程中马某琳申请追加侄子、死者儿子马某参加诉讼，武清区人民法院并未依职权或依当事人申请予以追加。

[一审与二审裁判]

2012 年 9 月 26 日，武清区人民法院作出民事判决，认为患者在治疗中受到损害，医疗机构及其医务人员有过错，由医疗机构承担赔偿责任。原告之弟因疾病在武清区人民医院治疗，而后在转院到天津市北辰医院时死亡。患者死亡原因经中国科协司法鉴定中心鉴定，武清区人民医院的治疗行为存在过错，该过错与患者的死亡后果存在因果关系，医方以负次要责任为宜。结合本案实际情况，确定武清区人民医院对患者的死亡承担40％的赔偿责任。原告为患者支付的医疗费、丧葬费及鉴定费的40％应由武清区人民医院承担。患者之子马某未向武清区人民医院主张死亡赔偿金，原告提出患者生前由其扶养照顾，但所提供证据并不充足，原告作为患者的姐姐并非要求给付死亡赔偿金的请求权人，原告要求武清区人民医院给付死亡赔偿金的请求不予支持。判决：武清区人民医院支付原告马某琳医疗费、丧葬费、鉴定费共计6858.06元。

原告提出上诉，2013年2月26日，天津市第一中级人民法院作出判决，驳回上诉，维持原判。

[抗诉与再审]

马某琳不服终审判决，向天津市人民检察院申请监督。2014年3月11日，天津市人民检察院以（2014）津检民行抗字第3号民事抗诉书向天津市高级人民法院提出抗诉。理由如下：

（一）本案遗漏必须进行共同诉讼的当事人。法律规定必须共同进行诉讼的当事人没有参加诉讼的，人民法院应当通知其参加诉讼。马某琳在一审庭审过程中明确申请追加患者之子马某为本案原告。患者之子马某是本案应当参加诉讼的当事人。根据《民事诉讼法》第一百三十二条、最高人民法院《关于适用〈中华人民共和国民事诉讼法〉若干问题的意见》第五十七条规定：必须共同进行诉讼的当事人没有参加诉讼的，人民法院应当通知其参加；当事人也可以向人民法院申请追加。二审法院未按照法律规定，也未依据当事人申请，通知患者之子参加诉讼。

（二）马某琳符合赔偿权利请求人主体的条件。根据《侵权责任法》第十八条第一款、最高人民法院《关于审理人身损害赔偿案件适用法律若干问题的解释》第一条第二款、最高人民法院《关于贯彻执行〈中华人民共和国民法通则〉若干问题的意见（试行）》第十二条的规定，马某琳作为被侵权人马某愚的姐姐，与死者系近亲属关系。且有证人证言及居委会证明，及患者就医急救、丧葬处理的费用证明等证据能够证实马某琳对马某愚履行了主要扶养义务。故终审判决认定马某琳不应当作为赔偿权利请求权人，属于认定事实缺乏证据证明，适用法律确有错误。

（三）参照《继承法》的有关规定，马某琳亦有赔偿权利请求权。死亡赔偿金是基于被侵权人死亡对其近亲属所支付的赔偿，获得死亡赔偿金的权利人是死者近亲属，而非死者。虽然死亡赔偿金不作为遗产处理，但本案的落脚点还是死亡赔偿金的请求权归属及分配问题。参照《继承法》第十三条第三款规定："对被继承人尽了主要扶养义务或者与被继承人共同生活的继承人，分配遗产时，可以多分。"第四款规定："有扶养能力和扶养条件的继承人，不尽扶养义务的，分配遗产时，应当不分或者少分。"马某琳不但是马某愚的近亲属，而且其作为马某愚的主要扶养人可以作为本案的赔偿权利请求人；马某愚之子作为第一顺位继承人，却没有尽到其主要赡养人应尽的义务，根据《继承法》的规定，应当不分或者少分遗产。故马某琳应当作为赔偿权利请求人有权提起诉讼，终审判决认定马某琳不应当作为赔偿权利人，属于认定事实缺乏证据证明，适用法律确有错误。

天津市高级人民法院受理抗诉后，裁定提审本案。2014年10月24日，天津市高级人民法院出具民事调解书，由武清区人民医院给付马某琳死亡赔偿金人民币10万元。

[法学点评]

- 本案是检察院行使民事诉讼抗辩权的典型案件，检察院从法律适用的角度审查了法院的民事审判活动。
- 本案的看点在于，患者有子，但是由姐姐扶养。侵权之诉得到的赔偿应该为受害人所有。但是，本案件中，患者死亡。其一，患者与医院之间属于侵权之债；其二，患者的医疗支出和丧葬支出，都由其姐姐垫付，姐弟之间发生债权债务关系，姐姐的支出自当从弟弟的损害赔偿中得到补偿。

- 患者的死亡丧葬费用，本应该为其子所有，但是，本案中，其子并未承担死者的扶养责任，而是由其姐承担。检察院和法院在这里运用了继承法的原理：按照实际扶养的原则，判定姐姐获得患者的死亡赔偿金。

18 农村与城镇医疗保险待遇[①]

[**裁判要旨**]

劳动者不得重复享受社会医保待遇。用人单位应该给劳动者办理职工医疗保险。农业人口劳动者经新农合报销后不能达到职工医保报销标准的差额部分,由用人单位进行赔偿。

[**案件事实**]

康美特公司从事陶瓷生产及销售,张某莲的丈夫常某生前系陕西省三原县西阳镇西南村村民,并参加了新型农村合作医疗,2011年常某进入公司从事保安工作,但未与公司签订书面劳动合同,公司亦未为常某办理相关社会保险。2011年12月1日,常某在工作中突发疾病,被送往医院治疗,诊断为脑出血,共计住院53天,最终因医治无效,于2012年1

---

① 张某莲诉咸阳康美特陶瓷有限公司保险纠纷案,陕西省高级人民法院(2014)陕民一申字第00098号。

月24日去世。在此期间，共花去医疗费130546元。

住院期间，康美特公司给付常某医疗费3000元，三原县新型农村合作医疗经办中心报销常某的医疗费74711.64元。此后，公司与常某之妻张某莲就常某的医疗费承担问题发生纠纷，张某莲遂向三原县劳动争议仲裁委员会申请仲裁，要求公司支付常某医疗费中属于城镇职工医疗保险应报销的费用。

仲裁委审理认为，康美特公司与常某之间构成劳动关系，公司未给常某缴纳社会保险费，应承担常某按照城镇职工医疗保险待遇可报销医疗费的相关费用。经三原县医疗保险基金管理中心核算，其职工医保报销金额为95417元。2012年5月2日，仲裁委员会作出裁决，由康美特公司支付张某莲医疗费95417元。康美特公司不服该仲裁裁决，诉至三原县人民法院，请求撤销该裁决。

[裁判结果]

陕西省三原县人民法院于2012年11月5日作出民事判决：原告康美特公司支付被告张某莲其夫常某的医疗费92417元（95417－3000＝92417）。康美特公司提出上诉，陕西省咸阳市中级人民法院以同一事实，认为原判无法律依据，违背公平原则，对其进行了改判。于2013年4月22日作出民事判决，判决变更原判第一条为：原告康美特公司支付张某莲其夫常某的医疗费17705.36元。

[裁判理由]

二审法院认为,本案系用人单位未给劳动者办理职工医疗保险,致劳动者所花医疗费用不能按照职工医保的标准进行报销,给劳动者造成经济损失的民事诉讼案件。本案中劳动者为农业人口,并在其户籍所在地参加了新型农村合作医疗,在其住院治疗期间其医疗费已经新农合报销。根据相关政策规定,劳动者不得重复享受社会医保待遇。本案应当对劳动者因不能享受职工医保待遇所遭受的实际损失进行赔偿,即对经新农合报销后不能达到职工医保报销标准的差额部分由用人单位进行赔偿。

[法学点评]

- 劳动争议发生后,需要先通过劳动争议仲裁程序后,方可向法院提起劳动争议诉讼。
- 未签订劳动合同,并不意味着劳动关系不成立。劳动关系一旦确立,用人单位就需要为劳动者缴纳社会保险。
- 非城镇人口劳动者可以同时获得新农合医疗保险和城镇职工医疗保险。但是,劳动者不能得到双倍补偿。享受新农合医疗保险赔付后,只能就不足部分享受城镇医疗保险。

19　医疗人身保险中的损失补偿原则[①]

[**裁判要旨**]

如果人身保险合同双方在保险合同中约定了医疗费用保险补偿原则,那么当被保险人从其所参加的基本医疗保险、其他保险计划或从任何其他途径取得医疗费用补偿后,保险人只给付实际支出超出基本医疗保险的剩余部分。

[**案件事实**]

2006年9月,贵州某师范大学为其在校2004级本科生就短期意外伤害保险及短期住院医疗保险向被告某保险公司续保,原告为2004级本科生中一名学生。该合同约定,保险期间自2006年9月1日零时起至2007年8月31日24时或本合同列明的终止性保险事故发生时止,保险责任与责任免除详

---

① 罗某与某保险公司贵州分公司人身保险合同纠纷案,贵州省贵阳市中级人民法院(2008)筑民二终字第435号。

见保险条款。

该合同意外伤害保险及附加短期住院医疗保险条款第十二条注明:"医疗费用保险补偿原则,本合同中的意外伤害门(急)诊医疗保险为医疗费用保险,适用补偿原则。若被保险人从其所参加的基本医疗保险、其他保险计划或从任何其他途径取得医疗费用补偿,保险人给付意外伤害门(急)诊医疗保险金以被保险人实际支出的符合保单签发地政府基本医疗保险管理规定的剩余部分医疗费用金额为限。"

合同签订后,2007年8月4日晚,原告被第三人醉酒后打伤,后被送至贵阳市第二人民医院进行治疗,合计产生医疗费用17055.85元。2008年3月,原告向被告要求按合同进行理赔,并向被告出具情况说明,说明表明,原告被打后向公安机关报案,犯罪嫌疑人已经被抓获,原告获赔全部医疗费。被告保险公司以第三人已进行赔偿为由拒绝理赔。

[一审判决]

一审认为,某师范大学为其在校学生投保,原告作为被保险人享有保险合同约定的权利,也应履行合同约定的义务。现合同中的保险条款约定:如发生意外伤害,被保险人从其他途径获得赔偿,则被告进行理赔适用补偿原则,即只给付第三者赔偿不足部分的医疗费。现原告虽发生意外伤害事故,但其已从第三人处获得全部医疗费赔偿,故根据双方合同约定,被告不再承担理赔责任。

原告诉请于法无据，不予支持。一审判决如下：驳回原告的诉讼请求。案件受理费，由原告承担。

[二审判决]

宣判后，罗某不服，提起上诉，请求：撤销原判，改判被上诉人赔偿保险金 17055.85 元，诉讼费用由被上诉人承担。主要理由为，原判对认定事实分析不清，适用法律不当。第三人对其的赔偿与保险公司无关，依保险法的规定，上诉人仍享有向保险公司的索赔权。保险合同的格式免责条款加重了被保险人的责任，排除被保险人的权利，应为无效。被上诉人答辩称，一审判决正确，请求维持原判决。上诉人已从第三人处获得赔偿，且高于产生的医疗费用，被上诉人在投保时已向投保人进行了免责条款的说明，合同约定的是补偿原则。

二审法院查明的事实与一审审理查明的事实基本一致。二审认为，本案争议的焦点是：上诉人因意外伤害事故受伤后，在已经获得侵害人赔偿损失的情况下，能否再向被上诉人进行保险索赔。本案投保人与被上诉人签订的是短期意外伤害保险及短期住院医疗保险，意外伤害保险具有一些类似于财产保险的特点，意外伤害造成医疗费用的支出是一种经济损失，这种损失的数额可以确定。因此，保险人补偿被保险人所支付的医疗费用，是避免与减少被保险人可能遭受的物质利益的损失，其性质是一种损失补偿性的保险，被保险人不能因疾病或遭受意外伤害而从中获利。

同时，本案是基于上诉人与被上诉人之间的意外伤害保险合同所发生的纠纷，涉案保险合同约定保险责任与责任免除有专门的保险条款。保险条款规定了医疗费用保险适用补偿原则。因此，双方应按保险合同的约定履行。据此，二审法院称，上诉人的上诉请求，不予支持。一审判决，应予维持。二审法院判决驳回上诉，维持原判。

[法学点评]

- 按照保险法第四十六条规定，人身保险的被保险人因第三者的行为而发生死亡、伤残或者疾病等保险事故的，保险人向被保险人或者受益人给付保险金后，不得享有向第三者追偿的权利。但被保险人或者受益人仍有权向第三者请求赔偿。但是本案突破了这一基本原理。
- 本案的特殊性之一在于，保险公司限定了自己的保险责任，在保险合同中约定了这样的内容："若被保险人从其所参加的基本医疗保险、其他保险计划或从任何其他途径取得医疗费用补偿，保险人给付意外伤害门（急）诊医疗保险金以被保险人实际支出的符合保单签发地政府基本医疗保险管理规定的剩余部分医疗费用金额为限。"保险公司在具体的合同中限定了自己的责任。这就意味着，原告受到伤害后就医，其医疗费用的承担可以有这样几种方式：基本医疗保险、其他保险计划和加害人侵权赔偿。保险公司只约定自己"损失补偿"的义务，这样，当原告从他处得到补偿后，保险公司排除了自己的责任。原告依据的是保险法一般规定，而被告的依据是特定的、限定了自己责任的保险合同。法院支持了保险公司。

- 本案的特殊性之二在于，二审法院找到了有利于保险公司的另外一个理由，认定本案中的短期意外伤害保险具有物质利益和经济损失的性质，法院把人身保险的补充赔偿合同转化为具有财产性质的合同，由此，适用财产保险的规则，而非人身保险的规则。

20 离职人员退休后的医疗保险费[①]

[**裁判要旨**]

劳动双方解除劳动关系后,原企业职工只能依据"代缴社会保险"协议的约定及法律政策的规定享受权利。如果协议约定原企业为其缴纳基本养老保险和基本医疗保险的截止时间为到法定退休年龄时止,那么协保人员退休时,由个人一次性缴纳15年的基本医疗保险费,大病医疗救助费由个人承担并按年缴纳。协保人员医疗保险引发的纠纷,不属于人民法院审理劳动争议案件的范围,也不属于人民法院的受案范围,当事人可通过协商或其他合法途径解决。

[**案件事实与诉求**]

原告耿某诉称,2002年12月16日与天宝集团磁性材料

[①] 耿某与江苏天宝电子集团有限公司破产清算组医疗保险待遇纠纷案,江苏省徐州市中级人民法院(2010)徐民终字第234号。

厂解除劳动关系。在办理代缴社会保险协议时，企业强行签订代缴社会保险协议，并和当时欠发的工资挂钩，不签协议就不补发工资。原告与单位签订的协保协议（代缴社会保险）有关基本医疗保险部分没有按照有关规定执行，导致原告应当享受的基本医疗保险得不到保证。法律规定社会保险由基本医疗、大病救助、养老保险、失业保险几项组成，而天宝集团磁性材料厂没有履行协议，只给原告交了养老保险，而基本医疗未给办理。故诉请被告履行代缴社会保险协议，为原告缴纳医疗保险，包括退休后一次性缴纳15年医疗保险费用，从2002年12月份开始计算。

被告天宝集团清算组在一审中辩称，2008年12月30日，天宝集团公司因资不抵债，不能清偿到期债务，被徐州市中级人民法院宣告破产，并指定破产清算组依法接管破产企业。针对原告的诉请及事实理由，被告认为，原告的诉请不能成立，理由如下：（1）原告与原天宝磁性材料厂签订了《代缴社会保险费协议书》（通称"协保"），按"协保"协议约定，原告已认可与原单位解除劳动关系，并已办理失业登记，按规定领取了失业金。既然双方已确认解除劳动关系，原告已不属于原企业的职工，无权再以原企业职工的身份主张工资、福利等权利，只能依据"协保"协议的约定及法律政策的规定享受权利。（2）原告签订"协保"协议后，原用人单位及社保部门一直为其缴纳或代缴基本养老保险费及基本医疗保险费用,至今没有终止履行,不存在原告诉请要求为其缴纳社会保险费的问题。(3) 原告要求为其缴纳退休后的基本医疗保险费(一次性缴纳15年),没有事实、法律、政策依据。首先,按照原告与原企业签订的"协保"协议,原企业为其缴纳基本养老保险和基本医疗保险的截止时间为到法定退休年龄时止,并没有约定退休以后的基本医疗保险由用人单位为其支付,原告要求为其缴纳退休后15年的基本医疗保险费没有事实依据。其次,现行法律对已经解除劳动关系的人员也没有规定其退休以后,原企业为其缴纳基本医疗保险费用的规定,故耿某要求为其缴纳退休后15年的基本医疗保险费没有法律依据。再者,徐州市劳动和社会保障局、徐州市人民政府国资委、徐州市财政局、徐州市总工会于2007年7月9日联合下发的徐劳社医(2007)12号文件第二条第二款规定:协保人员退休时,按上述缴费基数和缴费比例由个人一次性缴纳15年的基本医疗保险费,大病医疗救助费由个人承担并按年缴纳。原告要求为其缴纳退休后基本医疗保险费的问题不仅没有政策依据,相反与现行有效的政策规定相悖。至于原告诉称"协保"协议是在原企业胁迫所为,也与其本人签字、本人书面申请和本人七年来所享受的"协保"待遇不符,如原告等人坚持其受迫的观点,应负举证义务或另案提起撤销或确认所签订的《代缴社会保险费协议书》无效的诉讼。

[一审裁判]

一审法院认为,本案原、被告之间的纠纷,是涉及协保人员医疗保险政策引发的纠纷,而协保人员医疗保险政策依据的是地方政府或有关主管部门的文件规定,法律上无明确的规定。

对于协保人员医疗保险出现的问题,人民法院既不是相关政策的制定者,也不是决定实施、执行政策的主管部门,同时,民事审判也无权对政策进行评判或解释。司法权的管辖权是有边界的,其受案范围要受到诉讼法、司法解释、公共政策等诸多因素的影响和限制,法院只能在属其管辖范围内的事项行使司法权,否则既缺乏解决问题的依据,也影响处理问题的实际效果。因此,原告诉讼请求的事项不属于人民法院审理劳动争议案件的范围,也不属于人民法院的受案范围,当事人可通过协商或其他合法途径解决。据此裁定:驳回原告的起诉。

[二审裁判]

上诉人耿某不服一审民事裁定,提出上诉,称:2002年12月16日,上诉人和天宝集团公司磁性材料厂签订《代缴社会保险费协议书》,因被上诉人未完全履行该协议书中的基本医疗保险部分,致使上诉人从2002年12月16日至今未能享受基本医疗待遇,特别是退休时还要一次性缴纳15年的基本医疗保险费用。虽然上诉人与被上诉人解除了劳动关系,但根据徐政发（2002）47号文件精神，上诉人与被上诉人保留了社保关系，应该和正常职工一样享受养老保险和医疗保险的正常待遇。由于上诉人的原单位在解除劳动关系时未支付上诉人任何经济补偿，现在上诉人又不能享受到正常的基本医疗待遇，上诉人为此在2009年9月15日提起诉讼，但一审法院以本案不属于人民法院受案范围为由驳回了上诉人的起诉，上诉人不服该裁定，现请求二审法院根据事实和法律依法支持上诉人的诉请，保护上诉人的合法权益。

被上诉人天宝集团清算组答辩称：上诉人的上诉理由不能成立，请求法院驳回。理由：（1）程序上，一审法院裁定驳回上诉人的起诉，对于驳回的理由作了详细的阐述。同时，一审法院的裁定也符合江苏省高院2001年、2004年的会议纪要和通知的精神，本案不属于法院受理范围。（2）实体上，上诉人的上诉请求也是不成立的。第一，上诉人属于大协保，并签订了解除劳动合同的协议，双方解除了劳动合同，没有劳动关系。按照《劳动法》《劳动合同法》和其他相关劳动法律的规定，没有劳动合同关系的主体没有权利主张社会保险等方面的权利。第二，双方签订的大协保协议明确了双方权利义务，代缴保险只是到退休为止，实际上也一直在交付。因此，上诉人要求交付退休以后的一次性医疗保险没有合同依据。第三，关于15年医保的问题，2007年7月9日，徐州市劳动保障局等四个部门下发了2007-12号文，明确表示了由大协保人员一次性交付。综上，上诉人上诉请求不成立，请求法院依法驳回。

二审法院经审查认为，上诉人在2002年与天宝集团公司磁性材料厂解除劳动关系时签订了《代缴社会保险费协议书》，该协议是基于地方政府或有关主管部门的文件规定而签订，是一种政策性行为，人民法院在民事审判中无权对政府政策进行评判或解释。上诉人在上诉中主张，徐州市劳动保障局等四个部门在2007年7月9日下发的2007年12号文件不能适用于上诉人。但该文件同样是人民政府在处理全市范围内协保人员相关问题时制定的政策文件，其所适用的对象为全市范围内的协保人员，并非针对某个个人，是否适用本案上诉人，并非人民法院所能确定。即使存在上诉人在上诉中所提到的问题，人民法院亦不能在民事审判中对政策文件加以评判，应由政策的制定部门或者人民政府作出解释。故原审法院认为本案不属于人民法院民事案件受案范围并裁定驳回上诉人的起诉并无不当，上诉人可向有关主管部门反映情况并寻求解决。

综上，二审法院2010年2月2日判定，一审裁定认定事实清楚，适用法律正确，依法应予维持。驳回上诉，维持原裁定。

[法学点评]

- 劳动关系发生纠纷，劳动争议仲裁是劳动争议诉讼的前置程序；包括医疗保险在内的社会保险纠纷，则既不能劳动仲裁，也不能劳动争议诉讼，全部交由行政部门决定。这是我国现有职工医疗保险制度的特殊之处。
- 本案件中，既然没有法律明确规定，纠纷的处理只能按照离职人员离职时与原单位关于医疗保险缴纳的约定解决。这个约定虽有"合同"之名，但是实际上带有行政政策的性质。
- 本案件中原告/上诉人的诉求，是想让原单位缴纳到达法定退休年龄之后医疗保险和大病保险的费用。原单位依据协议，只缴纳退休年龄时的社会保险，不缴纳退休后的医疗保险和大病保险。原告诉诸法院，法院以无管辖权为由驳回了原告的请求。

21 民事损害赔偿与工伤医疗赔偿的双赔制[①]

[裁判要旨]

工伤事故后,侵权方赔偿受害人损失后,仍然可以向社会保险部门申请工伤医疗保险。2015年《湖北省工伤保险实施办法》修改并摒弃了2003年《湖北省工伤保险实施办法》"补差性"原则,确认了"双赔"原则。

[案件事实]

周某于2003年6月至2015年7月27日在湖北金祥瑞科技有限公司上班。2012年12月12日,周某在上班途中发生交通事故。周某在交通事故中与交通事故对方承担同等责任。2013年11月13日,钟祥市人力资源和社会保障局作出《认定工伤决定书》,认定周某为工伤。2014年1月20日,荆门

---

① 钟祥市医疗保险管理局等诉周某给付案,湖北省荆门市中级人民法院(2017)鄂08行终8号。

市劳动能力鉴定委员会鉴定周某致残程度为六级。期间，周某通过交警部门调解和民事诉讼获得部分赔偿。周某向所在单位申请工伤保险待遇，所在单位未向周某支付工伤待遇，为此，周某于2015年7月27日向钟祥市劳动人事争议仲裁委员会提起仲裁申请。

[劳动关系仲裁]

钟祥市劳动人事争议仲裁委于2015年8月6日作出裁决：（1）所在单位支付周某住院伙食补助费、一次性伤残补助金、一次性工伤医疗补助金、停工留薪期工资、交通费、护理费、一次性伤残就业补助金，共计169621.72元。（2）驳回周某经济补偿金、医疗费、误工费、鉴定费、后期治疗费的请求。

[劳动关系诉讼一审]

周某对裁决书不服，于2015年9月14日向钟祥市人民法院提起诉讼，一审法院于2015年11月6日作出民事判决：湖北金祥瑞科技有限公司支付原告一次性伤残就业补助金、停工留薪期工资、生活护理费，共计88384元。

[劳动关系诉讼二审]

周某对一审判决不服，提起上诉，二审法院于2016年3月24日作出民事调解：（1）确认湖北金祥瑞科技有限公司与周某之间的劳动关系；（2）湖北金祥瑞科技有限公司支付周某一次性伤残就业补助金、停工留薪期工资和生活护理费共计 71384 元；(3) 湖北金祥瑞科技有限公司为周某向钟祥市社保机构申领其应由社保基金支付的工伤保险待遇，包括治疗本案工伤已经发生的医疗费、一次性伤残补助金、一次性医疗补助金、住院伙食补助费，各项待遇以社会保险经办机构核定为准；(4) 周某因本案工伤旧伤复发产生的后期治疗费待实际发生后，由湖北金祥瑞科技有限公司协助周某向钟祥市社保机构依法申报。

[工伤保险的行政诉讼]

(一) 诉求

民事二审后，所在单位依调解书之规定履行其义务：(1) 向周某支付了其应支付的款项；(2) 向钟祥市社保局请求落实由社保基金支付的周某工伤保险待遇。

2016年9月4日，周某向社保局邮寄《申请书》，要求社保基金支付给周某工伤保险的各种费用，包括治疗本案工伤已经发生的医疗费、一次性伤残补助金、一次性工伤医疗补助金、住院伙食补助费。社保基金回复周某，同意支付周某一次性工伤医疗补助金47574元，其余请求未予支持。周某对社保基金支付工伤保险待遇不服，诉至法院，状告社保局。

(二) 法律依据

法院认为，《中华人民共和国社会保险法》第八条规定："社会保险经办机构提供社会保险服务，负责社会保险登记、个人权益记录、社会保险待遇支付等工作。"钟祥市医疗保险局是钟祥市的工伤保险经办机构,在钟祥市行政区划内具有上述法定义务。该法第三十六条第一款规定:"职工因受××,经工伤认定的,享受工伤保险待遇;其中,经劳动能力鉴定丧失劳动能力的,享受伤残待遇。"该法第三十八条规定了工伤保险基金支付范围,其中包含医疗费、住院伙食补助费、一次性伤残补助金、一次性工伤医疗补助金。

(三)法律争议与政策法规依据

本案中,被告对于原告构成工伤并致六级伤残无异议,但认为原告受伤系案外人造成并且案外人已赔付原告部分损失。钟祥市医疗保险局只能对其进行"补差性"支付,不能实行"双赔"。原告能否同时享受民事侵权赔偿和工伤保险支付两项请求权是本案争议的焦点。

对于职工因第三人侵权遭受工伤,2014年9月1日《最高人民法院关于审理工伤保险行政案件若干问题的规定》第八条第三款规定:"职工因第三人的原因导致工伤,社会保险经办机构以职工或者其近亲属已经对第三人提起民事诉讼为由,拒绝支付工伤保险待遇的,人民法院不予支持,但第三人已经支付的医疗费用除外。"2015年2月1日施行的《湖北省工伤保险实施办法》第三十九条第二款规定:"职工因第三人原因导致工伤,工伤职工或者近亲属可以按照有关规定索取民事赔偿。经办机构不得以工伤职工或者其近亲属已经对第三人提起民事诉讼为由,拒绝支付工伤保险待遇,但第三人已经支付的医疗费除外。"修改后的《湖北省工伤保险实施办法》第三十九条摒弃了2003年《湖北省工伤保险实施办法》"补差性"原则，而确认了"双赔"原则，该《办法》第五十三条第二款规定："本办法施行前受××的职工尚未完成工伤认定的，按照本办法执行；本办法施行前已完成工伤认定的，本办法施行后发生的工伤保险待遇按照本办法执行。"此规定与最高人民法院司法解释相一致，本案原告在2015年2月1日施行的《湖北省工伤保险实施办法》之前发生工伤事故且完成工伤认定，申请工伤保险待遇在该办法实施之后，应当按该办法执行，在获得部分民事赔偿后，仍享有工伤保险待遇支付的请求权。原告在本案中请求支付工伤保险待遇共有四项：医疗费、住院伙食补助费、一次性伤残补助金、一次性工伤医疗补助金。除医疗费应扣除已得到赔偿部分外，其余均属工伤基金支付范围。

（四）结果

据此，法院判决如下：钟祥市医疗保险局支付周某医疗费、住院伙食补助费、一次性伤残补助金、一次性工伤医疗补助金等工伤保险待遇。

[法学点评]

- 此案件历经劳动工伤纠纷的各个环节，全面反映了职工医疗保险的法律状况。所涉及的仲裁与诉讼有：受害人与加害人之间的侵权之诉；受害人与所在单位的劳动仲裁；受害人与所在单位的劳动纠纷诉讼一审与二审；受害人与社保局之间的工伤医疗保险行政诉讼。

- 受害人得到侵权加害人民事赔偿之后，仍然可以向社保机构申请医疗保险，医疗保险不再是"补差性"支付，而是"双倍"支付，也就是可以同时得到民事赔偿和社会医疗救济。
- 工伤保险待遇共有四项：医疗费、住院伙食补助费、一次性伤残补助金、一次性工伤医疗补助金。除医疗费应扣除已得到赔偿部分外，其余均属工伤基金支付范围。具体数额计算，由社保机构核定，法院无权确定。

22　食品药品监督管理局信息公开案[1]

[裁判要旨]

行政机关收到政府信息公开申请，能够当场答复的，应当当场予以答复。行政机关不能当场答复的，应当自收到申请之日起15个工作日内予以答复；如需延长答复期限的，应当经政府信息公开工作机构负责人同意，并告知申请人，延长答复的期限最长不得超过15个工作日。行政机关对于申请人的公开政府信息申请不予答复，申请人起诉要求判令公开信息的，一般而言，法院基于尊重行政机关"首次判断权"的考量应首先作出答复判决；当裁判时机成熟时，法院也可以作出课以义务判决。

---

[1]　姜智勤诉天津市食品药品监督管理局信息公开案，天津市和平区人民法院（2009）和行初字第66号。

[案件事实]

此案为行政诉讼,原告为患者,被告是天津市食品药品监督管理局。

原告于 2007 年 1 月 24 日在天津医院创二科接受"胫骨平台骨折手术",术后出现并发症骨感染(骨髓炎),且造成终生残疾。为查清术后并发症原因进行了多方调查,原告发现导致腿部伤残的直接原因系天津医院的手术植入物"瑞特人工骨",该产品存在包括产品无条形码、无中文标识、无进口医疗器械注册证号、无中文说明书等许多违法问题。医院在购进此产品时,销售方没有合法的经营许可证,违反了《医疗器械监督管理条例》等相关法律法规。

原告据此向被告天津市食品药品监督管理局提出申请,请求被告调查"瑞特人工骨"的销售方格兰特公司是否有该类产品的经营权限,并且向原告准确提供有关格兰特公司《医疗器械经营企业许可证》审批、变更手续的信息。被告拒不履行职责,违反了《政府信息公开条例》第十三、二十四、二十六、三十三条的规定,原告诉至法院,请求法院判令被告向原告准确提供有关格兰特公司《医疗器械经营企业许可证》审批、变更手续的信息。

被告天津市食品药品监督管理局辩称:原告认为被告未履行法定职责,未向其提供有关政府信息,与事实不符。

原告于 2009 年 8 月 6 日向被告举报,称其在天津医院手术使用的骨科植入物"瑞特人工骨"产品质量、购销过程、企业资质存在违法问题。被告受理了其举报并进行了调查。并于 2009 年 8 月 25 日书面答复了原告。但原告对答复结果不满意,此后多次向被告投诉上访。

2009 年 9 月 22 日,原告在市行政许可服务中心向被告申请政府信息公开,内容为书面提供"格兰特公司经营范围"。2009 年 9 月 24 日被告将格兰特公司《医疗器械经营企业许可证》正、副本复印件送达原告。至此,被告已经完成了原告申请的事项。

原告于 2009 年 10 月 28 日到被告处要求提供格兰特公司 2005 年之前的许可证复印件。被告现场让原告看了格兰特公司 2005 年前的许可证,原告进行了拍照。被告认为,根据原告的申请,被告已经依法履行了信息公开的法定职责。现原告诉请未按照《政府信息公开条例》第二十条履行申请程序,缺乏事实和法律依据。

被告称,原告已获取、知晓其手术时植入的"瑞特人工骨"涉及的企业经营资质信息,但原告进一步要求公开格兰特公司的审批、变更手续情况。原告不是许可证的持有人,许可证的审批、变更是依企业申请,行政机关审查、批准。原告申请与本人无关的政府信息,依照《国务院办公厅关于施行〈中华人民共和国政府信息公开条例〉若干问题的意见》第十四项规定,被告可以不予提供。此外,审批手续涉及国家机密和申请企业的商业秘密、个人隐私。因此，原告诉请有悖法律规定，请求法院驳回原告的诉讼请求。

[裁判结果]

法院经审理查明：原告因腿部受伤在天津医院植入由案外人格兰特公司销售的"瑞特人工骨"，后认为该人工骨存在违法问题，故向被告举报要求查询格兰特公司的经营许可范围。对此，被告将格兰特公司《医疗器械经营企业许可证》正、副本复印件出示给原告，并向原告答复该许可证换发后未作任何变更。同时被告对相关网站上刊登的格兰特公司的相关信息进行更正。后原告进一步要求被告公开该公司《医疗器械经营企业许可证》审批、变更手续的信息，对此被告认为相关许可证已向原告出示，无须再行答复，且被告在诉讼前并未收到原告要求公开格兰特公司相关审批、变更手续的书面申请。现原告向本院起诉要求被告公开格兰特公司《医疗器械经营企业许可证》审批、变更手续的相关信息。

法院认为：依据《政府信息公开条例》第四条第一款"各级人民政府及县级以上人民政府部门应当建立健全本行政机关的政府信息公开工作制度，并指定机构负责本行政机关政府信息公开的日常工作"之规定，被告天津市食品药品监督管理局具有对相关政府信息进行公开的职责。对于原告公开格兰特公司《医疗器械经营企业许可证》的请求，被告已将该许可证给予公开，并由原告复印、拍照，后对原告提出的有关质疑亦以书面函复原告,被告对此已经依法履行了职责。但原告查阅许可证后仍继续要求公开许可证审批、变更手续的相关信息,原告虽未能提供证据证明被告收到了原告提出的要求公开格兰特公司《医疗器械经营企业许可证》审批、变更手续信息的书面申请,但从原告向被告邮寄的若干申请材料中可以看出原告申请的具体事项,证明原告具有真实意思表示,依据《政府信息公开条例》的相关规定,对该申请是否应予以公开,被告应向原告予以答复。

综上,天津市和平区人民法院依照《行政诉讼法》第五十四条第(三)项之规定,判决如下:责令被告天津市食品药品监督管理局在本判决生效后十五日内对原告要求公开格兰特公司《医疗器械经营企业许可证》审批、变更手续信息的申请是否予以受理履行审查职责。

[法学点评]

- 政府信息是指行政机关在履行职责过程中制作或者获取的,以一定形式记录、保存的信息。公民申请公开的政府信息,行政机关应根据不同情况分别作出答复:属于公开范围的,应当告知申请人获取该政府信息的方式和途径;属于不予公开范围或者该政府信息不存在的,应当告知申请人并说明理由;对能够确定该政府信息的公开机关的,应当告知申请人该行政机关的名称、联系方式。因此,被告具有对原告的申请履行答复的法定职责。

- 知情权是公民的一项法定权利。信息公开是为了保障公民、法人和其他组织依法获取政府信息，提高政府工作的透明度，促进依法行政，充分发挥政府信息对人民群众生产、生活和经济活动的服务作用。
- 最高人民法院规定，公民、法人或者其他组织认为政府信息公开工作中的具体行政行为侵犯其合法权益、依法提起行政诉讼的，人民法院应当受理。其中就包括：向行政机关申请获取政府信息，行政机关拒绝提供或者逾期不予答复的。
- 当然，公民必须在现行法律框架内申请获取政府信息，并符合法律规定的条件、程序和方式，符合立法宗旨，能够实现立法目的。如果公民提起政府信息公开申请违背了《政府信息公开条例》的立法本意且不具有善意，就会构成知情权的滥用。

23 邮购药品赔偿纠纷案[①]

[裁判要旨]

不含有诊疗服务,单纯以售药为目的所出售的药品应理解为生活消费商品,根据医方做虚假广告的事实,依照《广告法》的相关规定,应认定经营者有欺诈行为,可适用《消费者权益保护法》判决医方承担双倍退款义务。违法药品广告诱使患者购药,虽没有造成患者人身损害的严重后果,但经营者应予赔偿患者为购买药品所支出的费用。

[案件事实]

1999年4月20日,被告东方肾脏病医院在报纸上登载了《治疗肾脏病尿毒症的新希望〈东方肾脏病医院中医全息根治

---

① 王泉诉东方肾脏病医院邮购药品赔偿纠纷案,四川省泸州市江阳区人民法院(2006)江阳民初字第583号,四川省泸州中级人民法院(2006)泸民终字第783号,《最高人民法院公报》2014年第8期,总第214期。

疗法〉》的广告，该广告对肾脏病、尿毒症的中医全息根治疗法的特点、疗效、临床应用、治疗方式等进行了介绍。原告看到了这则广告后，向被告进行了咨询。1999年5月13日，被告对原告的咨询用信件进行了回复，内容为其医院中医全息疗法能从根本上治疗肾脏病。

2003年10月—2004年10月，原告向被告邮购了20180元的"东方生力散"、"东方肾病胶囊"和"GS系列全息治疗仪"。原告服用被告提供的药品和使用了治疗仪后，病情未得到改善。2005年2月，原告认为被告的广告宣传不实，向有关部门进行了反映。山东省潍坊市工商行政管理局对原告的反映进行了回复，内容为：该局已对被告违反《广告法》发布的医疗、内部制剂广告问题进行了立案调查处理，并责令其停止发布违法广告。原告提起诉讼，要求被告双倍返还医疗费用40360元。诉讼中，原告撤回对报刊单位的起诉。

[裁判结果]

一审法院认为：被告刊登的广告内容和出具给原告的信件中隐含了能够根治肾病的意思，误导了原告接受被告的治疗，使原告花费了不必要的医疗费。这种误导行为，损害了原告的合法权益，应当承担民事责任。故原告诉讼要求被告双倍返还医疗费的主张合法，予以支持。据此，依照《中华人民共和国民法通则》第一百二十二条、《中华人民共和国消费者权益保护法》第四十九条之规定，判决被告医院赔偿原告 40360 元。

被告医院上诉，二审法院认为，上诉人在报纸上登载了《治疗肾脏病尿毒症的新希望〈东方肾脏病医院中医全息根治疗法〉》的广告，该广告对肾脏病、尿毒症的中医全息根治疗法的特点、疗效、临床应用、治疗方式等进行了介绍。广告中含有根治肾脏病的内容，这是违反《中华人民共和国广告法》第十四条第（一）（二）项规定的，即广告不得有含有不科学的表示功效的断言或者保证；也不得有说明治愈率或者有效率的内容。

工商行政管理局给原告的书面回复也证实，该医疗广告的确违反了《广告法》的有关规定，该局已责令东方肾脏病医院停止发布并给予了处罚。被上诉人因受该医疗广告的误导，购买了东方肾脏病医院的药品治疗仪器，从而造成经济损失。作为广告主的医院对被上诉人构成了广告侵权，应当承担赔偿责任。

依照《中华人民共和国广告法》第三十八条的规定："违反本法规定，发布虚假广告，欺骗和误导消费者，使购买商品或者接受服务的消费者的合法权益受到损害的，由广告主依法承担民事责任。"

本案不是基于药品或者治疗仪导致人身伤害而产生的损害赔偿诉讼，而是基于违法广告误导了消费者，使其在信任东方肾脏病医院能够根治肾病的情况下，购买该医院的药品或者治疗仪，经过治疗后未达到广告所宣传的效果，从而造成的经济损失。《广告法》并未规定造成了人身损害才符合广告侵权的赔偿条件。上诉人以无医疗差错或不构成医疗事故，就认为消费者没有损失，也就不应当赔偿的理由不成立，二审法院不予支持。

《中华人民共和国消费者权益保护法》第三十九条规定："消费者因经营者利用虚假广告提供商品或者服务，其合法权益受到损害的可以向经营者要求赔偿。"第四十九条规定："经营者提供商品或者服务有欺诈行为的，应当按照消费者的要求增加赔偿其受到的损失，增加赔偿的金额为消费者购买商品的价款或者接受服务的费用的一倍。"因此，上诉人关于购买药品和治疗仪的行为不属于《消费者权益保护法》调整范围的主张于法无据，本院也不予支持。据此，依照《中华人民共和国民事诉讼法》第一百五十三条的规定，判决：驳回上诉，维持原判。

[**法学点评**]

- 患者从医院购买药品或治疗仪，法院认定为一般的消费关系，适用《消费者权益保护法》；医院的违法广告诱导患者购买，构成欺诈，依照《消费者权益保护法》，销售者应当双倍赔付。

- 医患关系中，出售药品和提供医疗服务是并行的，前者是买卖关系，后者是服务关系，适用法律不同。2002年出台了《医疗事故处理条例》，2004年最高人民法院公布施行了《关于审理人身损害赔偿案件适用法律若干问题的解释》，2009年人大常委会通过了《侵权责任法》，至此，因医疗纠纷引起的损害赔偿诉讼，法院就能根据医疗事故和非医疗事故损害的不同事实，适用上述不同的规则来处理。

- 只出售药品不提供诊疗服务，有的医院也设有药品专卖部，这时，药品是否等同于消费品，法律规定不明确。《药品管理法》对于药品是否属于生活消费商品未作明确的规定。《四川省消费者权益保护条例》对于单纯售药的情形也未作规范。

- 本案中，医院的广告在《药品管理法》实施之前作出，但是，其所作的广告发布在《广告法》实施之后，法院适用了《广告法》。虚假广告误导消费者，被告医院存在欺诈，由此造成患者购药的经济损失，应当承担相应的民事责任。

- 本案发生在四川，《四川省消费者权益保护条例》将医疗机构的诊疗行为归于该条例的特别规定一节中。法院推定，单纯购买的药品和治疗仪为消费品，适用

《消费者权益保护法》双倍赔偿。这是一种大胆的尝试。即使药品没有造成患者人身损害的严重后果，对于患者购买药品所支出的费用，经营者应当承担赔偿的责任。2014年，最高人民法院将此案当作食品药品纠纷的典型案件。

24 保险基金诈骗罪案 ①

[裁判要旨]

医疗保险基金是国家为保障参保人员的基本医疗，由医疗保险经办机构按照国家规定，向参保单位和个人筹集的，用于参保人员基本医疗保险的专项基金。医保定点服务机构以非法占有为目的，采用虚列医保门诊费用、空刷医保卡的方式套取医疗保险基金，数额较大的，应按照合同诈骗罪定罪处罚。

[案件事实]

徐州市泉山区人民检察院起诉指控被告单位云龙区绿地社区卫生服务站及被告人张某、吴某、谢某、周某、张某庆、张某侠、石某犯合同诈骗罪，向徐州市泉山区人民法院提起

---

① 云龙区绿地社区卫生服务站等保险基金诈骗案，江苏省徐州市泉山区人民法院（2013）泉刑初字第309号。

公诉。

徐州市泉山区人民法院经审理查明：2007年间，被告人张、吴、谢各出资人民币20万元合伙从苏某处受让被告单位云龙区绿地卫生站。2007年9月至2012年10月，被告单位绿地卫生站与徐州市医保中心签订了《徐州市区城镇居民基本医疗保险定点医疗机构医疗服务协议》，其结算项目为医保门诊费用构成的个人账户及统筹支付、大病救助支付、公务员和参照公务员补助等部分。

2009年下半年，被告人张、吴、谢经事前联络，共同预谋在被告单位绿地卫生站采取为基本医保参保人实施虚列医保门诊费用、空刷医保卡的方式，套取医保基金统筹部分，包含统筹支付、大病支付、公务员及参照公务员补助，并约定被告单位绿地卫生站以手续费的名义收取所套取资金的10%—20%，与正常营业收入统一管理、支配，其余返还各参保人，或由参保人购买药品、保健品、小家电。

被告人张某负责被告单位财务审批及重大事项决策，包括空刷医保卡费用的审核；被告人周某任被告单位绿地卫生站法定代表人、总经理，与被告人吴某共同负责绿地卫生站的日常管理工作及空刷医保卡的具体管理工作；2009年夏天至2012年3月，被告人张某庆受雇为被告单位员工，负责空刷医保卡的操作及统计汇总工作。

自2009年11月至2012年7月，被告单位绿地卫生站在履行定点医疗机构医疗服务协议期间,为获取非法利益,由被告人张、谢、吴、周、张某庆、石、张某侠等人经手收集或者介绍共计 1421 人的医保卡,在被告单位绿地卫生站骗取徐州市医保中心医保基金统筹部分共计人民币 369 万余元。因本案案发,2012 年 1 月至 7 月的空刷卡额尚有 10 万余元未兑付。其中被告人石某经手收集或者介绍 276 人的医保卡,骗取医保基金统筹部分共计人民币 95 万余元,有 2.5 万余元尚未兑付。被告人张某侠收集或者介绍 340 人的医保卡,通过被告单位绿地卫生站骗取医保基金统筹部分共计人民币 105 万余元,其中 4.6 万余元尚未兑付。

[裁判结果]

徐州市泉山区人民法院经审理认为:被告单位绿地卫生站以非法占有为目的,在履行与徐州市医疗保险管理中心签订的《徐州市区城镇居民基本医疗保险定点医疗机构医疗服务协议》过程中,伙同医保参保人员及其他人员,采取空刷卡等虚假手段,虚开售药费用、治疗项目和治疗费用,骗取对方医保资金,违法所得归单位所有,犯罪数额特别巨大,已构成合同诈骗罪,对被告单位依法应判处罚金。

被告人张、吴、谢、周在被告单位实施的合同诈骗犯罪中起决定、批准、授意、指挥等作用,属于单位犯罪中直接负责的主管人员,犯罪数额特别巨大,依法应处十年以上有期徒刑或者无期徒刑,并处罚金或者没收财产。

被告人张某庆作为单位雇用的员工，在单位内部受领导指派，参与实施空刷医保卡及记账、核算犯罪所得数额等具体犯罪行为，属于单位犯罪中其他直接责任人员，在单位犯罪过程中起次要作用，系从犯。

被告人石、张某侠分别与被告单位绿地卫生站共谋，共同实施合同诈骗犯罪，犯罪数额均特别巨大，其行为均已构成合同诈骗罪。公诉机关指控的罪名成立，本院予以支持。被告人张某庆、石、张某侠均系从犯，依法予以减轻处罚。七被告人归案后及庭审中能够如实供述，系坦白，积极退缴，部分犯罪系未遂，依法予以从轻处罚。

综上，为严肃国法，打击犯罪，维护社会管理秩序和市场秩序，保护公私财产所有权不受侵犯，根据本案被告单位绿地卫生站、被告人张、吴、谢、周、张某庆、石、张某侠犯罪的事实、性质、情节、社会危害性及各被告人的认罪态度、悔罪表现，徐州市泉山区人民法院于2013年12月21日作出判决：一、被告单位云龙区绿地社区卫生服务站犯合同诈骗罪判处罚金人民币50万元。二、被告人张犯合同诈骗罪，判处有期徒刑十二年六个月，并处罚金人民币30万元。三、被告人吴犯合同诈骗罪，判处有期徒刑十一年六个月，并处罚金人民币25万元。四、被告人谢犯合同诈骗罪，判处有期徒刑十年，并处罚金人民币20万元。五、被告人周犯合同诈骗罪，判处有期徒刑十一年，并处罚金人民币25万元。

六、被告人张某庆犯合同诈骗罪，判处有期徒刑三年六个月，并处罚金人民币5万元。七、被告人张某侠犯合同诈骗罪，判处有期徒刑七年，并处罚金人民币10万元。八、被告人石犯合同诈骗罪，判处有期徒刑六年，并处罚金人民币8万元。九、被告单位及七被告人违法所得予以没收。

[法学点评]

- 医保定点服务机构以非法占有为目的，采用虚列医保门诊费用、空刷医保卡的方式套取医疗保险基金，数额较大的，应按照合同诈骗罪定罪处罚。此为单位犯罪。
- 在被告单位实施的合同诈骗犯罪中起决定、批准、授意、指挥等作用的，属于单位犯罪中直接负责的主管人员，系主犯。
- 在单位内部受领导指派，参与实施空刷医保卡及记账、核算犯罪所得数额等具体犯罪行为，属于单位犯罪中其他直接责任人员，在单位犯罪过程中起次要作用，系从犯。

25 新农合医保补助金贪污诈骗案[①]

[裁判要旨]

新型农村合作医疗保险补助资金用于保障农村村民享受正常医疗补助。在新型农村合作医疗保险补助资金的申报、审核中,国家工作人员与非国家工作人员相互勾结,采用伪造就医资料、冒用参保农民名义、虚列大病补助名单等手段伪造相关申报凭证,并利用职务之便骗取新型农村合作医疗补助资金的,共同构成贪污罪。行为人采用上述手段虚构参保农民需要医疗报销的事实,通过欺骗其他审核人员,骗取新型农村合作医疗补助资金的,构成诈骗罪。

[贪污事实]

被告人胡某娟系新型农村合作医疗管理办公室农村医保

[①] 胡某娟等骗取新农合医疗保险金贪污诈骗案,江苏省溧阳市人民法院(2012)溧刑二初字第205号。

专管员,2011年8月至2012年4月,从被告人潘某处取得15名村民的农村医保卡或医保卡号码及部分村民的身份证复印件,又伙同被告人李某峰分批从网上购买村民外地就医住院发票、用药清单、出院小结等假就医资料,伪造村民签名和伪造部分村民的身份证复印件,在自己负责的新型农村合作医疗专管窗口用假就医资料进行报销补偿,共同贪污新型农村合作医疗补偿资金人民币992490.79元。

被告人潘某芳系溧城镇大林村委会计,2012年1月,在协助溧城镇政府做好2011年度大病补助的申报、审核及资金发放等工作中,伙同被告人胡某娟、李某峰,明知15名村民均没有生病住院,不享受大病补助的情况下,仍以这15个村民的名义虚造大病补助申报表,个人代表村委签字盖章,虚列大病补助发放单,共同贪污新型农村合作医疗大病补助资金人民币94000元。

法院认定三名被告人共同贪污合计人民币1086490.79元。

[诈骗事实]

2011年8月22日至2011年9月6日,被告人胡某娟伙同潘某芳和李某峰,盗用村民农村医保卡、身份证复印件,网购买7份假外地就医资料,冒名到溧阳市人民医院、溧阳市开发区医院、溧阳市人民医院燕山分院农村医保专管窗口进行报销补偿,共同诈骗新型农村合作医疗补偿资金合计人民币229858.02元。

[裁判结果]

溧阳市人民法院一审认为：被告人胡某娟以非法占有为目的，利用国家工作人员职务之便，骗取新型农村合作医疗保险资金，数额特别巨大；同时又采用虚构事实的手段，骗取新型农村合作医疗保险资金，数额巨大；被告人李某峰、潘某芳明知被告人胡某娟骗取新型农村合作医疗保险资金，仍为其提供帮助，其行为均已构成贪污罪和诈骗罪，是共同犯罪。

公诉机关指控被告人胡、李、潘犯贪污罪、诈骗罪，事实清楚，证据确实充分，罪名成立，应予支持。被告人潘某芳能主动归案，归案后能基本如实地供述自己的罪行，其符合自首的条件。

被告人胡某娟在共同贪污、诈骗中起主要作用，是主犯；被告人李某峰、潘某芳在共同犯罪中起辅助作用，是从犯，依法应当从轻或者减轻处罚；被告人胡、李、潘犯罪后能投案自首，依法可以从轻或者减轻处罚；被告人胡归案后能配合检察机关退赃，可以酌情从轻处罚；被告人胡、李、潘一人犯数罪，应予数罪并罚。根据上述事实及各方面的情节，决定对被告人胡犯贪污罪予以减轻处罚，犯诈骗罪予以从轻处罚；对被告人李、潘犯贪污罪、诈骗罪予以减轻处罚。

由此，溧阳市人民法院于 2012 年 11 月 5 日作出刑事判决：一、被告人胡某娟犯贪污罪和诈骗罪，数罪并罚，决定执行有期徒刑十二年，并处没收财产人民币十万元，罚金人民币五万元。二、被告人李某峰犯贪污罪和诈骗罪，数罪并罚，决定执行有期徒刑七年，并处没收财产人民币五万元，罚金人民币三万元。三、被告人潘某芳犯贪污罪和诈骗罪，数罪并罚，决定执行有期徒刑六年，并处没收财产人民币四万元，罚金人民币二万元。四、依法扣押被告人胡某娟用赃款购买的商品房一套、轿车一辆，发还给溧阳市新型农村合作医疗保险结算管理中心。

[法学点评]

- 在新型农村合作医疗保险补助资金的申报、审核中，国家工作人员与非国家工作人员相互勾结，采用伪造就医资料、冒用参保农民名义、虚列大病补助名单等手段伪造相关申报凭证，并利用职务之便骗取新型农村合作医疗补助资金的，构成贪污罪。

- 行为人采用上述手段虚构参保农民需要医疗报销的事实，通过欺骗其他审核人员，骗取新型农村合作医疗补助资金的，构成诈骗罪。

- 明知他人借用医保卡的目的是骗取医疗保险款，而为其提供医保卡或医保卡号及身份证复印件，其有明显帮助他人骗取保险款的主观故意,属共同犯罪。
- 在共同犯罪中起主要作用的,是主犯;在共同犯罪中起辅助作用的,是从犯。犯罪后能投案自首的,依法可以从轻或者减轻处罚。一人犯数罪,应予数罪并罚。

26 处置医疗废物的污染环境案二则[①]

[裁判要旨]

我国推行医疗废物集中无害化处置,禁止未取得经营许可证的单位和个人从事有关医疗废物集中处置的活动。一次性输液器、一次性注射器等医疗废物由于携带病原微生物,具有引发感染性疾病传播的危险。行为人违反国家规定,处置一次性输液器、一次性注射器,严重污染环境的,应以污染环境罪定罪处罚。

[案件一]

2014年1月至3月12日,被告人靳某在未取得主管部门颁发许可证的情况下,在宿迁市宿城区龙河镇姚庄村后梨园

---

① 靳某医疗废弃物污染环境案,江苏省宿迁市宿城区人民法院(2014)宿城生刑初字第0007号;湖州市工业和医疗废物处置中心等行贿污染环境案,浙江省湖州市吴兴区人民法院(2015)湖吴刑一初字第160号。

组一个闲置厂房内,雇佣他人对一次性输液器、一次性注射器等医疗废物进行分拣、碎粉,2014年3月12日被宿迁市环境保护局宿城分局当场查获,现场扣押的医疗废物累计重量为14.03吨。2014年3月18日被告人靳某主动到公安机关投案,并如实供述自己的犯罪事实。

宿迁市宿城区人民法院一审审理认为:《中华人民共和国刑法》第三百三十八条规定,违反国家规定,排放、倾倒或者处置有放射性的废物、含传染病病原体的废物、有毒物质或者其他有害物质,严重污染环境的,处三年以下有期徒刑或者拘役,并处或者单处罚金。根据我国《医疗废物管理条例》《医疗废物分类目录》的规定,使用后的一次性使用医疗用品及一次性医疗器械属于医疗废物中的感染性废物,具有引发感染性疾病传播的危险,属于《刑法》第三百三十八条规定的有害物质。

医疗废物是医疗卫生机构在医疗、预防、保健以及其他相关活动中产生的具有直接或者间接感染性、毒性以及其他危害性的废物,对医疗废物如不加强管理、随意丢弃、处置,任其混入生活垃圾、流散到人们生活环境中,将会污染大气、水源、土地以及动植物,造成疾病传播,严重危害人的身心健康。

《医疗废物管理条例》规定,国家推行医疗废物集中无害化处置。县级以上各级人民政府卫生行政主管部门,对医疗废物收集、运送、贮存、处置活动中的疾病防治工作实施统一监督管理；环境保护行政主管部门对医疗废物收集、运送、贮存、处置活动中的环境污染防治工作实施统一监督管理。县级以上各级人民政府其他有关部门在各自的职责范围内负责与医疗废物处置有关的监督管理工作。医疗废物应当由医疗卫生机构和取得县级以上人民政府环境保护行政主管部门颁发经营许可证的医疗废物集中处置单位进行处置，禁止任何单位和个人转让、买卖医疗废物。

本案中，被告人靳某违反国家关于医疗废物的规定，非法处置医疗废物14.03吨，严重污染环境，其行为已构成污染环境罪。被告人靳某犯罪以后自动投案，如实供述自己的罪行，系自首，可以从轻处罚。被告人靳某归案后能认罪悔罪，经社区调查其表现良好，故可对其从轻处罚并适用缓刑。

综上，宿迁市宿城区人民法院于2014年6月3日作出刑事判决：被告人靳某犯污染环境罪，判处有期徒刑一年二个月，缓刑一年六个月，并处罚金人民币八千元。被告人靳某在缓刑考验期内禁止从事与排污工作有关的活动。

[案件二]

湖州市工业和医疗废物处置中心系具有处置危险废物资质的企业，其许可经营项目为湖州市范围内医药废物、有机溶剂废物、废矿物油、感光材料废物等危险废物和医疗废物的收集、贮存、处置。2011年至2014年4月，被告人施某系处置中心法定代表人，他指使、授意或者同意其下属经营管理人员，将该中心收集的危险废物共计5950余吨交由没有相应资质的单位和个人处置，从中牟利。其中，部分危险废物被随意倾倒。

本案经过浙江省湖州市吴兴区人民法院一审和湖州市中级人民法院二审。两级法院均认为：被告单位湖州市工业和医疗废物处置中心有限公司违反国家规定，处置危险废物，严重污染环境。被告人施某系被告单位直接负责的主管人员，指使、授意或者同意其下属经营管理人员实施上述行为。被告单位和被告人的行为均已构成污染环境罪，且属后果特别严重。综合考虑本案相关犯罪情节，判决被告单位湖州市工业和医疗废物处置中心有限公司犯污染环境罪，判处罚金人民币四十万元；被告人施某犯污染环境罪，判处有期徒刑三年十个月，并处罚金人民币十五万元，与其所犯行贿罪判处的刑罚并罚，决定执行有期徒刑六年三个月，并处罚金人民币二十五万元。

[**法学点评**]

- 医疗废物是医疗卫生机构在医疗、预防、保健以及其他相关活动中产生的具有直接或者间接感染性、毒性以及其他危害性的废物，如不加强管理、随意丢弃、处置，将会污染大气、水源、土地以及动植物，造成疾病传播，严重危害人的身心健康。

- 医疗废物应当由医疗卫生机构和取得县级以上人民政府环境保护行政主管部门颁发经营许可证的医疗废物集中处置单位进行处置，禁止任何单位和个人转让、买卖医疗废物。
- 具有处置危险废物资质的企业，指使、授意或者同意其下属经营管理人员交由没有相应资质的单位和个人处置，情节严重的，相关单位和人员均构成污染环境罪。
- 对污染环境罪的被告人宣告缓刑的，可以根据犯罪情况同时宣告禁止令，禁止犯罪分子在缓刑考验期限内从事与排污有关的活动。

27 医疗器械行政诉讼案[①]

[裁判要旨]

政府采购要求非歧视待遇原则,原则要求对所有适格供应商不得以不合理的条件实行差别待遇或者歧视待遇,同时,政府采购也应遵循采购本国货物的规定,除非特定情形,不得设定排除本国货物的条款和要求。如果政府采购行为违反了非歧视待遇原则及采购本国货物的规定,应认定政府采购行为违法。

[案件事实]

崇明采购中心受崇明县妇幼保健所委托,于2012年6月1日发布关于对崇明县妇幼保健所高频X线摄片机设备采购项目竞争性谈判的公告。在公告规定时间内,辉慈公司、裕

---

① 上海辉慈医疗器械有限公司与崇明县财政局投诉处理决定案,上海市第二中级人民法院(2013)沪二终字第188号。

满公司等四家企业参与报名。

经竞争性谈判，崇明采购中心公告，采购项目的中标单位为辉慈公司。2012年7月16日，参加投标的裕满公司就中标结果向崇明采购中心提出质疑，认为辉慈公司投标设备为国产品牌，不属于标书中要求的欧美一线品牌。2012年7月20日，辉慈公司向崇明采购中心作出质疑回复，认为产品符合技术要求，质疑方为恶意质疑。

2012年7月25日，崇明采购中心重新组织评审专家进行复评。全体专家组成员一致认为将辉慈公司投标文件作废标处置，同时建议此次投标作流标处置。2012年7月30日，辉慈公司因不同意废标处理结果而向崇明采购中心提出异议。2012年8月6日，崇明采购中心向辉慈公司回复仍作废标处置，并建议此次投标作流标处置。

2012年8月13日，辉慈公司向崇明县财政局提出投诉。该局审查后，认为：招标文件中设定欧美品牌产品，且作为实质性条款加以限制，具有明显歧视性，对其他品牌产品、其他供应商有失公允。鉴于采购文件具有歧视性，可能损害相关供应商的合法权益，根据《政府采购供应商投诉处理办法》第十八条之规定，决定确认采购活动违法，责令重新开展采购活动。

辉慈公司仍不服，向上海市财政局提出行政复议，复议结论为维持。辉慈公司遂向上海市崇明县人民法院提起行政诉讼，要求撤销崇明县财政局所作的处理决定。

[裁判结果]

一审法院上海市崇明县人民法院经审理认为，崇明县财政局对政府采购活动具有监督管理的职责，有权依法受理和处理供应商的投诉。辉慈公司向崇明县财政局提起投诉后，崇明县财政局依法予以受理，对投诉所涉政府采购活动进行了全面审查，认定招标文件中设定欧美品牌，且作实质性条款加以限制，具有明显歧视性，有违《政府采购法》第二十二条第二款之规定，故依据《处理办法》第十八条之规定，于法定期限内作出确认采购活动违法，责令重新开展采购活动的投诉处理决定，程序合法，事实清楚，适用法律正确。法院判决驳回辉慈公司的诉讼请求。

一审后，辉慈公司不服，提起上诉。二审法院上海市第二中级人民法院经审理认为，崇明县财政局是政府采购监督管理部门，依法履行对政府采购活动的监管职责。其执法程序符合法律规定，程序合法。政府采购应当遵循公开透明原则、公平竞争原则、公正原则和诚实信用原则。

法院称，《政府采购法》第二十二条第二款规定，"采购人可以根据采购项目的特殊要求，规定供应商的特定条件，但不得以不合理的条件对供应商实行差别待遇或者歧视待遇。"因此，采购方发布的采购招标文件，对所有供应商应当平等对待，不得带有明显的歧视性、倾向性。本案中，崇明采购中心发布的招标文件中的《货物需求一览表及技术规格》设定了"欧美一线品牌,近两年发布最新机型……"的条件。对该招标文件是否存在歧视性条款,从而违反公平竞争原则,辉慈公司与崇明县财政局产生分歧。招标文件中设定的品牌条件,显然对本次政府采购产品的品牌作出了限定,排斥了非欧美品牌产品的供应商,未平等地给予所有潜在供应商公平竞争的机会。故崇明县财政局认定招标文件条款存在歧视性,认定事实清楚。

法院同时指出,根据《政府采购法》第十条规定,政府采购应当优先采购本国货物、工程和服务。招标文件对采购产品的品牌限定为欧美品牌,亦不符合上述规定。崇明县财政局因招标文件具有歧视性,鉴于采购活动尚未完成,决定确认采购活动违法,责令崇明采购中心重新开展采购活动,适用法律并无不当。

关于辉慈公司提出的崇明县财政局未审查其质疑的不应废标异议的问题,鉴于采购文件本身存在明显的倾向性或歧视性,可能对潜在供应商合法权益造成损害,采购活动应重新开展,故对包括辉慈公司在内的供应商是否实质响应招标文件已无必要进行审查。原审法院判决驳回辉慈公司的诉讼请求,并无不当。据此,二审法院判决驳回上诉,维持原判。

[最高法院的评论]

本案是涉及政府采购的典型案例。政府采购通常指国家机关、事业单位等使用财政资金按法定要求和标准采购货物、工程和服务的行为，是受一定限制、底线清晰的市场交易活动，需要考虑公共资金的合理使用、采购产品或服务的质量及供应商的合理收益等多重因素，如果不依法规制、精打细算，会造成成本浪费、质次价高甚至滋生腐败，损害公共利益、破坏政府形象。《政府采购法》第二十二条规定了不得以不合理的条件对供应商实行差别待遇或者歧视待遇原则，第十条规定了除特定例外情形外，应当优先采购本国货物、工程和服务原则。本案中，涉案医疗器械招标文件设定产品为"欧美一线品牌"，排斥了非欧美品牌产品供应商，未平等地给予所有潜在供应商公平竞争的机会，带有明显的倾向性，违反了上述原则。人民法院据此支持县财政局的被诉处理决定，判决驳回辉慈公司的诉讼请求，凸显了上述政府采购原则的实践价值，对今后类似案件的审理具有重要借鉴意义。

[法学点评]

- 政府采购行为不得违反非歧视待遇原则及采购本国货物的规定。
- 政府采购应当遵循公开透明、公平竞争原则。公平竞争原则要求给予每一个有意参加竞争的供应商平等机会，享有同等权利并履行相应义务，不得歧视任何一方。
- 具体到本案，崇明采购中心发布的招标文件中《货物需求一览表及技术规格》设定了"欧美一线品牌,近两年发布最新机型……"的条件,这就排斥了非欧美品牌产品的供应商,未平等地给予所有潜在供应商公平竞争的机会。同时,采购中心违反《政府采购法》第十条规定:除特定例外情形外,政府采购应当采购本国货物、工程和服务。

28 医疗器械缺陷致人损害案[①]

[裁判要旨]

金属接骨板在正常使用期内在人体内发生断裂,不符合消费者对产品安全性的合理期待,具有不合理危险,属于缺陷产品。医院在为患者治疗过程中提供的医疗器械因存在缺陷造成患者人身、财产损害者,应当承担产品质量法规定的产品销售者的责任。

[案件事实]

2002年11月19日,原告因车祸导致创伤失血性休克、左股骨开放粉碎性骨折、左腓骨骨折、脑外伤等,被送入第四人民医院治疗。被告医院在为原告治疗左股骨开放粉碎性骨折时实施了植入内固定手术。植入的内固定产品为被告三

[①] 吴进兴诉无锡市第四人民医院、无锡市三爱斯贸易公司医疗器械缺陷致害案,江苏省无锡市滨湖区人民法院(2004)锡滨民一初字第1622号。

爱斯公司经销的股骨髁支持钢板（九孔）。原告于2002年12月7日出院，出院时医嘱其休息三月、两月后门诊复查、石膏内左下肢功能练习。

原告又于2002年12月至2003年3月，到无锡市胡埭医院配药治疗和复查，门诊病历记录为：X线摄片左股骨下肢骨折，对位对线良好。因考虑外固定石膏已坏、发软，医生为其拆除石膏，改用木质夹板继续固定并嘱一个月后复查。

2004年6月27日，原告再次至无锡市胡埭医院门诊，门诊诊断为：左下肢能不用拐跛行无痛感约半年，在家行走时，突感左肢剧痛不能站立；查左下肢肿胀，压痛明显，活动受限；X线摄片显示左股骨远端骨折内固定，对位对线尚可，有螺丝钉断裂，骨痂形成良好，钢板内固定断裂；建议转第四人民医院。

2004年7月26日，原告因体内的钢板断裂在第四人民医院进行更换钢板的第二次手术，由三爱斯公司提供了手术所需钢板。原告于2004年8月31日出院。

[鉴定与证据]

国家食品药品监督管理局天津医疗器械质量监督检验中心对由原告体内取出的钢板质量进行了检验，经检验：（1）化学成分合格；（2）硬度合格。检验依据为YY0017—2002《金属接骨板》。

无锡市中级人民法院司法鉴定处对原告的伤残等级、误工期限、营养期限进行了鉴定,但因为治疗尚未终结,尚不宜进行相关鉴定。

三爱斯公司在 2001 年 7 月取得医疗器械经营企业许可证,产品范围为三类矫形外科(骨科)手术器械。三爱斯公司销售给第四人民医院用于原告手术的钢板系进口产品,其生产商瑞士马特仕医疗器械有限公司于 2001 年 5 月取得中华人民共和国医疗器械注册证。三爱斯公司提交的认证文件表明马特仕医疗器械有限公司建立了符合 SQS 及 TUV 认证的产品质量体系。

[审判理由]

本案当事人争议的焦点是:(1)断裂的钢板是否存在产品缺陷,原告在使用过程中是否存在过错;(2)损害后果与缺陷产品的使用之间有无因果关系;(3)两被告在销售过程中是否存在过错,两被告是否应当承担赔偿责任。

关于争议焦点:

法院认为:法律规定,因产品存在缺陷造成人身、缺陷产品以外的其他财产损害的,生产者应当承担赔偿责任。根据我国产品质量法,产品缺陷是指产品存在危及人身、他人财产安全的不合理的危险;产品有保障人体健康和人身、财产安全的国家标准、行业标准的,是指不符合该标准。根据产品质量法的规定,产品生产者承担的是无过错责任,产品生产者主张免责的,应由其对免责事由承担证明责任。

中华人民共和国医药行业标准 YY0017—2002《金属接骨板》第四条规定金属接骨板的要求为：（1）材料（化学成分和显微组织检验）；（2）硬度；（3）耐腐蚀性能；（4）表面质量。现检验部门仅对断裂钢板的两项质量作出合格的鉴定，该检验报告不能证明断裂钢板质量全部符合国家强制标准。三爱斯公司虽然提供了生产者的相关产品质量认证文件，但认证文件属于企业产品质量体系的认证，并不能证明具体产品的质量符合相关标准。应当推定产品提供方未能就产品不存在缺陷尽到证明责任。

原告在植入钢板后虽是在胡埭医院进行的复查和拆除石膏，但均是在医院进行的对症治疗，原告在植入钢板后约一年即 2003 年年底开始不使用拐杖行走，亦未违背被告第四人民医院的出院医嘱。第四人民医院、三爱斯公司辩称钢板断裂与原告未遵医嘱复查、擅自拆除石膏、过早行走有关，因未能提供证据证明，本院不予采信。

关于争议焦点二：

法院认为：在产品致人损害的侵权诉讼中，受害人就对其所受的损害承担证明责任，还应就损害事实与使用了缺陷产品之间的因果关系进行证明。由于医疗使用的产品技术含量高，在受害人证明因果关系时应当适用因果关系推定理论，即受害人只要证明使用了某产品后发生某种损害，且这种缺陷产品有造成这种损害的可能，即可推定因果关系成立。原告第一次手术是因为交通事故受伤，受伤的原因是车祸。当时的损害与使用钢板无因果关系。在第一次手术中，被告第四人民医院使用了被告三爱斯公司提供的钢板。原告证明了使用钢板后发生了损害导致第二次手术，可以推定因果关系成立；被告主张免责的，应当由其证明产品使用与损害后果间不存在因果关系。二被告在本案中均未能提供证据证明该免责事由。

关于争议焦点三：

法院认为：第四人民医院在购买钢板时，审核了供货商的相关资质及产品的相关证明；三爱斯公司具有经营医疗器械的相关资质，所经销的钢板也是国家许可进口的产品。原告未能向本院提交两被告在销售过程中存在导致钢板断裂的过错的相关证据，故两被告在钢板的销售过程中不存在使钢板存在缺陷的过错。根据产品质量法规定，产品销售者承担的是过错责任，无过错即无须承担责任。

在产品质量诉讼中，因产品存在缺陷造成人身、他人财产损害的，受害人可以向产品的生产者要求赔偿，也可以向产品的销售者要求赔偿。产品销售者在无过错的情况下，仍有义务替代生产者先行承担责任。该类事项属于多数债务人就基于不同原因而偶然产生的同一内容的给付，各负全部履行的义务，并因债务人之一的履行而使全体债务人的债务归于消灭的债务的情况。第四人民医院、三爱斯公司亦未能就法律所规定的生产者的免责事由向本院提交相关证据，第四人民医院、三爱斯公司的销售行为共同导致缺陷产品的最终使用，第四人民医院、三爱斯公司均有义务替代生产者先行承担责任。故第四人民医院、三爱斯公司应当就因产品存在缺陷造成的人身、财产损害代替生产者先行共同承担赔偿责任。

[判决结果]

综上，第四人民医院、三爱斯公司应当赔偿原告因钢板断裂造成的损失。原告第一次手术的费用及在胡埭医院复查、配药的费用系因车祸导致的损失，与钢板断裂无因果关系，故原告要求两被告赔偿此项费用的诉讼请求，本院不予支持。原告第二次手术的全部费用，属于因钢板断裂造成的损失，两被告应予赔偿。因在第二次手术时，第四人民医院已承担部分医疗费，三爱斯公司已承担钢板的费用，该部分费用应该扣除。据此，法院判决第四人民医院、三爱斯公司共同赔偿原告医疗费。本案诉讼费和鉴定费等由原告被告共同承担。

[法学点评]

- 因产品存在缺陷造成人身、缺陷产品以外的其他财产损害的，生产者应当承担赔偿责任。产品生产者承担的是无过错责任，产品生产者主张免责的，应由其对免责事由承担证明责任。
- 由于医疗使用的产品技术含量高，在受害人证明因果关系时应当适用因果关系推定理论，即受害人只要证明使用了某产品后发生某种损害，且这种缺陷产品有造成这种损害的可能，即可推定因果关系成立。
- 产品销售者承担的是过错责任，无过错即无须承担责任。产品销售者在无过错的情况下，仍有义务替代生产者先行承担责任。
- 因产品存在缺陷造成人身、他人财产损害的，受害人可以向产品的生产者要求赔偿，也可以向产品的销售者要求赔偿。

29 药品的生产和经营许可证制度[①]

[裁判要旨]

未取得药品生产企业许可证、药品经营企业许可证而生产、经营药品的，卫生行政部门可以责令停产、停业，没收全部药品和违法所得，并根据情节处以罚款。销售药品的行为发生所在地卫生行政管理部门，有权对无药品生产和经营许可的行为实施监督。工商行政管理局不是药品的监督部门，不具备实施处罚的主体资格。

[案件事实]

环球生物工程公司与和桥医院于 1985 年和 1986 年两次签订了联合试制"人 α-干扰素"合同。合同规定：生物工程公司提供试生产"人 α-干扰素"的全部技术资料，培训操作

[①] 上海环球生物工程公司不服药品管理行政处罚案，《最高人民法院公报》1989 年第 4 期，总第 20 期。

人员，提供产品标志，承担产品质量检查和销售；和桥医院提供场地、资金、产品原材料；盈利分成为：生物工程公司55%，和桥医院45%。1987年年初开始试生产。

1988年2月25日无锡市卫生局责令停产。试生产期间，共生产"人α-干扰素"23777瓶。1988年4月，上海市徐汇区卫生局在徐汇区中心医院药制科发现该科存放有无批准文号的"人α-干扰素"。

经查，该药系生物工程公司与和桥医院在未取得药品生产企业许可证的情况下擅自生产的，而且在该药既未取得批准号又未取得试制号的情况下，进行批量销售、治疗使用，直接注射人体。

截至查获时，生物工程公司以每瓶10元的价格销售自产的"人α-干扰素"23716瓶，共获利237160元，剩余61瓶被查扣。其中生物工程公司分得利润51353.04元。上海市徐汇区卫生局认为，生物工程公司与和桥医院在未获得许可证的情况下，擅自生产"人α-干扰素"的行为，违反了《中华人民共和国药品管理法》的有关规定，于1989年2月24日以上海市徐汇区卫生局、上海市徐汇区工商行政管理局的名义，对生物工程公司作出处罚决定（和桥医院已另行处理）：责令生物工程公司停止生产"人α-干扰素"；没收已查获的"人α-干扰素"61瓶，由卫生行政机关监督销毁；没收非法所得51353.04元；罚款356655元。生物工程公司对处罚决定不服，对上海市徐汇区卫生局和徐汇区工商行政管理局向上海市徐汇区人民法院提出起诉。

[控辩双方理由]

生物工程公司诉称：其与和桥医院联合试生产的"人α-干扰素"仅作为临床试用，没有进入流通领域，并且准备在试制成功后再申请许可证，并非是未经批准非法生产，请求撤销对生物工程公司作出的行政处罚决定。

卫生局答辩称：生物工程公司与和桥医院均无药品生产企业许可证、药品生产批准文号和试制号，擅自生产"人α-干扰素"，并直接用于人体，违反了《药品管理法》的规定，应予处罚。根据《中华人民共和国药品管理法实施办法》第五十一条关于未取得药品生产企业许可证、药品经营企业许可证而生产、经营药品的，卫生行政部门除责令其立即停产、停业外，没收全部药品和违法所得，并根据情节，处以其生产、经营药品正品价格的5倍以下的罚款的规定，对生物工程公司处以罚金是正确的，其作出的处罚决定应予维持。

[管辖权争议]

一审法院在审理中，生物工程公司又提出"人α-干扰素"生产地在江苏宜兴市，上海卫生局无管辖权。上海市徐汇区卫生局辩称，生物工程公司销售药品的行为发生在上海市徐汇区，按照行政区划及行政管理的权限，有权对生物工程公司的行为实施监督。

[裁判结果]

一审法院认为：生物工程公司与和桥医院在《药品管理法》颁布实施后，未经卫生行政部门审核批准，擅自生产"人α-干扰素"，违反了《药品管理法》第四条关于开办药品生产企业必须经审核批准的规定，其行为是违法的。

生物工程公司将未取得批准文号生产的"人α-干扰素"批量销售，违反了《药品管理法》第二十三条关于禁止销售未取得批准文号生产的药品的规定，其生产、销售的"人α-干扰素"依法按假药处理。

上海市徐汇区卫生局作为药品监督管理部门，依照《药品管理法》第四十五条第一款的规定，对该案有管辖权；依照《药品管理法》第五十条关于"生产、销售假药的，没收假药和违法所得，处以罚款"的规定和该法第五十二条关于未取得药品生产企业许可证生产药品、经营药品的，责令停产，没收全部药品和违法所得，可以并处罚款的规定，对生物工程公司作出的处罚决定，事实清楚，证据确实，适用法律正确，处罚恰当。生物工程公司请求撤销卫生局作出的处罚决定的理由不能成立。

上海市徐汇区工商行政管理局，非药品监督部门，不具备实施处罚的主体资格，在对生物工程公司行使处罚时，违背了《药品管理法》第四十五条第一款关于卫生行政部门行使药品监督权的规定，属越权行政，生物工程公司的起诉理由是正确的，但不影响行政处罚的正确性。

法院判定：一、维持上海市徐汇区卫生局的行政处罚决定中对生物工程公司处以责令停产，没收非法所得 51353.04 元，罚款 356655 元，对已查扣的 61 瓶"人 α-干扰素"监督销毁部分。二、撤销上海市徐汇区工商行政管理局在该行政处罚决定中的处罚主体资格。

[法学点评]

- 《中华人民共和国药品管理法》的历史沿革：1984 年 9 月 20 日第六届全国人民代表大会常务委员会第七次会议通过；2001 年 2 月 28 日第九届全国人民代表大会常务委员会第二十次会议修订；2013 年 12 月 28 日第十二届全国人民代表大会常务委员会第六次会议《关于修改〈中华人民共和国海洋环境保护法〉等七部法律的决定》第一次修正；2015 年 4 月 24 日第十二届全国人民代表大会常务委员会第十四次会议《关于修改〈中华人民共和国药品管理法〉的决定》第二次修正。

- 第十二届全国人民代表大会常务委员会第十四次会议决定对《中华人民共和国药品管理法》作如下修改：删去第七条第一款中的"凭《药品生产许可证》到工商行政管理部门办理登记注册"。删去第十四条第一款中的"凭《药品经营许可证》到工商行政管理部门办理登记注册"。
- 《中华人民共和国药品管理法实施条例》于 2002 年 8 月 4 日由国务院令第 360 号公布,自 2002 年 9 月 15 日起施行。2016 年 2 月 6 日国务院令第 666 号《国务院关于修改部分行政法规的决定》修改。
- 开办药品生产企业,须经企业所在地省、自治区、直辖市人民政府药品监督管理部门批准并发给《药品生产许可证》。无《药品生产许可证》的,不得生产药品。《药品生产许可证》应当标明有效期和生产范围,到期重新审查发证。
- 开办药品批发企业,须经企业所在地省、自治区、直辖市人民政府药品监督管理部门批准并发给《药品经营许可证》;开办药品零售企业,须经企业所在地县级以上地方药品监督管理部门批准并发给《药品经营许可证》。无《药品经营许可证》的,不得经营药品。《药品经营许可证》应当标明有效期和经营范围,到期重新审查发证。

30 非法渠道采购药品案①

[裁判要旨]

流感病毒裂解疫苗属药品范畴，食品药品监督管理机关有监督管理的职责。医疗机构必须从具有药品生产、经营资格的企业购进药品。药品营销人员在异地境内推销药品实行登记备案管理，各药品生产、经营企业和医疗机构，必须核实与本单位开展药品营销业务人员的合法资格，凡违反规定进行购销活动的，按从非法渠道采购药品处理。

[案件事实]

原告凤凰卫生院于2009年10月12日从姜道圣医疗诊所以每支49元的价格购入130支成人装流感病毒裂解疫苗，疫

---

① 淄博市临淄区人民医院凤凰分院不服淄博市食品药品监督管理局临淄分局行政处罚案，山东省淄博市临淄区人民法院（2010）临行初字第7号，淄博市中级人民法院（2010）淄行终字第89号。

苗标示是雅立峰生物制药有限公司生产。国药准字S20053091，批号为20090607。原告已按80元/支的价格销售30支，其余100支已由被告淄博市食品药品监督管理局临淄分局先行登记保存。被告称，原告不能提供购进疫苗的票据和相关资质证明材料，姜道圣医疗诊所无经营疫苗资质，雅立峰生物制药有限公司也未向原告销售过疫苗。

原告辩称，自己所购疫苗是与雅立峰生物制药有限公司进行的交易，并提出有雅立峰生物制药有限公司于2009年10月20日开具的发票。被告反驳称，从时间上看，原告所说的发票的开具日期为2009年10月20日，是在被告立案调查之后，且与交货人、收款人、协查复函内容不一致。

原告还称，雅立峰生物制药有限公司在淄博市的销售推广工作委托的是自然人姜某，姜道圣诊所只是中间人，未直接接触疫苗及款项。生物公司的相关资质、发票是真实的、齐全的。被告则称，此说法与姜道圣诊所曾出具的证明中陈述不一致，也与原告曾陈述的"从姜道圣处收货，将疫苗款付给姜道圣"的说法一致。

被告认为，依据山东省食品药品监督管理局鲁食药监审（2008）21号《关于开展药品营销人员登记备案工作的通知》之规定，企业营销人员在山东省境内推销药品从2008年4月1日起应当实行登记备案管理，要求各药品生产、经营企业和医疗机构，必须核实与本单位开展药品营销业务人员的合法资格,凡违反规定进行购销活动的,按从非法渠道采购药品处理。

被告认为,原告陈述姜某是生物制药有限公司在淄博市的营销人员,所购疫苗是通过姜个人购买,但是姜某未登记备案,而且,原告购买涉案疫苗的过程也始终未与姜某个人联系,疫苗款是付给姜道圣诊所而非姜个人,因此可以认定原告所购疫苗未通过正常途径。

被告食品药品监督管理局2009年11月17日依据《中华人民共和国药品管理法》及《中华人民共和国行政处罚法》作出行政处罚决定:(1)没收违法购进的药品;(2)没收违法所得;(3)并处违法购进药品货值金额的二倍罚款;责令当事人立即改正违法行为。

[裁判结果]

山东省临淄区人民法院认为,按照《药品管理法》的规定,流感病毒裂解疫苗属药品范畴。被告作为食品药品监督管理机关,具有加强疫苗监督管理的职责,其对辖区内经营、使用疫苗的单位有监督管理权。

被告认定原告从无经营资质的机构购进疫苗,事实清楚。虽然原告否认其所购疫苗是从姜道圣诊所处所购,但其从姜道圣处取货及付款给姜道圣诊所的事实证明:原告所购疫苗不是从有经营疫苗资质的机构所购。

法院称,大连市食品药品监督管理局的协查复函证明:

雅立峰生物制药有限公司未向原告销售过涉案疫苗，而姜道圣诊所不具有经营疫苗的资质，原告购买疫苗的过程中始终未有姜某人出现，与姜某没有关系。而且，姜某销售推广疫苗也没有按照山东省《关于开展药品营销人员登记备案工作的通知》的要求进行备案登记。没有取得相应的销售疫苗的资质，原告所购涉案疫苗因此属于从无经营资格的机构所购。由此，原告行为违反了《药品管理法》"医疗机构必须从具有药品生产、经营资格的企业购进药品"的规定。

临淄区人民法院依照《最高人民法院关于执行（中华人民共和国行政诉讼法）若干问题的解释》的规定，驳回原告凤凰卫生院要求撤销淄博市食品药品监督管理局临淄分局行政处罚决定书的诉讼请求。原告上诉，二审山东省淄博市中级人民法院维持原判。

[法学点评]

- 药品批发和零售企业，得取得《药品经营许可证》，批发企业须经省级药品监督管理机关批准，零售企业须经县级机关批准。无药品经营许可，不得从事药品经营活动。
- 医疗机构必须从具有药品生产或经营资格的企业购进药品。违反者，监督机关可以责令改正、没收所得、处 2—5 倍罚款；严重的，吊销执业许可证。
- 本案件中，医疗机构从无经营药品资质的医疗诊所购买了药品，未按照药品管理法律、法规相关规定索要合法有效的销售凭证和资质证明材料，也没有对供货方的经营资质进行审核，而是用现款现货的方式通过诊所购进了涉案药品。从整个购进过程来看，都是无经营资质的诊所与医疗机构进行的交易。

31　生产销售假药案

[裁判要旨]

药品进口，须经国务院药品监督管理部门组织审查，经审查确认符合质量标准、安全有效的，方可批准进口，并发给进口药品注册证书。销售假冒进口品牌抗肿瘤药品，犯罪情节恶劣的、帮助销售假冒进口品牌抗肿瘤药品的，既构成生产、销售假药罪，又构成生产、销售伪劣产品罪。依照重罪吸收轻罪的数罪并罚原则，应以生产、销售伪劣产品罪定罪处罚。

[案件事实]

本案涉及四位被告人：王某、徐某、于某和张某。案件

---

① 王某等生产销售假药案，陕西省西安市中级人民法院（2011）西刑二初字第19号，陕西省高级人民法院（2011）陕刑二终字第45号，《最高人民法院公报》2013年第6期，总第200期。

基本事实是:

(一)购买和销售来源不明的进口品牌药

王某在没有取得国家药品经营许可和药品经营质量管理规范认证资质的情况下,假冒某公司的名义对外销售抗肿瘤类药品。其一,从2009年4月起,王某从被告人徐某处购进大量来源不明的进口品牌抗肿瘤类药品,并予以销售。徐某既无药品经营相关资质,又不能提供进口药品检验报告和进口药品注册证。其二,从2009年9月起,被告人王某还从被告人于某处购进大量来源不明的进口品牌抗肿瘤类药品,予以销售。于某同样无药品经营资质,亦始终未向王某提供过所供进口抗肿瘤药品的检验报告和进口药品注册证。

2009年4月17日至2010年1月26日,王某通过个人银行卡向徐某的银行卡转账支付进口品牌抗肿瘤类药品货款,共计人民币1907660元;2009年9月14日至2010年1月20日,王某通过个人银行卡向于某的银行卡转入销售进口抗肿瘤类药品货款共计人民币480440元。

(二)非法销售进口品牌的假药

被告人王某将其购进的进口抗肿瘤类药品存放于伟达公司库房,由被告人张某负责管理,张某帮助王某提货和销售。仅2009年12月份,伟达公司销售"日达仙"、"乐沙定"、"力比泰"、"希罗达"等进口品牌抗肿瘤药品56.24万元。

2010年1月28日,西安市公安局、西安市食品药品监督管理局对伟达公司进行联合检查时，从该公司药品库房现场查扣了多个进口品牌的抗肿瘤药品，还从被告人张某处查获某宇公司各类印章多枚及王某等人私人印章三枚。经鉴定，公司印章均系私刻伪造。另外，查获的"善宁"、"择泰"、"力比泰"、"日达仙"、"希罗达"、"泰索帝"、"乐沙定"、"泰能"、"赫赛汀"、"美罗华"、"爱比妥"均不符合规定，认定为假药。

[一审判决]

一审法院认为，被告人王、徐、于、张为了牟取非法利益，违反国家药品质量管理制度，置患者的生命、健康于不顾，销售假冒的进口品牌抗肿瘤药品，犯罪情节恶劣。

被告人王某销售金额238.8万元，被告人徐某销售金额190.76万元，被告人于某销售金额48万余元，被告人张某帮助王某销售假冒的进口品牌抗肿瘤药品，四被告人行为均既构成生产、销售假药罪，又构成生产、销售伪劣产品罪。

根据《中华人民共和国刑法》及最高人民法院、最高人民检察院《关于办理生产、销售假药、劣药刑事案件具体应用法律若干问题的解释》的规定，被告人行为既构成生产、销售假药罪，同时又构成生产、销售伪劣产品罪，依照处罚较重的规定定罪处罚。本案应以生产、销售伪劣产品罪定罪处罚。

一审法院判决：被告人王某犯销售伪劣产品罪，判处有期徒刑十五年,并处罚金人民币三百万元。被告人徐某犯生产、销售伪劣产品罪,判处有期徒刑十一年八个月,并处罚金人民币二百万元。被告人于某犯生产、销售伪劣产品罪,判处有期徒刑六年,并处罚金人民币五十万元。被告人张某犯销售伪劣产品罪,判处有期徒刑一年六个月,并处罚金人民币十五万元。各被告人违法所得依法追缴,上缴国库。查扣的进口品牌药品依法没收销毁。

[二审裁决]

被告人上诉,上诉法院认为,根据《中华人民共和国药品管理法》的规定,药品进口,须经国务院药品监督管理部门组织审查,经审查确认符合质量标准、安全有效的,方可批准进口,并发给进口药品注册证书。

该法第四十八条规定,有下列情形之一的,为假药:(一)药品所含成份与国家药品标准规定的成份不符的;(二)以非药品冒充药品或者以他种药品冒充此种药品的。有下列情形之一的药品,按假药论处:(一)国务院药品监督管理部门规定禁止使用的;(二)依照本法必须批准而未经批准生产、进口,或者依照本法必须检验而未经检验即销售的;(三)变质的;(四)被污染的;(五)使用依照本法必须取得批准文号而未取得批准文号的原料药生产的;(六)所标明的适应症或者功能主治超出规定范围的。

本案中,上诉人徐某、于某二人向王某所供应进口抗肿瘤药品，无任何审批手续，也没有质检报告和进口药品注册证书，故应当以假药论处。

又根据最高人民法院、最高人民检察院《关于办理生产、销售假药、劣药刑事案件具体应用法律若干问题的解释》的规定，生产、销售假药具有下列情形之一的，应当认定为"足以严重危害人体健康"：（一）依照国家药品标准不应含有有毒有害物质而含有，或者含有的有毒、有害物质超过国家药品标准规定的；（二）属于麻醉药品、精神药品、医疗用毒性药品、放射性药品、避孕药品、血液制品或者疫苗；（三）以孕妇、婴幼儿、儿童或者危重病人为主要使用对象的；（四）属于注射剂药品、急救药品的；（五）没有或者伪造药品生产许可证或者批准文号，且属于处方药的；（六）其他足以严重危害人体健康的情形。本案中上诉人所销售的假冒进口抗肿瘤药品，均以癌症患者为主要使用对象，大多属于注射剂药品、处方药，因此，足以严重危害人体健康。

各上诉人的行为既构成生产、销售假药罪，又构成生产、销售伪劣产品罪，依法应当依照处罚较重的规定定罪处罚。由于本案各上诉人的行为以生产、销售伪劣产品罪定罪处罚重于生产、销售假药罪，故原审判决定罪适当，各上诉人及其辩护人提出的原审判决定性不当的上诉理由及辩护意见不能成立。

上诉人王某作为一名从事药品销售多年的业内人士，在曾因违法经营进口药品被药品管理部门行政处理之后，又在明知徐某和于某没有经营药品的相关资质，不能提供进口药品的相关手续的情况下，仍然从二人处以明显低于市场的价格大量购进假冒的进口品牌抗癌药品予以销售，故其对所销售药品系假药的性质应当是明知的。

综上，二审法院驳回上诉，维持原判。

[**法学点评**]

- 进口抗肿瘤药品，无任何审批手续，也无质检报告和进口药品注册证书的，应当以假药论处。
- 既构成生产、销售假药罪，又构成生产、销售伪劣产品罪，依法应当依照处罚较重的规定定罪处罚，此为重罪吸收轻罪原则。
- 明知供货者无经营药品的相关资质，不能提供进口药品的相关手续，仍然以明显低于市场的价格购进假冒的进口品牌抗癌药品予以销售，认定其主观为明知。

32 生产和销售药品的非法经营罪[①]

[**裁判要旨**]

行为人未取得药品生产经营许可证和批准文号，生产、销售药品，构成生产、销售假药罪；同时，因国家对生产、经营药品实行严格的准入制度，行为人未取得药品生产经营许可证和批准文号而生产药品，扰乱市场秩序，情节严重，构成非法经营罪。行为人同时构成生产、销售假药罪与非法经营罪，依法应择一重罪处罚，根据其犯罪情节以非法经营罪定罪量刑。

[**案件事实**]

被告人张某刚、张某青、陈某新、陈某军、蔡某、叶某、单某、钱某犯非法经营罪，淮安市清河区人民检察院于2011

[①] 张某刚等非法经营案，江苏省淮安市清河区人民法院（2011）河刑初字第176号，江苏省淮安市中级人民法院（2011）淮中刑二终字第56号。

年5月25日向区人民法院提起公诉。

(一) 非法生产和销售成品药

自2009年年初起至2010年12月止,被告人张某刚得知鸿瑞医疗化工公司及野风制药公司的实验室相继研制出"gefitinib tablets"(吉非替尼,治疗肺癌药物)、"imatinib capsules"(伊马替尼,治疗白血病药物)、"erlotinib tablets"(厄洛替尼,治疗肺癌药物)几种药物的半成品后,在没有取得国家任何生产许可的情况下,到山东省潍坊市生物医药科技园租了一个厂房,购置了包衣机等生产药品的器械设备,雇马某帮其生产上述几种药品的成品。

马某遂按照被告人张某刚提供的配方及原料生产出大量的吉非替尼、伊马替尼、厄洛替尼几种药品的成品药片。生产出成品药片后邮寄至江西省被告人张某刚父亲的家中,由被告人张某青负责收取。

被告人张某刚为了顺利地将生产出来的药片销售出去,遂按照印度"natco"公司的产品包装样式,从浙江义乌等地订制了上述几种药品包装所需的药瓶、外包装盒、说明书,邮寄至被告人张某青处。

之后,被告人张某青在明知张某刚生产这几种药品是假药的情况下,仍然对药片进行分类包装,包装好之后将药品通过快递投送等方式对外销售。被告人张某刚、张某青销售给被告人陈某新、陈某军吉非替尼、伊马替尼、厄洛替尼,得药款 1084150 元，销售给被告人叶某吉非替尼，得药款 1.2 万元。总计生产、销售所得为 1096150 元。

（二）第一手非法销售成品药

自 2010 年 4 月至 2011 年 1 月，被告人陈某新、陈某军在明知被告人张某刚所销售的吉非替尼等药品是假药的情况下，为牟利多次以贩卖为目的从被告人张某刚处购买吉非替尼、伊马替尼、厄洛替尼，药款进货价格为 1084150 元。购约后，被告人陈某新、陈某军采取当面交货、快递投送等方式对外进行加价贩卖。

其中，贩卖给被告人蔡某吉非替尼、伊马替尼、厄洛替尼，得药款 1335600 元；贩卖给被告人单某吉非替尼、厄洛替尼，得药款 5.7 万元；贩卖给被告人钱某吉非替尼，得药款 10 万元。被告人陈某新、陈某军合计贩卖药品所得药款共计 1492600 元。至案发时，被告人陈某新、陈某军剩余尚未销售的药品吉非替尼、伊马替尼、厄洛替尼被公安机关依法扣押。

（三）第二手非法销售成品药

自 2010 年 4 月至 2010 年 12 月，被告人蔡某在明知被告人陈某新、陈某军所销售的吉非替尼等药品是假药的情况下，为牟利多次以贩卖为目的从被告人陈某新、陈某军处购进吉非替尼、伊马替尼、厄洛替尼，药款共计 1335600 元。购药后，被告人蔡某采取当面交货、快递投送等方式对外进行加价贩卖，其中贩卖给陈某等14名患者所得药款为140950元，贩卖给吕某等9名医生所得药款为135700元，贩卖药品合计得款276650元。至案发时，被告人蔡某剩余尚未销售的药品吉非替尼、伊马替尼、厄洛替尼被公安机关依法扣押。

（四）帮助非法销售和零售成品药

2010年5月至2010年11月，被告人叶某在明知被告人张某刚销售的吉非替尼等药品是假药的情况下，仍然为被告人张某刚贩卖药品提供便利条件，帮助被告人张某刚转交三次药品给被告人陈某新，转交的药品分别为吉非替尼、伊马替尼、厄洛替尼，该部分药款为551000元。另外，被告人叶某单独从被告人张某刚处以400元每瓶的价格购进吉非替尼，后以每瓶1200元的价格贩卖给浙广福医院的医生杨某，得药款3.6万元。

2010年7月至2011年1月，被告人单某在明知被告人陈某军销售的吉非替尼等药品是假药的情况下，仍然为了牟利以贩卖为目的从被告人陈某军处购进吉非替尼、厄洛替尼，药款共计5.7万元。购药后，被告人单某采取当面交货的方式进行加价贩卖，得药款31700元。至案发时，被告人单某剩余尚未销售的药品吉非替尼1瓶、厄洛替尼1瓶被公安机关依法扣押。

2010年8月至2011年1月，被告人钱某在明知被告人陈某军销售的吉非替尼等药品是假药的情况下，仍然为了牟利以贩卖为目的从被告人陈某军处购进吉非替尼。购药后,采取当面交货的方式加价进行贩卖,得药款共计 5000 元。至案发时,剩余尚未销售的药品吉非替尼被公安机关依法扣押。

经国家食品药品监督管理局认定,上述被查扣的吉非替尼等药品应定性为假药。经上海市食品药品检验所检验,上述被查扣的吉非替尼等药品有效成分达到同类正品标准。

[裁判结果]

清河区人民法院一审认为,被告人张某刚等八人违反中华人民共和国药品管理法规,未经批准许可,擅自在中华人民共和国境内从事药品生产、销售活动,严重扰乱了市场秩序,情节严重,其行为构成非法经营罪。

被告人张某刚等提出,销售的药品不属于法律法规所规定的专卖、专营的物品,其行为不构成非法经营罪,应构成生产、销售假药罪一罪。法院认为,本案的涉案标的属于处方药,根据《处方药与非处方药流通管理暂行规定》《处方药与非处方药分类管理办法》等相关规定,国家对处方药的生产、批发、零售业务都有着严格的规定。被告人张某刚等人在没有法律法规许可的情况下生产、销售处方药物,客观上严重扰乱了市场秩序,其行为同时构成生产、销售假药罪与非法经营罪,依法应择一重罪处罚,因此被告人张某刚等人的行为,应定性为非法经营罪。

依据《中华人民共和国刑法》和最高人民法院、最高人民检察院《关于办理生产、销售假药、劣药刑事案件具体应用法律若干问题的解释》相关规定,一审法院判决被告人张某刚等八人犯非法经营罪,判处有期徒刑四年六个月至有期徒刑六个月、缓刑一年等不等刑罚,并处二百三十万元至五千元不等的罚金。各被告人已退出的违法所得,予以追缴,上缴国库。

一审宣判后,被告人张某刚等四人不服,向淮安市中级人民法院提出上诉。淮安市中级人民法院于 2011 年 8 月 19 日作出终审裁定:驳回上诉,维持原判。

[法学点评]

- 被告人所制"gefitinib tablets"(吉非替尼)、"imatinib capsules"(伊马替尼)、"erlotinib tablets"(厄洛替尼)几种药物成品,均是治疗癌症的药物,药品有效成分达到同类正品标准。

- 药物作为维护人类健康的特殊物品,国家对其生产、经营实行严格的准入制度。《中华人民共和国药品管理法》及其实施条例要求,从事药品生产和经营的企业必须在人员、物质、技术等方面具备法定的从业条件,并获取《药品生产许可证》和《药品经营许可证》,严禁个人私自从事药品生产、经营活动。

- 国家对药品实行处方药与非处方药分类管理制度,处方药必须凭执业医师和执业助理医师处方方可购买、调配和使用。
- 生产、销售的假药"足以严重危害人体健康"的情形，构成生产、销售假药罪；同时，本案件中，个人/患者、个人/医院或医生的销售形式，经营规模广，销量大，违法所得多，社会影响恶劣，严重扰乱了涉案药品的市场秩序，情节严重，构成非法经营罪。本案择其重罪，即按非法经营罪定罪量刑。

33　血液采集中的法律责任[①]

[一] 非法采集血液的刑事责任

[裁判要旨]

未经国家卫生行政主管部门的批准,非法采集不符合国家规定标准的血液,足以危害人体健康的,行为构成非法采集血液罪。

[事实与判决]

1998年4月,被告人常某印与其父预谋非法采集血液,牟取暴利。后常父通过城郊乡谢庄村委韩坟组村民郭某购得分离血浆用的离心沉淀机一台及其他用品。1998年4月16

[①] 常某印等非法采集血液案,河南省唐河县人民法院(1998)唐刑初字第160号;某干细胞工程有限公司与上海市卫生局行政处罚纠纷案,上海市黄浦区人民法院(2004)黄行初字第44号,上海市第二中级人民法院(2004)沪二中行终字第256号;胡某与淮南市中心血站生命权健康权人身权纠纷案,安徽省淮南市田家庵区人民法院(2015)田民一初字第02351号。

日，常父租用常花园村委史庄村民的房子，由被告人常某印负责分离血清，其妹负责从售血人员身上抽血及回输。他们在租住房内共非法采集血液5天，采集分离血清50袋，均由常父销售。案发后常父和常女潜逃。

1998年4月20日，被告人周某租用常岗头村委某村民房子，被告人常某印伙同其父于1998年4月21日将采血所用的设备转移到新租房的地下室内，被告人邓某负责从售血人员身上抽血和回输，被告人常某印负责分离血清。

1998年4月25日，被告人常某印、邓某正在非法采血时，被公安机关当场抓获。两被告人在地下室内，共非法采血3天，采集血清54袋，除少量被常父销售外，其余均在案发时被扣押。所扣押的血清和血浆，经南阳市卫生防疫部门检测，不符合国家规定的标准，有足以危害人体健康的病毒。

河南省唐河县人民法院认为，被告人常、邓、周未经国家卫生行政主管部门的批准，非法采集不符合国家规定标准的血液，足以危害人体健康，其行为均已构成非法采集血液罪。

被告人常某印在作案中起主要作用，系主犯。被告人邓某在作案中起次要作用，系从犯。被告人周某只为非法采血联系地点，犯罪情节轻微且系从犯。

河南省唐河县人民法院依照《中华人民共和国刑法》判决，常某印犯非法采集血液罪，处有期徒刑2年，罚金3000元。邓某犯非法采集血液罪，判处有期徒刑 1 年缓刑 2 年，罚金 2000 元。周某犯非法采集血液罪，免予刑事处分，罚金 1000 元。

[二] 采集血液的行政责任
[裁判要旨]

采集血液须以取得卫生行政许可为前提。干细胞公司未得到卫生主管部门的批准擅自采集脐带血，卫生行政机关有权作出取缔的行政强制决定。脐带血造血干细胞库是"特殊血站"，其设置要求高于一般的血库，需要具备相当的条件，有专门的技术规范。

[案件事实]

2003 年 8 月，上海市有关媒体对某干细胞公司经营脐带血干细胞库业务的有关情况进行了新闻报道后，上海市卫生局经调查取证，认定某干细胞公司实施了未经许可擅自采集血液的行为，属于违反卫生部《血站管理办法（暂行）》规定的情形。上海市卫生局遂根据《血站管理办法（暂行）》规定，于 2004 年 1 月 16 日作出卫生行政强制决定：取缔干细胞公司非法采集血液行为；没收 YSD-35-125 液氮生物容器 3 只、YSD-35-200 液氮生物容器 1 只。上海市卫生局制作了行政文书，于当日送达给干细胞公司。干细胞公司不服，向法院提起行政诉讼，要求撤销上述具体行政行为。

[一审判决]

一审法院经审理认为：干细胞公司委托医院采集脐带血，

目的是分离干细胞后进行储存,并应用于临床。《献血法》和《血站管理办法(暂行)》虽未对血液中全血的组成、成分血的种类予以详细列明,但从医学及法律规范的角度分析,脐带血应属于血液中全血的范畴。某干细胞公司采集血液的事实成立。同时,上述法律规范均明确,采集血液须以取得卫生行政许可为前提。干细胞公司未得到卫生主管部门的批准擅自采集脐带血,上海市卫生局据此适用《血站管理办法(暂行)》的规定对其作出取缔的行政强制决定,认定事实清楚,证据确凿,适用法律正确。一审判决确认上海市卫生局对干细胞公司非法采集血液行为予以取缔合法。判决后,干细胞公司不服,向上海市第二中级法院提起上诉。

[二审判决]

干细胞公司上诉称:脐带血不是《血站管理办法(暂行)》所规定的即用于临床的全血或成分血。上诉人并未采集脐带血,只是依照工商核准从事储存脐带血造血干细胞的业务,其未将储存的干细胞用于临床。自体干细胞储存与临床用血安全无关。

二审法院经审理认为:脐带血属于《血站管理办法(暂行)》中所称的血液范畴,脐带血采集行为属于《血站管理办法(暂行)》调整的范围。根据《献血法》及《血站管理办法(暂行)》的规定,我国目前对血液的采集实行许可证管理制度。脐带血造血干细胞库是"特殊血站",其设置要求高于一般的血库，需要具备相当的条件，其有专门的技术规范。储存脐带血造血干细胞需要经过脐带血的采集、检测、分离等过程，卫生部对此过程的操作人员、条件、实验室等均有明确的资质要求。所以，采集脐带血需要得到卫生行政许可。上海市卫生局认定上诉人某干细胞公司存在未经许可擅自采集血液的行为，事实清楚，证据充分。其据此认定上诉人违反《血站管理办法（暂行）》第二十一条，并依据第四十八条之规定对上诉人违法行为作出取缔的行政强制决定，适用法律正确，执法目的合法。二审遂作出驳回上诉，维持原判的终审判决。

［三］血站采血的民事责任

［裁判要旨］

中心血站是采集、提供临床用血的机构，不以营利为目的，属于公益性组织，并非医疗机构。采血是否构成民事侵权，证明责任应当适用"谁主张谁举证"的原则。

［案件事实］

2007年2月5日，原告胡某到淮南红十字中心血站献血点献血，并填写了献血者健康情况征询表。2013年10月12日，胡某到淮南东方医院集团总院检验，梅毒抗体呈阳性。2015年1月14日，胡某起诉红十字中心血站至法院，后以重新收集证据为由撤诉。2015年4月28日，胡某再次起诉至法院，请求判令被告赔偿精神抚慰金、××赔偿金、治疗费、车旅费、工资损失，合计799824元。以后，因此次献血所引起的一切病情，及治疗病情所引起的治疗费用，由被告承担。

案件审理过程中，法院委托北京明正司法鉴定中心、西南政法大学司法鉴定中心、法大法庭科学技术鉴定研究所、司法鉴定科学技术研究所司法鉴定中心、北京法源司法科学证据鉴定中心、南京医科大学司法鉴定所、安徽惠民司法鉴定所等七家鉴定机构进行鉴定，上述鉴定机构在2015年7月13日至9月29日期间，均作出退案处理。后经胡某申请，法院再次委托西南政法大学司法鉴定中心、法大法庭科学技术鉴定研究所进行鉴定，但该两家鉴定机构又分别在2016年6月2日、16日作出退案处理。

[判决结果]

法院认为，被告淮南市中心血站是采集、提供临床用血的机构，是不以营利为目的的公益性组织，并非医疗机构，本案证明责任应当适用谁主张谁举证的原则。庭审中，胡某所提交的献血证、献血者核查结果通知、淮南东方医院集团检验报告单、住院病历及化验单、献血者健康情况征询表、证人周某、王某证言等证据能够证实，其曾于2007年2月5日到淮南红十字中心血站献血点献血，后于2013年10月12日在淮南东方医院集团总院检验出梅毒抗体呈阳性，但并不能证明淮南市中心血站在为胡某抽血过程中有过错，也不能证明胡某感染梅毒与其在淮南市中心血站献血有因果关系。

案件审理过程中，法院经胡某申请，依法委托多家鉴定机构鉴定，均被退案处理。庭审中，胡某认为淮南市中心血站采血过程中，违反规定使用采血器材导致其感染梅毒，但其提供的证人周某、王某的证言，并不能证明其主张。庭审中，胡某还认为淮南市中心血站采血后未按照规定进行告知，导致其未及时治疗，造成其损失扩大。经查，淮南市中心血站在采血前已经履行了必要的健康检查，符合我国《献血法》及卫生部《血站管理办法》规定，《血站管理办法》中相关报告制度，与胡某主张的告知义务，并不相符。现胡某起诉要求淮南市中心血站赔偿精神抚慰金、××赔偿金、治疗费、车旅费、工资损失及以后因此次献血所引起的一切病情及治疗病情所引起的治疗费用，缺乏事实和法律依据，本院不予支持。

依照《中华人民共和国侵权责任法》《中华人民共和国献血法》《中华人民共和国民事诉讼法》《最高人民法院关于适用〈中华人民共和国民事诉讼法〉的解释》，参照卫生部《血站管理办法》规定，判决驳回原告胡某的诉讼请求。案件受理费，法院依法准予免交。

34 血液输入的损害赔偿①

[裁判要旨]

公民享有生命健康权,一般民事诉讼中,遵循"谁主张权利,谁承担举证责任"的原则。但是,医患关系的特殊性,举证责任倒置,由医疗机构承担自己无过错的举证责任。未按照《采供血机构和血液管理办法》的规定、为病人输血时未履行用血前的复检义务,可认定医院有过错。血液中心未能提供证明病人所患丙肝是患者自己通过其他途径传染的证据,应推定病人患病与血液中心提供的血液质量有一定的因果关系。

[案件事实]

原告王某因患子宫肌瘤,于 1994 年 11 月 18 日住进被告

---

① 南京市鼓楼医院等与王某人身损害赔偿纠纷案,江苏省南京市中级人民法院(1999)宁民终字第 684 号。

鼓楼医院，入院检查子宫肌壁平滑肌瘤，继发性贫血。术前检查记录，辅助检查已全，包括肝功检查，均无异常。

原告于 11 月 23 日、28 日、12 月 1 日三次接受输血，血液来自被告南京红十字血液中心。1994 年 12 月 6 日出院，12 月 27 日到鼓楼医院复查 B 超、肝、胆、肝功，诊断怀疑丙肝。1995 年 2 月 21 日化验 HCV-Ab 为阳性，确诊为丙肝。

鼓楼医院为王某按"丙肝"治疗。1995 年 11 月 2 日至 1996 年 8 月王某先后四次住江苏省人民医院治疗丙肝，1998 年 4 月以后原告在江苏省中医院治疗至今，王某因染丙肝提前退休。

[一审判决及理由]

原告于 1996 年 4 月向南京市鼓楼区人民法院起诉，要求鼓楼医院和血液中心两被告赔偿自费的医药费、误工损失、营养费、子女抚养费、精神损失费等。审理中，双方对被告给原告在治病中输用的血，是否存在质量问题和被告应否给予原告赔偿，及被告有何责任争议很大，经法院多次调解无效。

一审法院南京市鼓楼区人民法院认为，被告鼓楼医院根据原告的病情在为原告手术前后为原告输血系医疗过程采取的必需手段。输血使用的器具是符合国家部颁标准的一次性使用输血器具，所用的血是血液中心按照国家、省、市卫生行政部门制定的规范采、供血，整个输血过程，鼓楼医院无过错。

被告血液中心是经国家评审通过的专门从事采、供血的非营利性的卫生事业单位，具有采、供血的合格证，免疫质量达到国家部颁标准。提供给鼓楼医院输入原告体内的血液是经初检、复检的严格检测，所使用的试剂均符合部颁标准。故被告血液中心对原告所患丙肝亦无过错。

根据国家卫生部的有关规定，临床输血前应对所用血进行检验、核对，但在实践中卫生部对此并没有具体落实措施。被告鼓楼医院未在临床前对输用的血作检验、核对，属于未履行法定义务，但与原告的损害结果并无因果关系。

法院认为，公民享有生命健康权。当事人对损害都没有过错，可以根据实际情况，由当事人分担民事责任。两被告对原告患丙肝的后果虽没有过错仍应承担一定的责任。按原告损害总额的一定比例承担相应的责任。原告因治疗丙肝的自付医疗费部分、因病假和提前退休被减少的合法收入、适当的营养费都应属于损害总额。按照公平、对等原则，由原告本人承担三分之一，被告鼓楼医院承担三分之一，血液中心承担三分之一。原告要求被告承担今后的治疗费，符合有关规定，一审法院予以支持。

一审法院依照《中华人民共和国民法通则》判决，被告南京市鼓楼医院一次性赔偿原告王某医药费、误工费、营养费，合计34155元。被告南京红十字血液中心一次性赔偿原告王某的医药费、误工费、营养费等损失合计 34155 元。原告自负 34155 元。原告王某此后进行"丙肝"治疗，每年年底，由原告凭治疗丙肝的应自费的医疗费票据到鼓楼医院领取自费总额的三分之一，到南京红十字血液中心领取自费总额的三分之一。

[二审裁判]

原审被告南京市鼓楼医院上诉，称：一审法院错误地理解举证责任倒置，片面加大了上诉人鼓楼医院的举证责任，也导致错误的结论；一审判决适用公平原则来处理，将使医疗单位无法承受，并将不属于丙肝造成的误工损失也计算在内，对上诉人是不公平的。

原审被告南京红十字血液中心上诉，称：一审法院认定事实不清，推断方法错误，推论出来的是不确定的事实；适用法律不当，公平原则应当是分担损失，而非赔偿损失，判决的补偿数额超过直接损失范围。

二审法院南京市中级人民法院认为：公民享有生命健康权。南京市鼓楼医院在王某手术治疗过程中合规，但在为王某输血时未履行用血前的复检义务，违反了卫生部《采供血机构和血液管理办法》的规定，应认定南京市鼓楼医院有过错，对造成王某的损害应承担相应的民事责任；南京红十字血液中心虽然证明其采、供血过程严格按照要求进行，初检、复检均证明血液不存在质量问题，但王某因输入其提供的血液感染丙肝病毒，南京红十字血液中心又未能提供证明王某所患丙肝是患者自己通过其他途径传染的证据，应推定与南京红十字血液中心提供的血液质量有一定的因果关系，南京红十字血液中心亦应承担相应的民事责任。原审法院判令两被告赔偿王某的损失是正确的，但原审认定两被告无过错，不当。

鉴于患者王某对原审判决未提起上诉，二审法院根据最高人民法院《关于民事经济审判方式改革问题的若干规定》"第二审案件的审理应当围绕当事人上诉请求的范围进行，当事人没有提出请求的不予审查"的规定，对原审判决依法不予变更。南京市中级人民法院判决驳回上诉，维持原判。

[**法学点评**]

- "谁主张权利，谁承担举证责任"是损害赔偿诉讼中的一般原则。但是，医患关系的特殊性，经常遵循举证责任倒置，让医疗机构证明自己不存在过错。
- 医疗案件中，遵循举证责任倒置的理由，是由医患双方地位不对等决定的。按照国际惯例，如果，第一，医疗机构对病人有绝对的控制权，第二，如果医疗机构无过错，那么病人损害结果通常不会发生，第三，病人自己无过错，那么在诉讼中举证责任发生倒置。在西方法律中，此原则的拉丁语法律格言是"事物自道理由"，修辞的说法是"事情清楚明白，如同牛奶中的虹鳟鱼"。

- 本案一审中，法院认定医院和血液中心不存在过错。为了补偿病人，法院适用了"公平原则"。如果当事人对损害都没有过错，那么就由三方当事人平均分担民事责任：原告本人承担三分之一，被告医院承担三分之一，被告血液中心承担三分之一。
- 二审法院不同意一审法院的判定，而对被告适用"推定过失"原则。因为被告医院和血液中心不能够排除自己的责任，根据举证责任倒置原则推定他们存在过错。从一审的"公平责任"到二审的"过错推定"的转变，在法律上发生了性质上的转换，前者适用了医疗纠纷中的过错责任，后者则接近于严格责任。

35 组织他人出卖人体器官罪[①]

[裁判要旨]

组织出卖人体器官是行为犯,行为人只要实施了组织他人出卖人体器官的行为,即可构成犯罪的既遂,不以人体器官的实际摘取作为犯罪既遂的认定标准。组织多人出卖人体器官,多次组织他人出卖人体器官,非法获利数额巨大,组织他人出卖人体器官造成重伤、死亡等严重后果,及造成恶劣社会影响等情节,应认定为"情节严重"。未经本人同意摘取其器官,或者摘取不满十八周岁的人的器官,或者胁迫、欺骗他人捐献器官的,依照故意伤害罪、故意杀人罪定罪处罚。

[案件事实]

2011年9月至2012年2月,被告人王某纠集被告人刘

[①] 王某等组织出卖人体器官案,江苏省泰兴市人民法院(2012)泰刑初字第352号。

某、孙某、李某至泰兴市黄桥镇等地，组织他人出卖活体肾脏。被告人刘、孙主要利用互联网发布收购肾源广告以招揽供体，被告人李主要负责收取供体的手机和身份证、管理供体、为供体提供食宿、安排供体体检及抽取配型血样等，被告人王主要负责联系受体中介将活体肾脏卖出。

四名被告人先后组织朱某、徐某、钟某、杨某等多名供体出卖活体肾脏，其中朱某由被告人刘某招揽至泰兴市黄桥镇，后朱自行离开。被告人王某又向朱提供了介绍去医院做肾脏移植手术人员的联系电话，朱于2011年12月在河北石家庄一医院实施了肾脏移植手术，得款3.5万元人民币。

徐某在被告人孙某招揽及被告人王某安排下，于2011年12月在印度尼西亚雅加达一医院实施了肾脏移植手术，徐得款37万日元及1000元人民币，被告人王某从中得款3.8万元人民币，此款用于"圈养"供体等；钟某和杨某被"圈养"直至案发。经鉴定，朱某左侧肾脏缺失，构成重伤。

本案的争议焦点是：第一，组织出卖人体器官罪是否以人体器官的实际摘取作为既遂的认定标准；第二，本案是否属于组织出卖人体器官"情节严重"的情形；第三，朱某移植器官的事实是否应作为组织控制下的出卖行为加以认定。

[判决结果]

泰兴市人民法院依次分析，第一，《中华人民共和国刑法》规定，"组织他人出卖人体器官的"，构成组织出卖人体器官罪。刑法增设该罪名旨在通过依法打击出卖人体器官行为的组织者，从中间交易环节阻断人体器官的非法买卖。该罪名所规定的是行为犯而非结果犯，即行为人基于出卖人体器官的目的，通过领导、策划、控制等手段实施了组织他人出卖人体器官的行为，即可构成本罪。

本案被告人王某纠集被告人刘、孙、李通过网络招募方式，联络有意愿出卖活体肾脏的供体前往泰兴，由被告人提供食宿、安排体检、验血、配型并发布供体信息，配型成功后联系手术并承诺回报，此时各被告人通过分工配合所实施的出卖人体器官的组织行为已经完成，即构成犯罪既遂。

第二，刑法规定组织出卖人体器官"情节严重"的加重处罚条件，既可以是某一特定情节，也可以是某一特定结果，还可以是某几方面特定情节或结果的结合，旨在对危害严重的行为设定更为严厉的惩处标准。

就组织出卖人体器官罪而言，虽法律尚未明确规定"情节严重"的内容，但参照类似罪名已有的规定以及司法实践，可以包括组织多人出卖人体器官；多次组织他人出卖人体器官；组织他人出卖人体器官非法获利数额巨大；组织他人出卖人体器官造成重伤、死亡等严重后果；组织他人出卖人体器官造成恶劣的社会影响；等等。本案中，各被告人在长达半年多的时间内，通过网络先后招揽、组织多人出卖人体器官，形成了分工明确的犯罪团伙；其中有两名出卖者实际实施了器官移植手术，一人经鉴定为重伤；该犯罪组织甚至将触角从省内延伸到境外，造成恶劣的影响，据此可以认定被告人王某等人属组织出卖人体器官情节严重。

第三，器官出卖人之一朱某在等候王安排器官移植期间因故离开，后王向朱提供了介绍去医院做肾脏移植手术人员的联系电话，朱自行联系对方并接受了器官移植手术，王某等人未从该笔移植手术中获取中介款。

法院认为，对该笔犯罪事实应从以下两方面分析认定：其一，朱为出卖自身器官而接受被告人王某等人招揽至泰兴市，王等人为其提供食宿、安排验血配型并发布供体信息，此时被告人对朱出卖人体器官的组织行为即已实施完成，即便朱最终未能移植器官，也不影响对王等人组织其出卖人体器官行为的认定。其二，朱虽在等候安排移植器官期间因故离开，但在离开时被告人刘曾明确要求其随时等候指令接受配型移植，后朱也是按照王等人的指令以及提供的联系渠道，在外省实施了器官移植手术，其出卖器官全过程均系通过王等人的联系、安排最终得以完成。因此，朱器官被摘除的后果应作为王等被告人组织行为所造成的危害结果加以认定和考量。

综上，法院认定，被告人王、刘、孙、李组织多人出卖人体器官，情节严重，其行为均已构成组织出卖人体器官罪，且系共同犯罪。被告人王某在共同犯罪中起主要作用，是主犯，依法应当按照其所参与的全部犯罪处罚；被告人刘、孙、李在共同犯罪中起次要作用，均是从犯，依法应当减轻处罚。被告人王当庭自愿认罪，可以酌情从轻处罚。被告人刘、孙、李归案后均如实供述全部犯罪事实，依法均可从轻处罚。据此，泰兴市人民法院判决如下：一、被告人王某犯组织出卖人体器官罪，判处有期徒刑五年，并处罚金人民币四万元。二、被告人刘某犯组织出卖人体器官罪，判处有期徒刑三年，并处罚金人民币二万五千元。三、被告人孙某犯组织出卖人体器官罪，判处有期徒刑二年十个月，并处罚金人民币二万二千元。四、被告人李某犯组织出卖人体器官罪，判处有期徒刑二年六个月，并处罚金人民币二万元。五、被告人王、刘、孙、李组织出卖人体器官的违法所得，予以追缴，没收上缴国库。

[法学点评]

- 2007年国务院颁布《人体器官移植条例》，规定了摘取人体器官捐献者心、肝、肺、肾和胰腺，置于受体的各事项。条例明确规定器官捐献中的自愿、无偿原则，禁止人体器官的买卖、禁止摘取未满十八周岁公民的活体器官。活体器官的受体仅仅限于捐献者的配偶、直系血亲和三代内旁系血亲，以及帮扶而成的亲情关系。

- 《中华人民共和国刑法》第二百三十四条之一规定，

"组织他人出卖人体器官的",构成组织出卖人体器官罪。组织出卖人体器官"情节严重"的,加重处罚。未经本人同意摘取其器官,或者摘取不满十八周岁的人的器官,或者胁迫、欺骗他人捐献器官的,依照故意伤害罪、故意杀人罪定罪处罚。

- 组织出卖人体器官是行为犯,行为人只要实施了组织他人出卖人体器官的行为,即可构成犯罪并既遂,而不以人体器官的实际摘取作为犯罪既遂的认定标准。

36　出卖人体器官的刑事责任与民事责任[①]

[裁判要旨]

医护人员参与活体器官买卖，同样承担组织买卖人体器官罪。活体人体器官移植严格限定捐体和受体亲属范围。即使捐体同意，不影响判定出卖人体器官罪。而且，即使是在器官捐献者同意的情况下，非法组织器官移植的被告人除了承担刑事责任外，还得承担捐献者的附带民事赔偿责任。

[案件事实]

2011年，被告人周某章、张某荣和孙某经商量后，出资购买手术设备、汽车等作案工具，伙同被告人张某鑫、赵某、陈某琴、钟某、陈某高、叶某及龙某、高某、"赖某"、梁某等人从事肾脏买卖及非法移植活动。其中，周某章系主刀医

[①] 周某章等组织出卖人体器官案，广东省东莞市中级人民法院（2013）东中法刑二终字第168号。

生,负责移植手术和手术指导;张某鑫系手术麻醉师,负责手术安排、手术麻醉,承租一处住所供卖肾者术后休养并做术后护理,同时还负责居间联系及分发卖肾者、医生助手、护士等人员的费用;张某荣负责开车接送卖肾者、购肾者及同案人员,与卖肾者中介联系,与购肾者中介洽谈价格,收取并分发费用;钟某系医生助手,协助周某章进行移植手术;陈某琴、龙某系护士,负责手术协助,其中陈某琴还负责手术前抽取卖肾者血液样本;孙某、赵某系卖肾者中介,负责联系卖肾者,其中赵某受孙某指挥,还负责安排卖肾者在出租屋等待卖肾,以及卖肾者在此期间的食宿和身体检查;陈某高、叶某系购肾者中介,负责寻找购肾者,与周某章等人联系手术事宜,并在手术前联系张某荣拿卖肾者的血液样本到医院与购肾者的血液样本配对,陈某高还负责安排购肾者手术后在其承包的广州某医院休养。

2012年1月,被告人张某荣将被告人赵某介绍的卖肾者被害人欧阳某送到佛山市某医院,被告人周某章等人通过手术将欧阳某的肾脏移植到购肾者宋某体内。

同年2月初,被害人舒某、丁某通过某网站联系上赵某,并商定以2万元出卖肾脏。赵某安排两人住在东莞市一出租屋,并到医院检查身体。后被告人张某荣、张某鑫等给卖肾者二人抽血,经化验,舒某与被告人陈某高介绍的购肾者黄某配型成功。同月21日,赵某让舒某签下自愿卖肾协议,后将舒某带至广东省广州市某别墅，周某章等人将舒某的肾脏移植到黄某体内。

同月23日，有一名患者与丁某配型成功。赵某让丁某签下自愿卖肾协议后，将其带至上述广州市某别墅，周某章等人将丁某的肾脏移植到购肾者体内。

经鉴定，被害人欧阳某右肾被切除，系七级伤残；被害人舒某左肾被切除，系八级伤残；被害人丁某左肾被切除，系八级伤残。

[判决结果]

东莞市第一市区人民法院认为，被告人周、张某鑫、张某荣、赵、叶、陈某琴、陈某高、钟某的行为均已构成组织出卖人体器官罪。周某章等被告人多次组织出卖人体器官，情节严重。周、张某鑫、张某荣、赵、叶、陈某高在各自所参与的共同犯罪中均起主要作用，是主犯，依法按其参与的全部犯罪处罚；陈某琴、钟某在各自所参与的共同犯罪中起次要作用，是从犯，依法对其从轻处罚。

在附带民事赔偿部分，被害人对被告人提出了残疾赔偿金、伤残鉴定费、交通费、误工费、营养费等赔偿请求。周某章等被告人明知缺乏器官移植的相关资质，为牟利仍违法实施器官移植手术，并利用部分被害人急需用钱的心理和生活困难的处境，与被害人达成出卖器官协议，协议签订时双方的信息、地位并不对等，其行为违反公序良俗，主观恶性明显，且对被害人的健康造成了损害，应当承担民事赔偿责任。但是，各被害人明知被告人的行为违法，为获得报酬而自愿出卖器官，具有一定过错，应自行承担40%的责任。

法院依照《中华人民共和国刑法》《中华人民共和国刑事诉讼法》《中华人民共和国民事诉讼法》《中华人民共和国民法通则》《中华人民共和国侵权责任法》《最高人民法院关于审理人身损害赔偿案件适用法律若干问题的解释》判决如下：1. 被告人周某章犯组织出卖人体器官罪，判处有期徒刑10年，剥夺政治权利1年，并处罚金人民币50万元。2. 被告人张某鑫犯组织出卖人体器官罪，判处有期徒刑9年，并处罚金人民币30万元。3. 被告人张某荣犯组织出卖人体器官罪，判处有期徒刑8年6个月，并处罚金人民币20万元。4. 被告人赵某犯组织出卖人体器官罪，判处有期徒刑7年，并处罚金人民币10万元。5. 被告人叶某犯组织出卖人体器官罪，判处有期徒刑6年，并处罚金人民币15万元。6. 被告人陈某琴犯组织出卖人体器官罪，判处有期徒刑5年，并处罚金人民币10万元。7. 被告人陈某高犯组织出卖人体器官罪，判处有期徒刑3年，并处罚金人民币6万元。8. 被告人钟某犯组织出卖人体器官罪，判处有期徒刑2年，并处罚金人民币2万元。9. 被告人周、张某鑫、张某荣、赵、叶、陈某琴连带赔偿附带民事诉讼原告人欧阳某88800元。10. 被告人周、张某鑫、张某荣、赵、陈某琴、陈某高、钟某连带赔偿附带民事诉讼原告人舒某101612.93元。11. 被告人周、张某鑫、张某荣、赵、陈某琴、陈某高、钟某连带赔偿附带民事诉讼原告人丁某34931.82元。

被告人周某章上诉提出，本案的赔偿主体应为接受器官移植的病人，原审认定的赔偿主体错误。二审法院认为，原审判决附带民事部分认定事实清楚，证据确实、充分，审判程序合法，责任划分准确，处理适当，驳回上诉，维持原判。

[法学点评]

- 2007年国务院颁布《人体器官移植条例》，规定了活体器官移植的基本内容。此后，卫计委制定了贯彻此条例的一系列的行政规章。其中，2009年，卫生部颁布了规范活体器官移植的规定。2012年，卫生部颁布禁止无资质医疗机构开展器官移植手术的通知，通知规定严厉打击医务人员违法违规人体器官移植手术，地方各级卫生行政部门可以吊销执业证书，构成犯罪的，依法追究刑事责任。

- 医护人员组织或者参与活体器官移植，既要承担非法买卖移植人体器官的刑事责任，又要承担捐器官因人身伤害而提起的附带民事赔偿责任。

- 本案中的看点，假定被告人以"受害人同意"做活体移植手术，是否可以适用民法中"受害人同意"抗辩理由而免除被告的民事责任？二审法院没有详细地分析。受害人同意是民事诉讼中很强的抗辩理由，但是，我国的法律对活体器官移植做了小范围的许可，只允许近亲属之间的器官移植，这就意味着，医护人员移植手术本身违法，民事上的"受害人同意"就失去了适用的前提。

37 非法行医罪[①]

[裁判要旨]

未取得医生执业资格的人非法行医，情节严重的，处三年以下有期徒刑、拘役或者管制，并处或者单处罚金；严重损害就诊人身体健康的，处三年以上十年以下有期徒刑，并处罚金；造成就诊人死亡的，处十年以上有期徒刑，并处罚金。

[一] 胎儿性别测定

被告人卢某、方某未取得医生执业资格。两人经预谋，决定采取为孕妇抽取血样并转交他人检测的方式，以鉴定胎儿性别牟利。2012年7月至2012年11月，卢某先后在停放

---

① 卢某等非法行医案，福建省厦门市思明区人民法院（2013）思刑初字第964号；黄某非法行医案，北京市朝阳区人民法院（2011）朝刑初字第994号。

的车辆内为157名孕妇抽取血样,并按每例人民币5000元或5500元的价格收取费用。之后,方某以每例人民币4000元的标准将血样及相关费用转交他人用于鉴定胎儿性别。其间,方某自行为一名孕妇抽取血样。四名由卢某抽取血样的孕妇因得知怀女胎而流产,一名由方某自行抽取血样的孕妇因得知怀女胎而流产。卢某从上述行为中获利人民币87500元,方某从上述行为中获利人民币79000元。经厦门市卫生局认定,以采集孕妇静脉血方式进行非医学需要胎儿性别鉴定的行为,属诊疗行为。

2012年11月25日,被告人卢某在停放的小轿车内为孕妇抽取血样时,被思明区卫生局执法人员当场查获,抽血所用的血常规试管、血样采集针、皮肤消毒剂、联系作案的手机及当日收取的费用人民币23800元同被缴获。2013年1月4日,思明公安分局治安大队将卢某抓获归案,并冻结了卢某存款人民币177059.88元。2013年3月12日,被告人方某主动向思明分局治安大队投案并如实供述了本案事实。

法院经审理认为,被告人卢某和方某未取得医师执业资格,非法行医,情节严重,其行为均已构成非法行医罪,结伙作案部分系共同犯罪。公诉机关指控的罪名成立,应予以支持。被告人卢某到案后能如实供述犯罪事实并当庭自愿认罪,具有一定悔罪表现,可对其从轻处罚。被告人方某犯罪后能自动投案并如实供述犯罪事实,系自首,且通过家属退缴违法所得，具有一定悔罪表现，可对其从轻处罚。

思明区人民法院判决，卢某犯非法行医罪，判处有期徒刑9个月，并处罚金人民币5000元。方某犯非法行医罪，判处有期徒刑7个月，并处罚金人民币4000元。冻结在案的卢某的存款人民币177059.88元，其中人民币87500元作为违法所得予以没收，人民币5000元用于充抵罚金，剩余款项发还给卢某。扣押在案的违法所得予以没收，扣押在案的血常规试管、血样采集针、安尔碘伏皮肤消毒剂、医用棉签及手机3部予以没收。

[二] 无证接生

被告人黄某在未取得医生执业资格的情况下，于2010年11月2日15时许，在朝阳区将台乡大陈各庄村138号被害人李某的暂住地内，为被害人李某接生。因措施不当，导致李某产后失血过多，经抢救无效死亡。后被告人黄某被抓获归案。

北京市红十字会急诊抢救中心司法鉴定中心出具司法鉴定意见书，意见书证明，李某系因接生所致子宫破裂、急性失血性休克死亡。同时论证，其子宫破裂属外伤性破裂，应为接生时使用"催产针"不当和粗暴手法牵拉胎儿所致。催产针和牵拉胎儿是造成急性失血性休克的唯一原因。死者胸壁肋骨骨折、局限性软组织出血，符合抢救时按压胸廓形成，与死因无关。

朝阳区卫生局提供证明材料,称经查询医师执业注册联网管理系统,未发现黄某的医师资格信息。黄某也未在该局进行医师执业注册。

被告人黄某的供述说,她于1990年开始在原籍向他人学习接生,后一直在原籍帮助孕妇接生,到北京后也帮助熟人介绍的孕妇接生。黄某自己不是医生,没有医师执业资格,也没有开办诊所。每次接生收费在200元至400元不等。2010年11月2日下午,黄某到本市朝阳区大陈各庄村的一处承租房帮助一名孕妇接生。黄某先给这名孕妇打了一针成分是缩宫素的催产针,然后开始帮助孕妇分娩。当孩子的头出来后,黄某就用手托着孩子的头向外拉,后孕妇生下一名女孩。但孕妇的阴道开始出血,而且阴道有点撕破,黄某给孕妇缝了两针,又帮孕妇打了一针缩宫素,以帮助收缩子宫止血。过了一会儿,黄某见孕妇的血还是止不住,又向孕妇的肚子上注射了两针缩宫素,但孕妇还是一直出血。黄某就让孕妇的丈夫赶紧将孕妇送医院,黄某就自己回家了。

北京市朝阳区人民法院认为:被告人黄某在未取得医生执业资格的情况下,非法行医,并造成就诊人死亡的后果,其行为已构成非法行医罪,依法应予惩处。被告人黄某的接生行为致被害人子宫破裂,导致孕妇急性失血性休克,这是被害人李某死亡的直接原因。被告人黄某的接生行为与被害人的死亡结果之间存在着直接的因果关系。朝阳区人民法院依照《中华人民共和国刑法》《最高人民法院关于审理非法行医刑事案件具体应用法律若干问题的解释》判决：黄某犯非法行医罪，判处有期徒刑 11 年，剥夺政治权利 2 年，并处罚金人民币 11000 元。

[法学点评]

- 我国的非法行医罪的司法解释，经过了两个阶段：第一，2008 年最高人民法院《关于审理非法行医刑事案件具体应用法律若干问题的解释》。第二，2016 年最高人民法院关于修改《关于审理非法行医刑事案件具体应用法律若干问题的解释》的决定。

- 2008 年，最高法院的司法解释是：具有下列情形之一的，应认定为《刑法》第三百三十六条第一款规定的"未取得医生执业资格的人非法行医"：（一）未取得或者以非法手段取得医师资格从事医疗活动的；（二）个人未取得《医疗机构执业许可证》开办医疗机构的；（三）被依法吊销医师执业证书期间从事医疗活动的；（四）未取得乡村医生执业证书，从事乡村医疗活动的；（五）家庭接生员实施家庭接生以外的医疗行为的。

- 2016 年，最高法院的司法解释删除了原《解释》第一条第（二）项，"个人未取得《医疗机构执业许可证》开办医疗机构的"，医护人员由此欢欣鼓舞，认为此规定为解放医护人员自主执业扫除了法律上的障碍。
- 2016年司法解释在2008年《解释》第五条中增加一款，称"医疗活动"和"医疗行为"，参照《医疗机构管理条例实施细则》中的"诊疗活动"和"医疗美容"认定。后者的具体文字是：诊疗活动是指通过各种检查，使用药物、器械及手术等方法，对疾病作出判断和消除疾病、缓解病情、减轻痛苦、改善功能、延长生命、帮助患者恢复健康的活动。医疗美容是指使用药物以及手术、物理和其他损伤性或者侵入性手段进行的美容。

内 容 简 介

医者仁心，法者界规。医生问法律家，如何行医，才能不触犯法律的边界，减少自身的职业风险？在中国的语境下，医患关系紧张已经演变为一个棘手的社会问题。如何厘清医疗法律关系，从法治的角度保障医疗改革的良性运作，是中国当下亟待探讨和研究的问题。

本书分为上、下两篇。上篇探讨"医"与"法"的历史和哲学，内容涉及世界范围内医疗体制的模式（私人经营还是国家经营？）、医疗法律的伦理、医患关系、医疗产品和医疗服务、医生及病人的权利，从法哲学的角度，探讨医学伦理及医学与法学的关系。在每一讲中，作者都穿插了经典案例，诠释国内外判案法理和制度由来。

下篇为医疗司法案例精选，皆从我国的实判案例，涵盖医疗合同纠纷、医疗侵权纠纷、医疗行政诉讼和医疗刑事案件，所涉内容如医院的告知义务和病人的知情权、因医院过失导致残疾婴儿出生引起的纠纷、医疗事故损害赔偿金的计算、保险基金诈骗、非法行医的认定、非法买卖人体器官的责任，均为关注度高的社会热点问题。评案释法，在医学与法理间寻找合理的平衡点，共治社会与人心。